U0839679

武汉大学优秀博士学位论文文库

# 海洋石油开发环境污染法律救济机制研究

——以美国墨西哥湾漏油事故和我国渤海湾漏油事故为视角

高翔 著

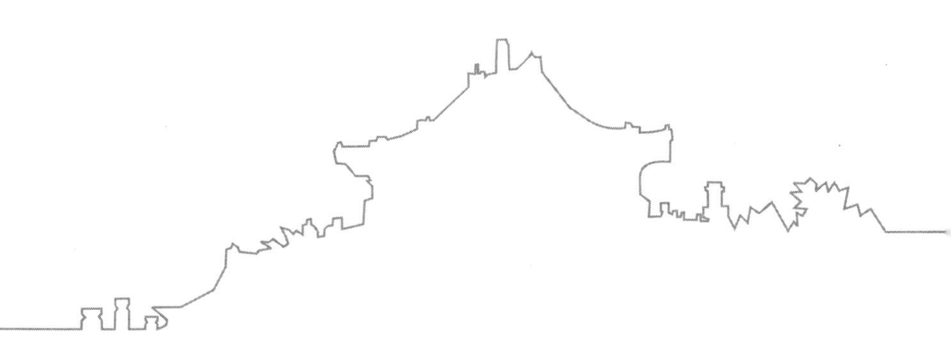

WUHAN UNIVERSITY PRESS
武汉大学出版社

**图书在版编目(CIP)数据**

海洋石油开发环境污染法律救济机制研究:以美国墨西哥湾漏油事故和我国渤海湾漏油事故为视角/高翔著. —武汉: 武汉大学出版社,2013.11
武汉大学优秀博士学位论文文库
ISBN 978-7-307-11824-9

Ⅰ.海… Ⅱ.高… Ⅲ.海洋污染—石油污染—污染防治—法律援助—研究
Ⅳ.D912.604

中国版本图书馆 CIP 数据核字(2013)第 229760 号

责任编辑:鲍 玲　　责任校对:汪欣怡　　版式设计:马 佳

出版发行: **武汉大学出版社** (430072 武昌 珞珈山)
(电子邮件: cbs22@ whu. edu. cn 网址: www. wdp. com. cn)
印刷:湖北恒泰印务有限公司
开本: 720 × 1000 1/16 印张:14.5 字数:205 千字 插页:2
版次:2013 年 11 月第 1 版 2013 年 11 月第 1 次印刷
ISBN 978-7-307-11824-9 定价:32.00 元

# 总　序

创新是一个民族进步的灵魂，也是中国未来发展的核心驱动力。研究生教育作为教育的最高层次，在培养创新人才中具有决定意义，是国家核心竞争力的重要支撑，是提升国家软实力的重要依托，也是国家综合国力和科学文化水平的重要标志。

武汉大学是一所崇尚学术、自由探索、追求卓越的大学。美丽的珞珈山水不仅可以诗意栖居，更可以陶冶性情、激发灵感。更为重要的是，这里名师荟萃、英才云集，一批又一批优秀学人在这里砥砺学术、传播真理、探索新知。一流的教育资源，先进的教育制度，为优秀博士学位论文的产生提供了肥沃的土壤和适宜的气候条件。

致力于建设高水平的研究型大学，武汉大学素来重视研究生培养，是我国首批成立有研究生院的大学之一，不仅为国家培育了一大批高层次拔尖创新人才，而且产出了一大批高水平科研成果。近年来，学校明确将“质量是生命线”和“创新是主旋律”作为指导研究生教育工作的基本方针，在稳定研究生教育规模的同时，不断推进和深化研究生教育教学改革，使学校的研究生教育质量和知名度不断提升。

博士研究生教育位于研究生教育的最顶端，博士研究生也是学校科学研究的重要力量。一大批优秀博士研究生，在他们学术创作最激情的时期，来到珞珈山下、东湖之滨。珞珈山的浑厚，奠定了他们学术研究的坚实基础；东湖水的灵动，激发了他们学术创新的无限灵感。在每一篇优秀博士学位论文的背后，都有博士研究生们刻苦钻研的身影，更有他们的导师的辛勤汗水。年轻的学者们，犹如在海边拾贝，面对知识与真理的浩瀚海洋，他们在导师的循循善诱下，细心找寻着、收集着一片片靓丽的贝壳，最终把它们连成一串串闪闪夺目的项链。阳光下的汗水，是他们砥砺创新的注脚；面向太阳的远方，是他们奔跑的方向；导师们的悉心指点，则是他们最值得依赖的臂膀！

博士学位论文是博士生学习活动和研究工作的主要成果，也是学校研究生教育质量的凝结，具有很强的学术性、创造性、规范性和专业性。博士学位论文是一个学者特别是年轻学者踏进学术之门的标志，很多博士学位论文开辟了学术领域的新思想、新观念、新视阈和新境界。

据统计，近几年我校博士研究生所发表的高质量论文占全校高水平论文的一半以上。至今，武汉大学已经培育出 18 篇“全国百篇优秀博士学位论文”，还有数十篇论文获“全国百篇优秀博士学位论文提名奖”，数百篇论文被评为“湖北省优秀博士学位论文”。优秀博士结出的累累硕果，无疑应该为我们好好珍藏，装入思想的宝库，供后学者慢慢汲取其养分，吸收其精华。编辑出版优秀博士学位论文文库，即是这一工作的具体表现。这项工作既是一种文化积累，又能助推这批青年学者更快地成长，更可以为后来者提供一种可资借鉴的范式亦或努力的方向，以鼓励他们勤于学习，善于思考，勇于创新，争取产生数量更多、创新性更强的博士学位论文。

武汉大学即将迎来双甲华诞，学校编辑出版该文库，不仅仅是为百廿武大增光添彩，更重要的是，当岁月无声地滑过 120 个春秋，当我们正大踏步地迈向前方时，我们有必要回首来时的路，我们有必要清晰地审视我们走过的每一个脚印。因为，铭记过去，才能开拓未来。武汉大学深厚的历史底蕴，不仅在于珞珈山的一草一木，也不仅仅在于屋檐上那一片片琉璃瓦，更在于珞珈山下的每一位学者和学生。而本文库收录的每一篇优秀博士学位论文，无疑又给珞珈山注入了新鲜的活力。不知不觉地，你看那珞珈山上的树木，仿佛又茂盛了许多！

**李晓红**

2013 年 10 月于武昌珞珈山

# 摘　要

自20世纪50年代以来，海上石油运输中的石油污染问题已引起国际社会和各国的普遍关注，国际社会逐步建立起以《1969年国际油污损害民事责任公约》（以下简称“1969年民事责任公约”）及其议定书，《1971年设立国际油污损害赔偿基金国际公约》（以下简称“1971年基金公约”）及其议定书为核心的污染救济法律体系。各国也均以公约为蓝本制定或修改国内法，或者直接适用公约，相继建立起类似的船舶污染国内法律救济体系。遗憾的是，对海洋石油开发过程中可能面临的巨大环境污染风险如何进行有效预防和救济，国际社会尚未达成共识，目前仅有一部尚未生效的国际条约（《勘探、开发海底矿产资源油污损害民事责任公约》）和一部民间协定（《近海污染责任协定》）专门调整海洋石油开发环境污染损害赔偿问题。在各国立法中，只有美国1990年油污法明确将海洋石油开发中的油污问题纳入法律规制范围。美国墨西哥湾漏油事故和我国渤海湾漏油事故的先后发生，触目惊心地揭示了海洋石油开发环境污染对海洋生态环境的灾难性破坏，不仅对美国现代油污防治和法律救济体系提出了巨大挑战，也对国际社会在海洋石油开发环境污染法律救济机制上的法律空白提出了挑战。

本书所指的“海洋石油开发”主要是指在各国领海和专属经济区内进行的石油开发活动。除引言和结语外，本书分为6章。

第2章为海洋石油开发环境污染法律救济机制概述，主要目的在于让读者对目前国际油污损害法律救济的立法现状及其不足，海洋石油开发环境污染法律救济机制的发展及其主要内容形成整体印象。本章首先对海洋石油开发中环境污染法律救济机制的重大意义、国际船舶油污法律救济机制的逐步发展与完善、海洋石油开发中环境污染法律救济机制的相对缺失等进行了分析。然后，对海洋石油开发环境污染法律救济机制的主要内容进行了介绍，最后对海洋石油开发环境污染法律救济机制的正义价值基础进行了深入阐述。

第 3 章对美国海洋石油开发环境污染法律救济机制进行了全面深入的解析。美国以 1990 年油污法为核心，建立起对海洋石油开发环境污染损害的法律救济体系，也是世界上第一部明确将海洋石油开发环境污染法律救济问题纳入国内立法规制的国家。在专门国际公约相对缺失的情况下，美国的海洋石油开发法律救济体系提供了为数不多的宝贵研究窗口。本章对美国海洋环境污染法律救济体系，包括油污侵权损害赔偿法律机制（严格责任、赔偿范围、赔偿责任限额等制度）、强制责任保险与直接诉讼制度、油污责任信托基金制度以及环境公益诉讼制度等进行了全面分析介绍，研究范围涉及美国侵权法、油污法、环境法、诉讼法等领域，比较全面地介绍了在海上石油开发油污事故发生后，美国法律能够提供的各种救济途径。

第 4 章专门就墨西哥湾漏油事故及其对美国油污法律机制的挑战进行了深入分析。墨西哥湾漏油事故是人类历史上首次在 1000 米以下的深海发生的漏油事故，也是第一个在国际社会引起广泛关注和震动的海洋石油开发油污事故，其对现代油污防治和损害赔偿法律机制的巨大冲击不言而喻。本章在国内首次系统介绍了墨西哥湾漏油事故发生后 BP 与美国政府的一系列应对措施，对美国总统调查委员会提交的最终报告进行了介绍分析，对美国海洋石油开发监管机制存在的缺陷进行了解析。墨西哥湾漏油事故的发生，使得美国政府意识到，现有的法律救济机制在巨型油污事故面前显得十分脆弱、无力，因而致力于提高赔偿责任限额、财务保证数额以及油污责任信托基金的单次支付限额。与此同时，统一海洋石油开发监管体制，强化监管权威，提升监管水平，对于海洋石油开发环境污染的防范具有重要价值。这些对于完善国际海洋石油开发环境污染法律救济机制以及我国海洋石油开发环境污染法律救济机制同样具有重大启示意义。

第 5 章主要对国际海洋石油开发环境污染法律救济机制的立法现状进行了分析。尽管 1969 年民事责任公约及其议定书，以及 1971 年基金公约及其议定书为核心的船舶油污损害赔偿法律体系并未将海洋石油开发中的油污问题纳入调整范围，但两者均属油污损害侵权，在法律关系和救济渠道上具有一致性。因而，要完善国际海洋石油开发油污损害赔偿机制，必须先对国际船舶油污损害赔偿法律机制的经验予以总结、吸收。首先，本章对以《国际防止船舶污染公约》、《联合国海洋法公约》、《油类污染防备、响应和合作国际公约》为代表的国际海洋环境污染防治法律体系，以及 1969 年民事责任公约、1971 年基金公约为代表的国际船舶污染损害赔偿法律机制分别进行了介绍分析，指出了各自的优劣之处与借鉴意义。其次，在国内首次对世界上影响较大的 10 个主要海域的环境污染区域性协定进行了介绍和评析。最后，通过本章内容，一方面对国际法上油污防治和损害赔偿法律机制进行了全面介绍、借鉴，同时也指出了国际公约和区域协定在海洋石油开发油污损害赔偿机制上的集体性缺失。

第 6 章对国际海洋石油开发环境污染法律救济机制的构建提出了对策建议。首先，对国际社会在海洋石油开发环境污染方面的立法努力进行了介绍。在国内首次对现有的两个专门调整海洋石油开发油污损害赔偿的法律文件（《勘探、开发海底矿产资源油污损害民事责任公约》和《近海污染责任协定》）分别进行了详细介绍、研究和分析，去粗取精，去伪存真，由此及彼。然后对建立国际海洋石油开发环境污染法律救济机制的法律基础进行解析，指出国际海洋石油开发环境污染法律救济机制的构建应把握好三个原则，即更加注重对受害人和海洋生态环境的保护、更加注重风险预防、更加注重国际立法和国际合作。最后，对国际海洋石油开发环境污染法律救济体系进行了建构。从结构上说，该体系应当分为环境污染风险预防体系和环境污染损害赔偿体系。前者致力于对海洋石油开发过程中的各种风险进行全面评估和管理，提高监管的技术水准，切实防范油污事故发生的几率。后者致力于污染事故发生后，如何公平、及时、充分地对受害人进行赔偿，推动海洋生态环境的重建。其构建路径有两种：一是制定国际海洋石油开发环境污染法律赔偿的专门公约；二是扩大现有国际船舶油污损害赔偿法律体系的适用范围，将移动式钻井平台纳入规范范畴。第一种路径更加契合当前海洋石油开发环境污染法律救济的紧迫性。

第7章对我国海洋石油开发环境污染法律救济机制的构建进行了系统分析。本章从渤海湾漏油事故谈起，对漏油事故发生后各方的应对措施与法律救济措施进行了分析和评价，指出我国海洋石油开发环境污染法律救济存在的不足与局限。在此基础上，提出必须以渤海湾漏油事故为契机，尽快构建我国海洋石油开发环境污染损害赔偿机制，完善我国海洋石油开发环境污染风险防范与监管机制，尽量将油污事故发生的可能性降到最低，尽量将油污事故对自然生态环境和人身、财产的损害降到最低，确保油污事故发生后责任方能够及时、充分地对受害人的损害予以赔偿，促进海洋生态环境的恢复与重建。

**关键词**：海洋石油开发；环境污染；法律救济；损害赔偿

# Abstracts

The Ocean is the cradle of human life. With economic globalization and scientific and technological progress, increasingly rapid pace of human development and utilization of marine resources, marine increasingly becoming civilized connecting link, the ocean has also become the driving force for the development and progress of human civilization. However, human development and utilization of marine resources at the same time bring tremendous damages to the marine ecological environment. Oil pollution is one of the most important sources of such pollutions. Onshore oil resources are becoming depleted, thus deep-sea oil development now and in the foreseeable future, is increasingly important.

Since the 1950s, the problem of oil pollution during the marine transportation has caused widespread concern in the international community and countries, which thus gradually established an international legal remedy system at the base of "the International Convention on Civil Liability for Oil Pollution Damage, 1969" and its Protocols, as well as "International Convention on the Establishment of an International Fund for Compensation for Oil Pollution Damage, 1971" and its Protocols. States also developed or modified their domestic law, or directly applied the Convention to establish a similar national legal remedy system for the oil pollution damage during the marine transportation. Unfortunately, it's so difficult for the international community to reach an consensus on the tremendous environmental damage risk in the process of offshore oil development, thus there's not any treaty in force that applies specifically to offshore oil development environmental pollution, except for an international treaty that has not yet entered into force called "Convention on Civil Liability for Oil Pollution Damage Resulting from Exploration and Exploitation of Seabed Mineral Resources" and an international nongovernmental agreement called "Offshore Pollution Liability Agreement", which specially adapted to offshore oil development environment pollution damages. In national legislation, only the Oil Pollution Act of 1990 of the United States includes the oil damage of offshore oil development into the scope of legal regulation. U. S. Gulf oil spill and China's Bohai Bay oil spill have occurred one after another, and which revealed the catastrophic destruction of offshore oil development pollution to the marine environment, and presented a huge challenge not only for the modern American oil pollution prevention and legal relief system, but-also to the legal gaps in the international community in the offshore oil development environment pollution legal relief mechanism.

In addition to the introduction and conclusion, this paper is divided into six chapters.

Chapter Ⅱ is the overview of offshore oil development environment pollution legal relief mechanism. The main purpose is to allow readers to form an overall impression on the international oil pollution damage relief legislation and its shortcomings. The main content of this chapter includes the significance of an international legal relief mechanism for environmental pollution in the offshore oil development, the progressive development and improvement of legal relief mechanism of the international oil pollution from ships. Then, this chapter introduces the main content of the international legal remedy system of the environmental damage in the offshore oil exploration and development.

Chapter Ⅲ focuses its attention on the Oil Pollution Act of 1990 of the United States. In the case of the relative lack of specialized international conventions, the legal remedy system of offshore oil development of the Oil Pollution Act of 1990 provides a few valuable routes for study. This chapter introduces the main content of marine environmental pollution legal relief system of the United States, including tort law mechanism (strict responsibility, the scope of compensation, liability limits system), the mandatory liability insurance, the Oil Pollution Liability Trust Fund system, and environmental public interest litigation system, which the United States law can provide for oil environmental damage relief.

Chapter Ⅳ is dedicated to in-depth analysis of the challenges of the Gulf of Mexico oil spills brings to the United States Oil Pollution legal mechanisms. The Gulf of Mexico oil spill is the first incident in human history which occurred in the deep ocean below 1000 meters, and also the first deep-sea oil development enviroment pollution incidents that caused widespread concern and shock in the international community. The huge impact it will bring to the modern oil spill prevention and damage compensation legal mechanism is self-evident. This chapter introduces a series of response measures of the BP and the U. S. government after the Gulf of Mexico oil spill occurred, the defects of the regulatory mechanism of the U. S. offshore oil development, and the U. S. National Commission of Inquiry's final report .

Chapter Ⅴ mainly introduces and analyzes the legislative situation of the international oil pollution legal relief mechanism. Although the International Convention on Civil Liability for Oil Pollution Damage, 1969 and its Protocols, as well as International Convention on the Establishment of an International Fund for Compensation for Oil Pollution Damage, 1971 and its Protocols mainly concern on the environmental damage relief of the oil pollution from ship, rather than oil pollution occurred in the offshore oil development, but both of them belong to oil pollution damage, which share with the same legal relationship and relief channels. This chapter introduces the international marine environmental pollution control legal system, for representatives of the International Convention for the Prevention of Pollution from Ships, United Nations Convention on the Law of the Sea, Oil Pollution Preparedness, Response and Cooperation of the International Convention, as well as the international ship pollution damage compensation legal mechanisms, for representatives of the International Convention on Civil Liability for Oil Pollution Damage and International Convention on the Establishment of an International Fund for Compensation for Oil Pollution Damage, 1971.

Chapter Ⅵ gives some suggestions on the construction of the international offshore oil development environment pollution legal relief mechanism. Firstly, this chapter makes an introduction of the efforts of the international community with respect to offshore oil development environment pollution legislation, which called Convention on Civil Liability for Oil Pollution Damage Resulting from Exploration and Exploitation of Seabed Mineral Resources and Offshore Pollution Liability Agreement. Secondly, international legal basis for the establishment of offshore oil development environment pollution unified international legal relief mechanisms is analyzed. Finally, the international offshore oil development environment pollution legal relief system is constructed, which consisted of two parts of risk of environmental pollution prevention system and environmental pollution damage compensation system.

Chapter Ⅶ makes construction of China's offshore oil development environmental pollution legal relief mechanism. This chapter firstly discusses the Bohai Bay oil spill, and then analyzes and assesses the responses of all parties for oil spill and the legal remedies after the accident, pointing out the shortcomings and limitations of China's offshore oil development environment pollution legal relief mechanisms. On this basis, this chapter suggests that the China's offshore oil development environment pollution legal relief mechanisms should be set up as soon as possible, and it is necessary to improve the development of offshore oil exposure to environmental pollution prevention and regulatory mechanisms, which aims to minimize the damage to natural ecological environment, persons and property caused by oil spill accidents. Hence, the victims could receive timely and sound compensation, and the rehabilitation and reconstruction of the marine environment could be promoted.

**Key Words**: the Oil Exploration and Exploitation in the sea; Environmental Pollution; Legal Relief; Compensation of Damages

# 目　录

# 1 引　　言

## 1.1 问题的提出及研究意义

2010年4月20日，位于美国路易斯安那州威尼斯东南约82千米处海面的“深海地平线”（Deepwater Horizon）钻井平台发生爆炸。事故造成490万桶（约20，600万加仑）原油泄漏，11名工人死亡。漏油点直到87天后的7月15日才被最终封堵①，形成了2000平方英里的污染区，远高于此事故发生前美国最严重的漏油事件“埃克森·瓦尔迪兹”号油轮泄漏事故②，成为到目前为止美国历史上最严重的油污事件，引起了全世界的关注。

石油是任何一国经济发展的命脉。随着世界工业化进程的不断加深，陆地石油资源日益枯竭，广阔海洋中蕴藏的丰富石油资源逐渐引起各国关注。据统计，海洋蕴藏了全球超过70%的油气资源，

---

① Gulf Coast Incident Management Team Fact Sheet，“One Year Later Press Pack”，http：//www. restorethegulf. gov/release/2011/04/10/one-year-later-press-pack，visited on 28 Jul.，2011.

② See King，R. O.，“Deepwater Horizon Oil Spill Disaster：Risk，Recovery，and Insurance Implications，Congressional Research Service”，7-5700，R41320，July 12，2010，pp. 1-3，http：//www. fas. org/sgp/crs/misc/R41320. pdf，visited on 28 Jul.，2011. 墨西哥湾漏油事故之前，美国最严重的漏油事件是发生于阿拉斯加附近的“埃克森·瓦尔迪兹”号油轮泄漏事故。事故发生于1989年，造成了阿拉斯加湾生态环境的毁灭性灾害：2100公里的海岸线遭受污染，25万只海鸟、近4000只海獭、300只斑海豹、250只白头海雕以及22只虎鲸死亡。但当时的漏油总量只有75万桶。“埃克森·瓦尔迪兹”号油轮泄漏事故直接催生了举世闻名的美国1990年油污法。

其中一半以上位于深海，① 海洋石油的开发和利用成为各国能源政策的重要内容。20世纪50年代以来，海洋石油运输过程中的环境污染问题已经引起国际社会的广泛关注，并建立起以1969年民事责任公约、1971年基金公约及其议定书为核心的污染救济法律体系。各国也均以两公约为蓝本，或直接适用两公约，或建立起类似的国内船舶污染法律救济体系。然而，海洋石油开发中的环境污染风险却未引起重视，尚没有任何生效的国际条约专门适用于海洋石油开发环境污染损害赔偿，各国对此也多处于探索阶段，国内外研究成果也相对较少。美国1990年油污法是为数不多的将海洋石油开发中的油污问题明确纳入法律规制的立法之一。然而，海洋活动天然具有国际性，海洋环境保护最终也需要建立完善、有效的国际法律机制，通过广泛而紧密的国际合作方能有效解决问题。② 如何在充分开发和利用海洋油气资源的同时，合理预防其对海洋环境造成的巨大污染，并在污染发生后进行及时、有效地补救、恢复，已成为全世界面临的共同课题。因而，本书的主旨之一是以墨西哥湾漏油事故为视角，对美国的海洋石油开发污染防治法律机制进行深入解析，对这一机制如今面临的新挑战进行分析，对海洋石油开发中造成环境污染的国家责任问题进行研究，进而对如何建立和完善国际海洋石油开发油污法律救济机制进行深入探讨。

完善海洋石油开发油污法律救济机制对我国而言同样显得重要而迫切。本书的第二大主旨是如何借鉴美国1990年油污法和国际船舶油污法律救济机制，对建立和完善我国海洋石油开发油污法律救济机制提供系统的建议。一方面，我国目前已经成为世界第二大经济体、第二大石油消耗国和进口国，石油作为一种战略资源对我国经济发展的重要性不言而喻。在陆地石油资源日益枯竭的情况

① 王蔚：《海洋石油：从浅水到深水的跨越》，载《经济参考报》2011年6月16日，第5版。

② See Dr. Kyriaki Noussia ,"Environmental Pollution Liability and Insurance Law Ramification in Light of the Deepwater Horizon Oil Spill ", p. 35, http://www. rokas. com/uploads/Environmental _ Pollution _ Liability _ and _ Insurance _ Law. pdf, visited on 20 Feb. ,2012.

下，我国对外石油依存度日益增加，经济可持续发展和能源安全受到巨大挑战。另一方面，我国具有漫长的海岸线和广阔的大陆架，其中蕴藏着丰富的油气资源。因而，海上石油资源的开发利用对于解决我国日益严峻的能源挑战意义重大。正是意识到这一点，我国不遗余力地发展深海勘探和开发技术。2011 年 8 月，我国首台自主设计、自主集成的载人潜水器“蛟龙”号进行深海潜航试验，最低下潜至海底 5188 米，意味着我国拥有了对全球超过 70% 的海底矿产资源进行研究、考察的技术能力，① 为我国未来在深海石油资源开发和利用的激烈竞争中奠定了坚实的技术基础。与此同时，我们也必须高度关注海洋石油开发过程中可能带来的环境污染风险，否则将会带来巨大的环境灾难，不仅葬送经济发展的成果，还将极大地威胁我们和子孙后代赖以生存的最宝贵的自然生态环境。

## 1.2 国内外研究现状

### 1.2.1 国内研究现状

国内目前尚没有关于海洋石油开发环境污染法律救济机制的系统研究。墨西哥湾漏油事故的爆发，引起了国内学术界一定程度上的关注，出现了几篇相关的论文。综合起来，这些论文可以分为两类。第一类主要从我国能源政策的角度，对墨西哥湾漏油事故发生经过进行简单介绍，然后提出要加强我国能源监管体制、加强应急能力建设等建议。如陈立宏的《墨西哥湾漏油事故及其影响》，贝少军、董艳的《墨西哥湾漏油启示录》，杨玉峰等《墨西哥湾漏油事件因果分析及对我国的启示和建议》，王祖纲、董华的《美国墨西哥湾溢油事故应急响应、治理措施及其启示》等。第二类侧重于从法律的角度，对墨西哥湾漏油事故涉及的某一细节法律问题进行简单介绍分析，但即便如此也仅有几篇而已。如何丽新等《移

① 《蛟龙号载人潜水器突破 5000 米海深》，载 http：//tech. xinmin. cn/2011/07/26/11521968. html，2012 年 1 月 29 日访问。

动式钻井平台油污损害赔偿责任限制问题研究——由墨西哥湾溢油事故钻井平台适用责任限制引发的思考》，张辉的《海洋石油开发油污强制责任保险基础问题研究》，李志刚的《墨西哥湾漏油事故各方赔偿责任划分分析及启示》等。

虽然国内学术界对于海洋石油开发环境污染法律救济机制的直接研究成果较少，但相关领域，特别是船舶污染法律问题的研究成果则很多。著作有韩立新教授的《船舶污染损害赔偿法律制度研究》，朱强博士《船舶污染侵权法上的严格责任研究》，徐国平博士的《船舶油污损害赔偿法律制度研究》等。论文有张湘兰教授的《船舶污染损害赔偿责任的理论、实践及我国船舶污染法律制度的建构》，秦天宝、李震东的《船舶污染的国际法律控制》，朱强博士的《船舶污染侵权法的遏制效果分析》等。也有多篇博士和硕士论文对船舶污染问题进行了比较深入的研究，如西南政法大学王玫黎博士论文《船舶油污损害赔偿法律制度研究》，中国政法大学陈百贤博士论文《论船舶污染损害赔偿》等。

同时，随着环境保护在我国越来越受到重视，对环境公益诉讼的研究引起了环境法、诉讼法、国际法等不同专业人士的共同兴趣，产生了较多的研究成果。著作有徐卉博士的《通向社会正义之路：公益诉讼理论研究》，项焱博士的《公益诉讼的理念与实践》，陈阳的《检察机关环境公益诉讼原告资格及其限制》等。论文集有吕忠梅主编的《环境公益诉讼：中美之比较》，别涛主编的《环境公益诉讼》等。期刊论文有万鄂湘教授的《建立环境公益诉讼制度推进生态文明建设》，史玉成的《环境公益诉讼制度构建若干问题探析》，李艳芳教授的《美国的公民诉讼制度及其启示——关于建立我国公益诉讼制度的借鉴性思考》等。博士论文有华东政法大学潘申明博士的《比较法视野下的民事公益诉讼——兼论我国民事公益诉讼制度的建构》，中国海洋大学陈冬博士的《环境公益诉讼研究——以美国环境公民诉讼为中心》，武汉大学张式军博士的《环境公益诉讼原告资格研究》等。

对于强制责任保险和环境公益基金制度，国内的研究成果相对较少。博士论文有中国海洋大学陶卫东博士的《论中国环境责任保险制度的构建》，厦门大学张磊博士的《中国强制责任保险制度研究》等。论文有张湘兰、李凤宁的《海上责任保险法基础理论问题研究》，李凤宁的《我国海上责任保险的立法完善研究》，郭锋、胡晓珂的《强制责任保险研究》，张丽娜的《海上强制保险适用范围的合理性解析》等。

### 1.2.2 国外研究现状

在国际上，直接对海洋石油开发环境污染法律救济机制进行研究的成果也不是很多。在墨西哥湾漏油事故发生之前，笔者从Google、Westlaw、Lexisnexis、HeinOnline 等法律资源网站上收集到的论文也极其有限，如 Bernard A. Dubais 教授的《1976 年伦敦公约的海洋石油勘探、开发油污损害民事责任机制》(*The 1976 London Convention on Civil Liability for Oil Pollution Damage from Offshore Operations*)、《北海石油勘探、开发环境污染风险》(*The Risk of Pollution Damage Arising from Oil Exploration and Production in the North Sea*) 以及 Kissi Agyebeng 先生《消失的法案——迈向全球海洋油气开发污染损害民事责任机制》(*Disappearing Acts——Toward a Global Civil Liability Regime for Pollution Damage Resulting from Offshore Oil and Gas Exploration*) 等。墨西哥湾漏油事故发生后，总统奥巴马任命了一个调查委员会（National Commission on the BP Deepwater Horizon Oil Spill and Offshore Drilling)。该委员会于 2011 年 1 月向奥巴马总统提交了最终报告（Report to the President)。该报告对墨西哥湾漏油事故发生的原因、对环境造成的损害进行了详细分析，并对完善相关法律和监管机制提出了对策建议。King, R. O. 博士向国会提交了研究报告《深水地平线漏油灾难：风险、恢复和对保险业的启示》(*Deepwater Horizon Oil Spill Disaster: Risk, Recovery, and Insurance Implications*)，对美国法律中的油污强制责任保险和财务保证制度，以及漏油事件对能源保险市场的影响进行了分析。Kyriaki Noussia 博士《深水地平线漏油事故视角下的环境污染责任法律机制与保险赔偿范围》(*Environmental Pollution Liability and Insurance Law Ramification in Light of the Deepwater*

*Horizon Oil Spill*)，对国际油污民事责任机制、美国油污民事责任机制以及环境责任保险等进行了研究分析。当然，对于海洋石油污染法律救济机制相关领域，如国际船舶油污责任机制、强制责任保险、环境公益诉讼等领域的研究成果则比较多，此处不再一一列举。

## 1.3 本书的主要内容与研究方法

全书共分为七章。第一章为引言，概述了选题背景及国内外海洋石油开发环境污染法律救济机制的研究现状。第二章是海洋石油开发环境污染法律救济机制概述。第三章对世界上率先明确将海洋石油开发环境污染法律救济问题纳入国内立法的美国海洋石油开发环境污染法律救济机制进行了全面深入的解析。第四章专门就墨西哥湾漏油事故及其对美国油污法律机制的挑战进行了深入分析。第五章主要对国际海洋石油环境污染法律救济机制的立法现状进行了介绍分析。第六章对国际海洋石油开发环境污染法律救济机制的构建提出了对策建议。第七章对我国海洋石油开发环境污染法律救济机制的构建进行了系统分析。主要研究方法如下：

第一，比较研究方法。这是本书采用的主要研究方法。在纵向上，对国际条约、区域环保协定、民间协定及美国海洋石油开发环境污染法律救济机制（包括责任保险机制、公益基金制度、公益诉讼模式等）进行比较研究分析，分别进行评析，得出启示。在横向上，对公益诉讼、责任保险和公益基金制度在海洋环境污染法律救济体系中的功能和地位进行比较研究，探析各自的优劣之处，努力构建相互补充、相互协调的法律救济机制。

第二，交叉学科研究方法。海洋环境污染法律救济机制是一个系统的工程，涉及环境保护法、民商法、海商法、行政法、国际海洋法、诉讼法等各个法律领域，甚至还涉及保险学、经济学、环境学等学科。本书综合运用各学科的知识，努力构建起满足我国需要的、系统的海洋石油开发环境污染法律救济机制。

第三，案例分析方法。本书主要以墨西哥湾漏油事故和渤海湾漏油事故为案例，对事故发生后各方的应对措施、法律举措等进行介绍分析，结合美国总统调查委员会最终报告，对美国海洋石油开发环境污染法律救济机制的现状及面临的挑战进行了分析；以渤海湾漏油事故为视角对我国海洋石油开发环境污染法律救济机制的缺失进行了分析，并提出了系统的完善建议。另外，在研究和论述过程中，充分运用已有的国际权威案例提供佐证。

第四，系统研究方法。海洋污染法律救济机制是一个系统的整体。本书注重运用系统论的研究方法，将海洋石油开发环境污染法律救济机制划分为海洋石油开发环境污染风险预防法律机制与海洋石油开发环境污染损害赔偿机制两大系统。前者包括海洋石油开发环境污染的监管体制、日常监管机制、漏油事故应急反应体等；后者则包括侵权损害赔偿、强制责任保险、公益基金、公益诉讼等内容。通过以上系统的建构，建立起对海洋石油开发中系统性环境污染风险的监管机制，尽量将油污事故发生的可能性降到最低；建立起迅速、有效的应急处置和救援体系，在油污事故发生后能够及时、高效地加以处置，尽量将油污事故对自然生态环境和人身、财产的损害降到最低；建立起完善的油污损害赔偿法律机制，确保油污事故发生后责任方能够及时、充分地对受害人的损害予以赔偿，促进海洋生态环境的恢复与重建。

# 2 海洋石油开发环境污染法律救济机制概述

海洋是人类生命的摇篮。随着经济全球化、科学技术的进步，人类开发和利用海洋资源的步伐越来越快，海洋日益成为世界经济联系和物资流通的纽带，也成为人类经济社会发展的资源宝库。然而，人类在开发和利用海洋资源的同时，也给海洋生态环境带来了巨大的伤害。海洋环境遭到破坏，最终损害的是全人类和子孙后代的利益。海洋石油泄漏是海洋环境污染的重要源头之一。墨西哥湾漏油事故对海洋环境造成的灾难性伤害再次说明，人类必须积极行动起来，采取有效的法律措施，有效防范和控制海洋石油污染，否则，最终受到自然法则严厉惩罚的还是人类自己。

## 2.1 海洋石油开发中环境污染法律救济机制的重大意义

长期以来，由船舶油类（包括运输油和燃油）造成的污染，在国际和国内两个层面都引起了广泛的重视。然而，海洋石油开发中的油污问题却没有得到国际社会甚至学术界的应有关注。仅美国1990年油污法将海洋石油开发中的油污损害赔偿问题明确纳入了法律规范的范围。美国墨西哥湾漏油事故和我国渤海湾漏油事故的相继发生，使这一法律机制的缺失尤为瞩目。

### 2.1.1 船舶油污法律救济机制的逐步完善

由于世界石油产地与消费地分布很不均匀，而石油又是现代工业发展必不可少的“血液”，因而通过跨国运输来调配石油资源便成为必然选择。近年来，世界年产石油大约有一半以上是通过油轮在海上进行运输的。一旦发生油轮触礁或碰撞事故，所运载石油泄漏进入大海的可能性很大，将会对海洋环境造成严重破坏。因而，船舶石油污染被称为是海洋的“超级杀手”。① 20 世纪 60 年代以来，大型油轮石油泄漏事故层出不穷，不仅污染了大片海域，还造成了巨大的财产损失和生态环境损害，引起了世人的普遍关注。正是在一次次触目惊心的油污事故面前，国际社会开始积极行动，寻求有效防治和赔偿船舶油污损害的途径，逐步建立起比较系统的船舶油污法律救济体系。

1967 年的“托利”号油轮（Torrey Canyon）石油泄漏事故，促使政府间海事组织（国际海事组织前身）制定了 1969 年《国际油污损害民事责任公约》(以下简称“1969 年民事责任公约”)、《国际干预公害油污事故公约》和 1971 年《设立国际油污损害赔偿基金的国际公约》(以下简称“1971 年基金公约”)。此次漏油事故，导致约 62 万吨原油流入大海，污染了英、法两国的海岸和港口，造成无数鸟类和海洋生物死亡，不仅对海洋产品和旅游业造成巨大损害，还严重破坏了英法两国的沿海生态环境。此次事故对英国和法国造成的经济损失超过 1000 万英镑，英法两国先后向油轮所有人提出了总额各为 325 万英镑的索赔。② 该案由美国法院审理。由于该事故仅留下一条价值 50 美元的救生艇，根据 1851 年《船舶所有人责任限制法》，受害人依法只能获得 50 美元的赔偿，十分不合理。后来，该案通过协商得以解决，油污受害人获得了 300 万美元的赔偿，但这也仅是所受损失的 1/5。③ 事故发生后，政府间海事组织看到了国际船舶油污法律赔偿机制的缺失，并于 1967 年 5 月成立法律委员会，开始起草《国际油污损害民事责任

---

① 参见何艳梅：《跨国污染损害赔偿法律问题研究》，复旦大学出版社 2011 年版，第 7 页。

② 参见刘惠荣主编：《国际环境法》，中国法制出版社 2006 年版，第 86 页。

③ See Colin De La and Charles B. Anderson, Shipping and the Environment: Law and Practice, LLP, 1998, p. 11.

公约》。该公约于1969年通过，1975年生效。我国于1980年1月30日向政府间海事组织交存了批准书，公约自1980年4月29日起对我国生效。

1978年“阿莫科·卡迪兹”号油轮（Amoco Cadiz）漏油事故，促使国际海事组织对1969年民事责任公约和1971年基金公约进行了修订，提高了责任限额和财务保证要求。“阿莫科·卡迪兹”号油轮系美国标准石油公司所有，油轮在法国布列坦尼海岸触礁搁浅，导致22万吨原油泄漏。事故造成法国西北和北部近100多英里长的海岸受到严重污染，30%的海洋动物和5%的植物被毁灭，约两万只鸟死亡。沿岸的渔业生产停止了一个半月，旅游业、餐饮业及沿岸居民的生活受到严重影响。①

1989年“埃克森·瓦尔迪兹”号油轮（Exxon's Valdez）石油泄漏事故，促使美国制定了1990年油污法，国际海事组织也对1969年民事责任公约和1971年基金公约进行了再次修订。“埃克森·瓦尔迪兹”号油轮属于美国埃克森石油公司，因油轮操作失误在美国阿拉斯加沿岸海域触礁，导致3.5万吨原油流入大海，严重污染了该海域的生态环境，致使10万~30万只海鸟、数千头海洋哺乳动物和数百只秃鹰死亡，实际损失高达80亿美元，仅清污费用就高达25亿美元，造成了巨大的经济损失和环境灾难，成为当时美国历史上最大的海洋油污事故。该事故的发生，促使美国寻求更加严格的海洋油污法律救济渠道，制定了引起广泛影响的1990年油污法。② 此后，还发生了1999年“Erika”号油污案、2002年“Prestige”号油污案以及“塔斯曼海”号油污案等有影响的船舶油污事件。

在历次船舶油污造成的巨大灾难的推动下，国际社会逐渐建立起以1969年民事责任公约及其议定书、1971年基金公约及其议定

---

① 参见亚历山大·基斯著：《国际环境法》，张若思编译，法律出版社2000年版，第388页。

② 参见王曦编著：《国际环境法》(第二版)，法律出版社2005年版，第33页。

书为核心的船舶油污损害赔偿法律体系。截至2011年11月29日，有128个国家参加了1969年民事责任公约1992年议定书（以下简称“1992年CLC”），其中109个国家同时参加了1971年基金公约1992年议定书。① 各成员国或直接适用公约的规定，或按照公约规定修改本国法律，促使国际船舶油污损害赔偿制度呈现出国际统一化趋势。② 虽然这一体系远不够完美，特别是在现代大型油轮漏油事故日趋巨量的情形下，更加显得捉襟见肘，但毕竟成功建立起了国际船舶油污法律救济的基本制度，对全球船舶油污的防治和法律救济发挥了巨大的作用。

### 2.1.2 海洋石油开发中环境污染法律救济机制的相对缺失

与人类跨洋海运的悠久历史相比，海洋石油开发的技术和实践直至20世纪70年代方日趋成熟。③ 或许正是因为海洋石油开发的探索相对于油轮运输石油而言，出现得较晚，海洋石油开发中的石油泄漏事故发生得也相对较少，其巨大危害性尚未被国际社会充分认知。在船舶油污引起国际社会广泛重视，已建构起相对完善的国际统一法律救济机制的同时，海洋石油开发中的环境污染救济问题却受到忽视。仅有的一部专门规范海洋石油开发环境污染救济问题的政府间国际公约是1976年在伦敦制定的《勘探、开发海底矿产资源油污损害民事责任公约》(*Convention on Civil Liability for Oil Pollution Damage Resulting from Exploration and Exploitation of Seabed Mineral Resources*)，然而该公约至今尚未生效，基本处于流产状态。《联合国海洋法公约》虽然将“来自用于勘探或开发海床和底土的自然资源的设施装置的污染”作为污染源之一纳入公约规制

---

① http：//www. iopcfund. org/92members. htm，visited on 22 Feb.，2012.

② 参见王玫黎：《船舶油污损害赔偿法律制度研究》，西南政法大学博士论文，2007年，第27页。

③ 参见《世界海洋石油业勘探现状》，载 http：//www. sinopecnews. com. cn/info/content/2009-03/30/content_ 621402. shtml，2012年2月24日访问。

的范畴，但也仅对成员国防范这种污染提出了一些原则性要求，对于如何充分防范海洋石油开发中的环境污染风险，以及这种风险发生后如何进行及时、充分、有效的法律救济，缺乏具体的规定。

在油污损害赔偿领域，目前在国际上发挥主要影响的 1992 年 CLC 和 1971 年基金公约、1992 年议定书的适用范围均局限于船舶污染。如 1969 年民事责任公约在阐述立法目的时明确指出，公约的主要目的是建立船舶溢出或排放油类造成污染的损害赔偿法律机制。公约第 1 条第 1 款规定："'船舶'，是指实际装运散装油类货物的任何类型的海洋船舶和海上船艇。""'污染损害'，是指由于船舶溢出或排放油类（不论这种溢出或排放发生在何处），在运油船舶本身以外因污染而产生的灭失或损害，并包括采取预防措施的费用以及由于采取预防措施而造成的进一步灭失或损害。"① 由此可见，海上石油钻探设施及其造成的污染无法被纳入公约的"船舶"和"污染损害"范畴之内。1971 年基金公约第 1 条第 2 款做出了与上述规定一致的定义。其后，虽然 1992 年 CLC、1971 年基金公约的 1992 年议定书，均对公约适用的"船舶"范围进行了扩充，但也未将海上石油勘探开发设施纳入其中。因此，国际法上尚没有任何生效的国际条约来对海洋石油开发环境污染法律救济问题予以详细、系统地规范，形成了巨大的法律空白，这不能不说是一种遗憾。

这一趋势在美国 1990 年油污法中得到了有效改善。美国在制定该法时，海上石油勘探开发技术已日益成熟。虽然海洋石油开发领域尚未发生巨大的污染事故，但 1990 年油污法的制定者们还是高瞻远瞩，预见了海洋石油开发可能带来的环境污染问题，因此便将"近岸设施"纳入了法律规范的范畴。虽然囿于时代，1990 年油污法的立法重心仍然在于对船舶油污问题提供完善的法律救济，但毕竟迈出了历史性的一步。此后，挪威在其 1994 年《海商法》、英国在其《商船法》、芬兰在其 1994 年《海商法》船舶的定义中均增加了"移动式装置"的内容，将海洋石油开发钻井平台或类

① 参见《1969 年民事责任公约》第 1 条第 1 款。

似的可移动装置造成的污染问题纳入法律规范的范畴。①

我国没有制定专门的油污法，更没有关于海洋石油开发环境污染法律救济的专门规定。能够适用于油污损害赔偿的法律规定，散见于《民法通则》、《侵权行为法》、《环境保护法》、《海洋环境保护法》等法律中，主要是对船舶污染问题进行规范。如《海洋环境保护法》第85条将海洋石油勘探开发造成的环境污染问题纳入了法律范畴，但遗憾的是仅规定了行政处罚，对于如何进行损害赔偿和污染治理，没有具体规定。第90条虽然可以适用于海洋石油勘探开发造成的环境污染问题，但该条也仅规定污染者应当赔偿损失，但对于如何确定责任、损害赔偿的范围、赔偿资金的来源等关键性问题未作规定。②

2010年4月发生的美国墨西哥湾漏油事故是首次进入国际社会视野的海洋石油开发环境污染事故，2011年6月发生的我国渤海湾漏油事故则再次揭示了这一新型油污事故的巨大破坏性和逐渐频发的未来趋势。无论是墨西哥湾漏油事故造成的490万桶原油泄漏量和高达数百亿美元的经济损失，还是我国渤海湾漏油事故造成的至少5万吨原油泄漏量，均让此前频频发生的油轮泄漏事故难以与之“媲美”。同时，由于海洋石油开发中的石油泄漏事故，极有可能发生于深海，堵塞漏洞和清污行动均面临着巨大的技术难题，对海洋造成的是自下而上的立体式污染，污染的程度和范围更加广泛，更加难以控制，必须尽快建立健全的相关法律救济机制对其加

---

① 参见何丽新、王功伟：《移动式钻井平台油污损害赔偿责任限制问题研究———由墨西哥湾溢油事故钻井平台适用责任限制引发的思考》，载《太平洋学报》2011年第7期，第89页。

② 《海洋环境保护法》第85条规定：“违反本法规定进行海洋石油勘探开发活动，造成海洋环境污染的，由国家海洋行政主管部门予以警告，并处二万元以上二十万元以下的罚款。”第90条规定：“造成海洋环境污染损害的责任者，应当排除危害，并赔偿损失；完全由于第三者的故意或者过失，造成海洋环境污染损害的，由第三者排除危害，并承担赔偿责任。对破坏海洋生态、海洋水产资源、海洋保护区，给国家造成重大损失的，由依照本法规定行使海洋环境监督管理权的部门代表国家对责任者提出损害赔偿要求。”

以有效防范和控制。否则，当灾难再次降临时，人类只能束手无策。

由于海洋石油开发目前主要在各国主权管辖范围内的领海和专属经济区内进行，调整油污损害赔偿的国际公约（如1969年民事责任公约及其议定书、1971年基金公约及其议定书等）一般也将适用的地域范围局限于各缔约国的领海和依照国际法划定的专属经济区，因而本书所指的“海洋石油开发”主要是指在各国的领海和专属经济区内进行的石油开发活动。

## 2.2 海洋石油开发环境污染法律救济机制的主要内容

“有权利就有保障，有损害就有救济”乃是人类公平正义理想赖以存在的基石。海洋石油开发环境污染，是一种典型的环境侵权，其法律救济机制涉及侵权行为法、环境保护法、损害赔偿法、保险法等各个法律领域的制度，相对比较复杂。以下进行简单阐述。

### 2.2.1 海洋石油开发环境污染法律救济的概念与主要形式

一般而言，“救济”是指用金钱或物资帮助灾区或生活困难的人。① 在法律上，救济是“一种手段，通过它，一种权利得以实施或者对权利的阻碍被阻止、纠正或补偿”，是“用于实施权利或补偿损失的手段，它区别于权利，权利是一种已被确立或承认的主张”。② 海洋石油开发环境污染法律救济，是指受害人的人格权、财产权或环境权益，因海洋石油开发导致的环境污染或生态破坏而遭受侵害、损害或有遭受损害之虞时，通过司法、行政乃至私力途径实现侵害的排除或损害的填补等，主要包括民事救济和行政救济

① 参见《现代汉语词典》，商务印书馆1982年版，第599页。

② Black’s Law Dictionary, fifth edition, West Publishing Co. 1979, p. 1163.

两个方面。① 民事救济的方式以损害赔偿（Damages）和侵害排除（Injunctions）为支柱。前者重在填补已造成的损害，为事后补救性救济方式；后者重在防止将来可能发生的损害或排除正在发生的侵害，即防患于未然，为事前预防性救济方式。至于具体的救济途径，则以民事诉讼为主。行政救济主要是指在加害人支付能力不足、加害人不明或受害人亟待救助时，或者为了更好地防范环境污染风险的产生，通过行政力量来对海洋环境污染造成的损害予以及时的补偿，或排除这种污染的风险，解决纠纷等。如通过行政协调促使污染责任方设立专项赔偿基金，对受害人进行赔偿；通过设立国家油污责任基金，对受害人未获得充分赔偿的损失予以补充赔偿，通过完善行政监管，有效防范污染风险的发生，均属环境侵权行政救济的范畴。

虽然国际上目前尚未建立起专门适用于海洋石油开发环境污染的国际公约，但有关船舶油污的国际损害赔偿机制可以提供有益的借鉴。美国1990年油污法也对海洋石油开发环境污染损害赔偿制度进行了初步构建。概括地说，海洋石油开发中环境污染的损害赔偿法律机制主要包括侵权损害赔偿法律机制、责任限制制度、强制责任保险法律机制、油污责任信托基金法律机制、民事公益诉讼法律机制等几大核心制度。另外，行政主管部门的行政协调机制、日常监管机制和应急反应机制对于日常风险的防范和事故发生后的善后处理也具有重要意义，本书将会在以下几章分别予以详细介绍，本节不再赘述。

### 2.2.2 侵权损害赔偿法律机制

侵权损害赔偿是侵权民事责任的基本方式，也是民法意义上债的一种，是损害赔偿民事法律制度的重要组成部分。加害人的不法侵害造成了财产或非财产损失，受害人享有请求赔偿的权利，加害

① 参见王明远著：《环境侵权救济法律制度》，中国法制出版社2001年版，第34页。

人负有赔偿的义务。① 侵权损害赔偿的核心问题是归责原则，即依照何种法律规则确定侵权损害赔偿的责任人。不同的归责原则，体现了不同的法律价值判断。② 虽然国内外学界对于侵权损害归责原则的种类划分存在不同认识，但均承认过错原则和无过错原则是最基本的两大归责原则，其中无过错原则在美国又被称为严格责任原则。

**2.2.2.1 过错责任原则的产生与发展**

过错责任原则，是指以过错作为价值判断的标准，判定行为人对其造成的损害应否承担侵权损害赔偿责任的归责原则。我国《侵权责任法》第6条的规定便把过错责任原则作为侵权损害赔偿的一般性归责原则。③ 过错责任原则是在人类漫长的发展历程中逐步确立起来的。“在人类社会的早期，法律程序建立在复仇基础上，不当行为者要为他的行为付出代价。后来，在报复的基础上产生了赔偿制度。”④ 早期的成文法采取加害原则，也叫结果责任原则，即行为人致他人损害，无论其有无过错，只要有损害结果的存在，就都应承担赔偿责任。这种最初萌发的责任承担原则竟与几千年后发展出的无过错责任原则惊人的一致。然而，在早期的人类社会，这一原则显然太过超前，不具合理性。因为那一时期囿于科学技术，人类能够从事的具有高度危险性且危及大多数人利益的危险活动不多。结果责任原则对造成损害的主观状态、具体情形不加区分，使得正当行使权利行为造成他人损害的人也必须承担民事责任。因而，随着历史的发展，在古罗马的《十二铜表法》中出现了“过失”的概念。到了12世纪，罗马法学者正式提出了应把过

① 参见杨立新著：《侵权损害赔偿》（第五版），法律出版社2010年版，第2页。

② 参见王利明著：《侵权法归责原则研究》，中国政法大学出版社1992年版，第17~18页。

③ 《侵权责任法》第6条规定：“行为人因过错侵害他人民事权益，应当承担侵权责任。”

④ 王玫黎：《船舶油污损害赔偿法律制度研究》，西南政法大学博士论文，2007年，第63页。

失作为赔偿责任的标准，过错责任原则开始出现并发展起来。① 1804年的《法国民法典》，首次将过错责任原则作为侵权损害赔偿的一般归责原则。近100年后的《德国民法典》也采用了这一归责原则。其后，各国民法都陆续确认这一归责原则。在英美法系，早期的侵权法最初采取程序诉讼制度，具体侵权行为的损害赔偿必须进行诉讼，没有过失的概念。直至晚近，才在法院的判例中创设出过失的概念，接受了过错责任原则作为侵权损害赔偿的一般归责原则。②

过错责任原则的构成要求有四个，即违法行为、损害事实、违法行为与损害事实之间的因果关系、行为人的主观过错。适用过错责任原则，在举证责任上由原告承担举证责任。即原告不仅要证明违法行为的发生、损害事实的出现，还要证明行为人存在主观过错、违法行为与损害事实之间存在因果关系，否则将承担举证不能的败诉结果。

19世纪初，工业革命开始在西方各国相继发生，极大地促进了社会生产力的发展。科技的发展和现代工业体系的逐步建立，一方面创造了灿烂的物质文明，另一方面也带来了工业灾害频发、交通事故骤增等副产品，公众的生命健康受到严重威胁。仅仅适用过错责任原则，已无法有效赔偿公众受到的巨大损失。于是，一种较过错责任原则更为严格的、更利于受害人权益保护的归责原则开始出现，即过错推定原则。过错推定原则，是指在法律有特别规定的场合，从损害事实本身推定加害人有过错，并据此确定造成他人损害的行为人。也就是说，对一些特殊的侵权行为，法律出于公平和正义的目的，为更有效保护受害人利益，特别规定对这些侵权行为实施举证责任倒置，原告只需对存在违法行为和损害事实，以及违法行为和损害事实之间有因果关系承担举证责任，而由行为人就自

① 参见杨立新著：《侵权损害赔偿》（第五版），法律出版社2010年版，第71页。

② 参见王泽鉴著：《侵权法》（第1册），台湾三民书局1999年版，第13页。

己没有过错承担举证责任。如果其举证不能，便推定其存在过错，而承担损害赔偿责任。正因如此，过错推定原则的适用范围是法定的，一般适用于以下几种：监护人责任、雇主责任、违反安全保障义务的侵权行为、无民事行为能力人在学校受到伤害的责任、动物园动物致害责任、机动车交通事故责任等。① 由此可见，过错推定原则实质上是在过错责任原则基础上进行技术性调整而发展出来的一种衍生形态，仍然遵守着过错责任的基本归责原则，本质上仍然是过错责任原则的一种特殊表现形式。

#### 2.2.2.2 无过错责任原则的产生和发展

19 世纪晚期以来，以电力技术为主要标志的第二次科技革命，使得电力和钢铁广泛运用于制造工业，内燃机广泛运用于运输工具，汽车、火车、轮船、钢铁、化学、航空、航天等行业取得突破性发展。这些新的工业类别在极大地解放人类生产力的同时，也对周围的环境、人身、财产等带来了巨大威胁。这些高度危险行业的从业者，即便是恪尽注意义务，仍然无法避免危害结果的发生。如果按照过错责任原则，则不应承担损害赔偿责任。然而，致害人在从事这种高度危险行业时，便潜在地将周围的人身、财产、环境置于一种风险之中。虽然致害人在具体事故的发生上可能没有主观过错，但受害人也没有任何主观过错，而且受害人的人身、财产权益受到了严重侵害。如果法律无法保护受害人的权益，那么法的正义价值必然丧失。在这种情况下，无过错责任原则得以产生和发展。英国 1865 年 Rylands v. Fletcher 一案较早确立了现代意义上的无过错责任，该案法官 Blackburn 指出，我们认为法律的原则是，为自己的目的将一些一旦逃逸就会给他人造成损害的物质放置、保留在其土地之上的个人，必须自行承担风险，妥善保管这些物质，否则就将承担这些物质所造成责任的后果。② 其后，美国、德国、我国

---

① 参见杨立新著：《侵权损害赔偿》（第五版），法律出版社 2010 年版，第 74 ~76 页。

② 参见胡雪梅著：《“过错”的死亡》，中国政法大学出版社 2004 年版，第 156 页。

台湾地区等均先后确立了无过错责任原则。

所谓无过错原则，是指在法律特别规定的情况下，以已经发生的损害结果作为价值判断标准，与该损害结果有因果关系的行为人，不问其有无过错，都要承担侵权损害赔偿责任的归责原则。①对无过错原则的适用范围法律有着明确的规定，一般是一些高度危险的特殊侵权行为，主要包括：产品责任、环境污染损害责任、高度危险责任、饲养动物致害责任、工伤事故责任等。无过错责任原则的构成要件有三个，即违法行为、损害事实和因果关系。受害人需要举证证明违法行为、损害事实和因果关系三个要件。在完成上述证明责任以后，如果加害人即被告主张不构成侵权或免责，自己应当承担举证责任。如果其举证不足或举证不能，则侵权损害赔偿即告成立，被告应承担赔偿责任。

**2.2.2.3　海洋石油开发中的环境污染应适用无过错责任原则**

海洋石油开发中的环境污染主要是石油泄漏引发的油污问题，无疑属于上述适用无过错责任几种法定类型中的环境污染损害责任和高度危险责任。海洋石油开发具有极高的技术要求，大部分作业在深海下完成，专业性强，工序十分复杂。任何一个微小程序或技术环节的差错，均可能酿成巨大的灾难。如墨西哥湾漏油事故，便是因为一个关键性程序的省略和反向压力测试引发的技术偏差导致油井发生爆炸，大量原油喷涌而出，在海面引起火灾，不仅夺去了11个人的生命，还对海洋生态环境、沿岸居民的身体健康和财产造成了巨大损害。因而，海洋石油开发中的油污问题具有高度危险性。进行海洋石油开发这一行为本身便将海洋生态环境和沿岸居民的人身、财产置于一种高度危险之中，行为人应尽特殊的注意义务。海洋石油开发给开发企业带来巨大的利润的同时，享受利益者也应承担风险，符合法律的公平、正义理念。与受害人相比，从事海洋石油开发的企业更有能力通过管理和技术手段来有效防范危险的发生。在海洋环境污染发生后，也能借助石油价格供给机制、商

① 参见杨立新著：《侵权损害赔偿》（第五版），法律出版社2010年版，第77页。

业保险等分散损失，降低损失。

正因如此，我国法律也一般性地确认了海洋环境污染的损害赔偿适用无过错原则。如我国《海洋环境保护法》第42条、《水污染防治法》第41条、《环境保护法》第41条等均有相应的规定。① 有关船舶油污损害赔偿的无过错责任原则也在国际条约中得到了确认。1969年民事责任公约第3条第1款、1971年基金公约第4条第1款均有如此规定。欧洲联盟通过的几个有关环境保护的公约及指令也确立了船舶油污的无过错责任。②

### 2.2.3 损害赔偿责任限制制度

所谓责任限制制度，是指赔偿责任人对某次污染事故所造成的损害，只在法定的索赔期限内承担法定的赔偿责任，并且可以在不可抗力等情况下豁免或减轻赔偿责任的制度。责任限制制度与严格责任原则有着紧密的联系，可以视为是对严格责任原则的法律矫正与合理补充。③

责任限制制度的产生，是一种法益平衡的结果。造成海上油污的两大源头是海洋石油开发和海上石油运输。这两大行业对于一国经济的发展均具有十分重要的意义。然而，海事活动从古至今便具有高度的风险性，而海上石油运输和海洋石油开发，特别是后者，更是资金、技术高度密集的产业，面临着各种巨大的风险。这种风险是作业者在恪尽注意义务仍然无法完全避免的。如果要求责任方

---

① 我国《海洋环境保护法》第90条规定："造成海洋环境污染损害的责任者，应当排除危害，并赔偿损失；完全由于第三者的故意或者过失，造成海洋环境污染损害的，由第三者排除危害，并承担赔偿责任。"《水污染防治法》第85条规定："因水污染受到损害的当事人，有权要求排污方排除危害和赔偿损失。"《环境保护法》第41条规定："造成环境污染危害的，有责任排除危害，并对直接受到损害的单位或者个人赔偿损失。"

② 参见［德］克雷斯蒂安·冯·巴尔著：《欧洲比较侵权行为法》（上），张新宝译，法律出版社2001年版，第468页。

③ 参见何艳梅著：《跨国污染损害赔偿法律问题研究》，复旦大学出版社2011年版，第166页。

承担全部赔偿责任，往往一次事故就足以让责任主体濒临破产。在市场机制的作用下，只能导致整个产业的衰落，最终威胁国家经济的整体发展。正因为如此，在海上油污领域推行责任限制制度成为一种普遍的做法。责任限制制度的政策目标为：尽管有必要保证向受害者提供及时和充分的赔偿，确保公平，但也不能对法律不加禁止的且有利于社会的经济活动施加过于沉重的财政负担，同时适应责任担保业务发展的要求以确保效率。《关于危险活动造成的跨界损害案件中损失分配的原则草案》指出，关于民事赔偿责任的条件、限制或例外均应符合两个目的：确保遭受损害的受害者得到及时和充分的赔偿；在发生跨界损害时维护和保全环境，尤其必须确保这类条件、限制或例外不从根本上改变提供及时和充分赔偿的目标。①

在国际法上，1969 年民事责任公约及其议定书、1971 年基金公约及其议定书、《1976 年海事索赔责任限制公约》均确立了责任限制制度，对船舶油污导致的损害赔偿设定了限额。但必须承认，责任限制制度与确保对受害人利益进行充分赔偿的立法目标相冲突，甚至有人认为它是一项不公正的歧视制度，以牺牲更需要法律保护的受害人的利益为代价来保护危险活动行业。② 正因为如此，虽然法律规定了责任限制制度，但也通过强制责任保险、油污责任信托基金等制度来确保受害人获得更多的赔偿保障，而且不断提高责任限额已成为一种国际趋势。③

### 2.2.4 强制责任保险法律机制

一般来说，保险合同是民事合同之一，也应遵循契约自由原则。即投保人和保险公司均有权自主决定是否投保、承保。我国

① 参见何艳梅著：《跨国污染损害赔偿法律问题研究》，复旦大学出版社 2011 年版，第 166 页。

② Gauci G. , “Limitation of Liability in Maritime Law: an Anachronism?”, Maritime Policy, 19 No. 1995, p. 76.

③ 参见王玫黎：《船舶油污损害赔偿法律制度研究》，西南政法大学博士学位论文，2007 年 3 月，第 118 ~ 122 页。

《保险法》第10条规定："除法律、行政法规规定必须保险的以外，保险公司和其他单位不得强制他人订立保险合同。"因而，强制责任保险的产生是对保险合同契约自由原则的突破，是法律基于维护社会公共利益的需要而对契约自由原则进行平衡的结果。所谓强制责任保险，是指依据法律规定的强制力而建立的，以投保人对第三人依法应负的损害赔偿责任为目标的保险法律关系，特定的义务主体必须投保某种责任保险，保险人必须承保相应险种的一种法律制度。

强制责任保险和财务保证制度始见于1962年《核动力船舶经营人责任公约》。该公约第3条第2款规定："经营人应当以签发许可证的国家所规定的金额、种类和条件，就其所承担的核损害赔偿责任维持保险或者其他财务保证，签发许可证的国家应当通过设立不超过本条第1款规定限额的必要基金，在上述保险或者其他财务保证不足以满足对经营人提出的并已认定的核损害赔偿请求时，保证此种请求的赔付。"①

强制责任保险在防治海洋环境污染领域，特别是在防范海上石油污染的立法中得到蓬勃发展，有其历史必然性与现实合理性。20世纪以来，随着人类科学技术的进步，对海洋的开发和探索日益频繁和重要。然而，即便是在现在，海事活动均具有巨大的不可预知的风险性。因而，海上保险得以蓬勃发展。现代经济是以石油为血液的工业经济。20世纪50年代以来，随海上石油运输的日益频繁，海上油污事件时有发生，不仅给海洋生态环境造成了严重污染和破坏，也给石油运输的承运人带来了巨大的经济损失，一次事故就足以使船主破产倒闭，而船主的破产又意味着受害人的损失将无法得到足够补偿。保险特有的基金积聚和风险分散功能恰好能够便捷地填补这些弊端，于是船舶油污责任保险首先得到广泛发展。②

---

① 转引自杨立新著：《海上侵权行为法研究》，北京师范大学出版社2011年版，第420页。

② 参见张湘兰、李凤宁：《海上责任保险法基础理论问题研究》，载《武大国际法评论》2006年第1期，第125页。

由于海上石油污染往往面临着巨额的损害赔偿，而且一旦被保险人存在过失或违反法定义务便不可享受赔偿责任限制，因而一次油污事故便可能导致保险人也濒临破产边缘。在自主决定是否投保的情境下，只有那些自认为污染风险极大的石油运输企业才来寻求保险，一些风险较小或存在侥幸心理的企业则可能因为不想增加企业成本而拒绝投保。这样，保险人开设此险种的利润基数便会大大降低，而赔付几率则会大大增加，因而往往会拒绝承保油污责任险。而海上油污事故往往会使大量的沿岸居民和企业遭受严重经济损失，陷入无法解脱的经济困境之中，直接影响到社会秩序的安定，还将对海洋生态环境造成严重的破坏，不仅关系到全人类的利益，也关系到我们子孙后代。出于对受害人的保护，对人类现在以及将来共同利益的关注，以及确保法律对社会正义的矫正功能得以发挥，法律强令那些潜在的加害者们投保责任保险。通过实施强制责任保险，所有符合适用条件的船舶所有人均需投保，保险人的商业利润来源基数足够庞大，也能避免只有高风险投保人才来投保的弊端，保险人开设此种保险也便具有了商业价值。

油污强制责任保险制度首先是在国际法层面得到确认。1969年民事责任公约第7条第1款规定："在缔约国登记的载运2000吨以上散装油类货物的船舶所有人，必须进行保险或者取得其他财务保证。"此后，船舶油污强制责任保险在世界范围内得以蓬勃发展。1969年民事责任公约及其议定书、1971年基金公约及其议定书、《1996年海上运输有毒有害物质责任与赔偿公约》、《2001年船舶燃油污染损害民事责任公约》以及《2002年海上旅客及其行李运输雅典公约》等都规定了强制责任保险制度。目前，世界上100多个国家也都以上述公约为蓝本制定了本国油污强制责任保险立法，许多几乎是完全照搬了公约的规定。①

① 参见李凤宁：《海上责任保险的立法趋势与展望》，载《保险研究》2007年第4期，第36页。

### 2.2.5 油污损害赔偿基金法律机制

从词义上说，“基金”是指为兴办、维持或发展某种事业而储备的资金或专门拨款。基金必须用于指定的用途，并单独进行核算。① 环境损害赔偿基金应当是指，根据有关法律的规定，通过不同来源资金的筹措，形成一笔大额款项，在一定情形发生和一定条件具备时，专门弥补向环境污染损害受害人提供的侵权损害赔偿之外的损失。此种赔偿为污染受害人提供了侵权损害赔偿之外的第二层保障，更有利于对受害人的充分赔偿。一般认为，设立环境污染损害赔偿基金的理论基础是环境侵权救济的社会化理论，通过社会救济渠道分散环境损害的巨大风险责任，既保障了人类现阶段所需要的风险行业的健康发展，又能够对受害人进行及时救济，避免各种矛盾的冲突及由之产生的社会动荡。国际上，1971 年基金公约专门建立了由石油货主摊款形成的船舶油污损害赔偿基金，对船舶油污受害人未足额受偿的损失进行补充赔偿。日本、德国、加拿大、美国等也设立了不同形式的环境损害赔偿基金。

我国尚未建立起环境污染损害赔偿基金制度，但相关法律已授权国务院完善这一领域的制度。我国《海洋环境保护法》第 66 条规定：“国家完善并实施船舶油污损害民事赔偿责任制度；按照船舶油污损害赔偿责任由船东和货主共同承担风险原则，建立船舶油污保险、油污损害赔偿基金制度。实施船舶油污保险、油污损害赔偿基金制度的具体办法由国务院规定。”但遗憾的是，到目前为止，我国的船舶油污损害赔偿基金制度仍然未能建立起来，海洋石油开发中环境污染基金制度更是无从谈起。

### 2.2.6 民事公益诉讼法律机制

环境公益诉讼制度于 20 世纪五六十年代发端于美国，其后作

① 参见《现代汉语词典》(第五版)，商务印书馆 2005 年，第 632 页。

为一种社会正义的实现方式在全球范围内蓬勃发展。① 目前，美国、加拿大、德国、法国、瑞士、俄罗斯等主要欧美国家以及日本、印度、印尼、菲律宾等亚洲国家均建立了公益诉讼制度。环境公益诉讼之所以得到蓬勃发展，不仅在于其有效维护了社会公众的生存权、环境权，弥补了政府环境执法的不足，还被认为是公民言论自由、参与社会公共事务等民主权利的体现。

环境公益诉讼即公民或者法人（特别是环保公益团体）出于保护公益的目的，针对损害公共环境利益的行为，以制止损害公益行为并追究公益加害人相应法律责任为目的，向法院提起的环境公益之诉，② 可分为环境行政公益诉讼和环境民事公益诉讼。公益诉讼起源于罗马法，是与私益诉讼相对应的一个概念。与一般诉讼相比，环境公益诉讼的最大特点在于对传统“诉的利益”观念的突破。传统诉讼法理论认为，“诉的利益”是构成诉权的必要要件。然而，环境污染侵害的是不特定的大多数人的利益。生态系统的整体性与不可分性将人类作为一个整体紧密联系在一起。无论环境损害是否对某个人产生了直接的人身和财产损害，也无论他是否能够感知这种环境损害，每一次环境损害都确确实实侵害了人类整体的环境利益。在这种对“一切人”的损害中，受害人在很多情况下是不能够被特定化的。③ 因此，在环境遭受侵害的情境下，如果恪守传统诉权理论的窠臼，那么公民个人以公共环境权益遭受侵害为由提起的诉讼必然会被否定，进而导致环境污染行为无法得到有效的监督和制裁，致使人类共同的环境权益不断受到侵害。有学者认为，判断一个诉讼是否构成公益诉讼，可以从以下几个方面判断：“（1）诉讼结果中存在公共利益；（2）原告对诉讼结果没有个人的、专属的、财产性的利益，或者虽然存在这种利益，但是可以断

① 参见徐卉著：《通向社会正义之路——公益诉讼理论研究》，法律出版社 2009 年版，第 269 页。

② 参见别涛：《中国环境公益诉讼的立法建议》，载《中国地质大学学报（社会科学版）》2006 年 11 月第 6 卷第 6 期，第 5 页。

③ 参见徐祥民、胡中华、梅宏等著：《环境公益诉讼研究——以制度建设为中心》，中国法制出版社 2009 年版，第 39 页。

定因此而提起诉讼是不经济的；（3）诉讼引发争点的重要性已经超越了诉讼当事人的直接利益关系。”①

环境公益诉讼的基本特征有②：（1）原告范围具有广泛性。“原告申诉的基础并不在于自己的某种利益受到侵害或胁迫，而在于希望保护因私人或政府机关的违法行为而受损的公众或一部分公众的利益，因此，这里提出的是在传统的限制资格的原则，原告如果不能向法院提出诉讼，该如何处理。”③ 也就是说，只要有导致公益性环境权益和生态平衡发生危险或损害的行为，任何人都可以提起诉讼，包括国家、公民、法人以及其他社会团体。总的来看，各国的原告诉讼资格普遍呈逐渐放宽的趋势。（2）诉讼目的的公益性。环境公益诉讼保护的是公共环境利益，而非私益诉讼上的私权。（3）诉讼理由的前置性。与私益诉讼的事后救济性不同，环境公益诉讼更强调事前救济或事中救济。当事人不需以损害发生为诉讼要件，只要被诉人的行为引起或可能引起环境公益损害即可。这是因为，环境恶化结果的发生具有滞后性和不可逆性，一旦发生就难以恢复并带来巨大损害，因而需要在损害结果发生之前就允许公民适用司法手段加以排除，以减少或防止损害结果的发生。（4）请求救济内容的预防性。环境公益诉讼中原告的请求不是要求被告赔偿损失或恢复原状，而是要求其采取有效措施防范环境公益损害结果的发生，避免或减轻损害的出现或扩大，甚至是要求国家修改、变更有关政策，禁止从事损害环境的生产、经营和建设活动等。因而，环境公益诉讼的请求一般是禁止令状、停止侵害、排除障碍等宣告性判决。（5）诉讼裁判效力范围的扩张性。环境公益诉讼中，原告请求的是停止某种对环境造成威胁的行为，甚至是要

---

① Christian Schall, Public Interest Litigation Concerning Environmental Matters Before Human Rights Courts: A Promising Future Concept?, 20 L. Envtl. L., 2008, p. 417.

② 参见吕忠梅、吴勇：《环境公益实现之诉讼制度构想》，载别涛主编：《环境公益诉讼》，法律出版社2007年版，第23～26页。

③ ［意］莫诺·卡佩莱蒂著：《福利国家与接近正义》，刘俊祥等译，法律出版社2000年版，第82页。

求通过法院的禁止令或宣告性判决来影响和改变环境公共政策，起着形成或促进环境保护公共政策的作用。判决效力不仅直接拘束本案诉讼当事人，而且对未参加诉讼的一般公众也产生拘束力，其他公民或团体不得以同样的理由再次提起诉讼。

## 2.3 海洋石油开发环境污染法律救济机制的正义价值基础

正义是人们对法的永恒价值的追求，是法律制度的首要价值和评判尺度。著名法理学家博登海默有一句名言："正义有着一张普洛透斯似的脸（a Proteus Face），变幻无常，随时可呈不同形状，并具有极不相同的面貌。当我们仔细查看这张脸并试图解开隐藏其表面背后的秘密时，我们往往会深感迷惑。"① 正因为正义具有无法穷尽的魅力，不断吸引着古今中外的一流思想家试图揭开她神秘的面纱。罗尔斯在其名著《正义论》中指出："正义是社会制度的首要价值，正像真理是思想体系的首要价值一样。一种理论，无论它多么精致和简洁，只要它不真实，就必须加以拒绝或修正；同样，某些法律和制度，不管它们如何有效率和有条理，只要它们不正义，就必须加以改造或废除。"② 笔者认为，正义应当是海洋石油开发中的环境污染法律救济各项制度设计的核心价值理念。只有真正体现和践行了法的正义价值，这些制度设计才具有正当性。以下，笔者运用历史上一些著名思想家有关法的正义理论，来对海洋石油开发环境污染法律救济制度进行解析，并将正义作为海洋石油开发环境污染法律救济机制构建和评价的价值标准。

### 2.3.1 亚里士多德的分配正义与矫正正义理论

古希腊思想家亚里士多德首次将平等的观念引入正义价值之

① ［美］博登海默著：《法理学——法律哲学与法律方法》，邓正来译，中国政法大学出版社1999年版，第252页。

② ［美］约翰·罗尔斯著：《正义论》，何怀宏、何包钢、廖申白译，中国社会科学出版社1988年版，第3页。

中，并提出了分配正义与矫正正义的概念。分配正义是按照才能与贡献等标准在社会成员之间分配财富、权力、荣誉、利益、责任等，这是按比例分配，体现了比例平等。当分配正义被违反时，矫正正义便开始起作用。矫正正义是指在社会成员之间重建原先已经建立起来后来又遭到破坏的均势和平衡，即当一个人的财产、权利等受到侵犯时，侵犯者应该给予补偿、修复等。矫正正义不考虑才能与贡献，只考虑是哪一方做出了损害行为而使另一方受了损失，这时应将一个人不宜多得的部分利益归还给受损的一方。①

亚里士多德的分配正义与矫正正义理论即便在当今社会也具有重要意义。分配正义是一种普遍的、广泛适用的正义，体现了付出、收获相匹配的平等，是第一层面的正义。矫正的正义则是在第一层面的正义业已确立的社会秩序或利益结构被破坏时，使用外力（如司法）予以恢复均衡的正义。在海洋环境侵权损害中，由于自然资源和受害人在第一层面分配的正义受到破坏，便需要适用侵权损害赔偿法律关系，由法院来予以干预和矫正，对受到损害的自然资源和受害人进行赔偿，实现对应有正义状态的恢复。海洋环境污染公益诉讼制度也是这样一种矫正正义的途径。每个人生来便享有自然所赋予的清新空气、洁净天空、蔚蓝海水等优美自然环境的权利。这种权益并非是独占的权益，但却是一种必不可少的、共享的权益。海洋环境污染，剥夺了这种自然赋于每个人的权益，使得自然法则下的分配正义受到破坏，那么每个人就有权提请诉讼，请求停止侵害、恢复环境，实现矫正的正义。

### 2.3.2 斯宾塞与康德的自由主义正义观

英国哲学家斯宾塞认为，正义是每个人都可以自由地干他想干的事，但这以他没有侵犯任何其他人所有享有的相同的自由为条件，即正义是追求自我利益而不损他人利益。“只许州官放火，不许百姓点灯”，自己享受自由却压制别人的自由，显然是不正义

① 参见周文华著：《论法的正义价值》，知识产权出版社 2008 年版，第 41 页。

的。康德也认为正义是离不开自由的，并认为法的正义是“那些使任何人的有意识的行为，按照普遍的自由法则，确实能与别人的有意识的行为协调的全部条件的综合。即一个人的意志按照普遍的自由法则能够同另一个人的意志相结合。”① 斯宾塞和康德的正义理论，核心都是自由，但又不是随心所欲的自由。只有一个人在不影响他人自由权利下的自由才是正义的。反之，如果一个人的自由以伤害他人的自由为前提，那么他的这种自由就是不正义的。

自由是正义的一项重要内容。但自由的享有和实现，必须以不妨碍他人的自由为前提。如果两种自由权益的实现相互冲突，那么便需要通过法律制度的设计，尽量使这两种自由都能在一定限度内和谐并存，只有这样才能实现各自的自由正义价值。在海洋油污损害领域，无论是海运业还是海上石油开发，均是经济社会发展不可或缺的行业。但这两种行业又均天然带有巨大的风险性，将海洋生态环境和沿岸居民的人身、财产置于一种不确定的风险之中。也就是说，海运和石油开发企业享有的运输和开发石油的自由正义，伤害到海洋生态环境和沿岸居民在自然状态下生存和财产的自由正义。于是，法律便创设出责任限制和强制责任保险制度，一方面通过责任限制让海运业和石油开发企业不至于因为过重的赔偿负担而丧失生存、发展的能力，另一方面通过对其课以强制购买保险的义务，来确保被害人受损的利益能够得到赔偿，实现两种自由一定程度上的并存和发展。

### 2.3.3 罗尔斯的社会正义理论

罗尔斯是新自由主义的代表人物，他用毕生的时间和精力研究正义问题，代表作《正义论》是当代最有影响的政治哲学著作。罗尔斯十分关注制度和社会结构的正义价值，指出：“对我们来说，正义的主要问题是社会的基本结构，或更准确地说，是社会主要制度分配基本权利和义务，决定由社会合作产生的利益之划分的

① 转引自周文华著：《论法的正义价值》，知识产权出版社 2008 年版，第 42 页。

方式。”①

罗尔斯依托无知之幕假设，提出了两大正义原则和两大优先原则。两大正义原则主要指平等自由原则和差别原则、机会均等原则，即社会体系中每个人的权利应当是平等的，所有机会应当平等地对每个人开放，只有在合理照顾社会弱势群体权利时才允许出现不平等的现象。② 两大优先规则主要是指自由优先原则和正义对效率和福利的优先。自由优先原则是指，对自由的限制，只能是因为保护其他自由权利的原因；如果说存在某种不平等的自由，则这种自由必须被社会弱势群体所接受。正义优先原则是指，机会的均等优先于保护弱势群体的权利；如果某种机会无法做到均等，则应倾向于保护享有社会机会更少的弱势群体。③ 罗尔斯认为，人们在社会中所享有的资源和机会，既受到政治、经济、社会条件的限制和影响，也受到人们出生伊始所具有的不平等的社会地位和自然禀赋的影响，这种不平等是个人无法自我选择的。正义原则要通过社会制度的设计和改变，从制度上尽量消除或降低这种因出生而导致的

---

① ［美］约翰·罗尔斯著：《正义论》，何怀宏、何包钢、廖申白译，中国社会科学出版社 1988 年版，第 7 页。

② 罗尔斯指出：“第一个正义原则：每个人对与所有人所拥有的最广泛平等的基本自由体系相容的类似自由体系都应有一种平等的权利（平等自由原则）。第二个正义原则：社会的和经济的不平等应这样安排，使它们：(1) 在与正义的储存原则一致的情况下，适合于最少受惠者的最大利益（差别原则）；(2) 依系于在机会公平平等的条件下，职务和地位向所有人开放（机会的公正平等原则）。”参见［美］约翰·罗尔斯著《正义论》，何怀宏、何包钢、廖申白译，中国社会科学出版社 1988 年版，第 302 页。

③ 罗尔斯指出：“第一个优先规则（自由的优先性）：自由只能为了自由的缘故而被限制。这有两种情况：(1) 一种不够广泛的自由必须加强由所有人分享的完整自由体系；(2) 一种不够平等的自由必须可以为那些拥有较少自由的公民所接受。第二个优先规则（正义对效率和福利的优先）：公平的机会优先于差别原则。这有两种情况：(1) 一种机会的不平等必须扩展那些机会较少者的机会；(2) 一种过高的储存率必须最终减轻承受这一重负的人们的负担。”［美］约翰·罗尔斯著：《正义论》，何怀宏、何包钢、廖申白译，中国社会科学出版社 1988 年版，第 303 页。

不平等，尽量关注和保护社会弱者的权利和机会，只允许那种能给最少受惠者带来补偿利益的形式上的不平等分配。

任何一项法律制度，本质上是在正义理念引导下的价值的平衡与选择。罗尔斯的社会正义理论，对于检验和诠释海洋环境污染法律救济制度的正当性具有重大借鉴意义。在海洋环境污染侵权损害赔偿的归责原则上，之所以采用无过错责任原则（严格责任原则），从法的正义价值上解释，是为了给受害人这一相对弱势的社会群体特殊关照，“公平机会的优先意味着我们必须给那些具有较少机遇的人以机会”①，让处于优势地位的污染企业承担更多的举证责任。而强制责任保险、污染责任基金等致力于对受害人予以及时、充分赔偿的法律制度，本质上也在于对受害人这一“最少受惠者”给予优先补偿的最大利益，符合正义的优先原则。在原有的自由平等状态因外界形势的变化再次被打破时，差别原则便将适用，法律应倾向于对最少受惠者的利益予以特殊保护。如墨西哥湾漏油事故导致的巨大损害，已彻底打破了美国 1990 年油污法建立起的有关责任限额与损害赔偿之间的平衡，受害人的利益再次受到威胁。在这种情况下，法律便应偏向于保护受害人的利益恢复，致力于提高责任限额和财务保证要求。

正如罗尔斯所指出的：“一个社会体系的正义，本质上依赖于如何分配基本的权利义务，依赖于在社会的不同阶层中存在着的经济机会和社会条件。”② 从整个海洋石油开发环境污染法律救济机制来说，侵权损害赔偿制度的建立是海洋生态环境与沿岸居民合法权益这一自由，对海洋石油开发这一自由的限制，是“自由只能为了自由的缘故而被限制”③ 的体现；而建立责任限制制度、强制责任保险制度、环境污染基金制度等，目的在于通过法律制度对石

① ［美］约翰·罗尔斯著：《正义论》，何怀宏、何包钢、廖申白译，中国社会科学出版社 1988 年版，第 301 页。

② ［美］约翰·罗尔斯著：《正义论》，何怀宏、何包钢、廖申白译，中国社会科学出版社 1988 年版，第 7 页。

③ ［美］约翰·罗尔斯著：《正义论》，何怀宏、何包钢、廖申白译，中国社会科学出版社 1988 年版，第 303 页。

油开发企业、保险企业、政府、沿岸居民等不同主体进行权利义务的合理分配，通过精巧的设计，给予每个主体合适的经济机会和发展条件，实现社会制度和分配结构的正义。“在某些制度中，当对基本权利和义务的分配没有在个人之间做出任何任意的区分时，当规范使各种对社会生活利益的冲突要求之间有一恰当的平衡时，这些制度就是正义的。”① 从这一角度讲，一项法律制度如果能够实现不同主体相互冲突的合法权益之间的精巧平衡，那么这项制度就呈现出一种和谐的正义之美。海洋石油开发环境污染法律救济机制无疑就是这样一种正义的制度安排。但其永恒的挑战在于，如何在时代的不断变幻中，正确把握各种主体合法权益维护的临界点和平衡点，在动态不平衡之中不断达成阶段性的精巧平衡。

① ［美］约翰·罗尔斯著：《正义论》，何怀宏、何包钢、廖申白译，中国社会科学出版社 1988 年版，第 5 页。

# 3　美国海洋石油开发环境污染法律救济机制解析

自1989年“埃克森·瓦尔迪兹”号油轮泄漏事故发生以来，美国逐渐建立起以1990年油污法为核心的现代油污防治体系，确立了船舶油污和海洋石油开发中石油泄漏污染相并行的风险控制和法律救济机制。在国际海洋石油开发环境污染法律救济机制缺失的情况下，美国1990年油污法确立的相关救济制度便成为研究海洋石油开发环境污染法律救济机制重要而为数不多的“窗口”。总体上来说，美国的海洋石油开发环境污染法律救济体系以污染者的严格责任（Strict Liability Standards）、强制责任保险（Compulsory Liability Insurance）、油污信托基金（the Oil Spill Liability Trust Fund，OSLTF）和污染赔偿责任限制（Limitations on Liability）为基础，① 受害者可以通过油污信托基金、商业保险、联邦灾难救助和侵权损害赔偿等救济渠道寻求赔偿。② 由于目前美国尚没有石油

① See King，R. O.，“Deepwater Horizon Oil Spill Disaster：Risk，Recovery，and Insurance Implications，Congressional Research Service”，7-5700，R41320，July 12，2010，p. 6，http：//www. fas. org/sgp/crs/misc/R41320. pdf，visited on 18 Feb.，2012.

② See King，R. O.，“Deepwater Horizon Oil Spill Disaster：Risk，Recovery，and Insurance Implications，Congressional Research Service”，7-5700，R41320，July 12，2010，p. 2，http：//www. fas. org/sgp/crs/misc/R41320. pdf，visited on 18 Feb.，2012.

泄漏事故受害者获得联邦灾难救助的先例①，因而主要的索赔渠道便是侵权损害赔偿、环境公民诉讼、强制责任保险、油污信托基金四种主要模式。

## 3.1 美国油污侵权损害赔偿救济法律机制分析

海洋石油开发中的环境污染损害从法律性质上说属于一种典型的环境侵权损害，因而，侵权损害赔偿法律救济机制是可供选择的最基本和最重要的法律救济渠道。

### 3.1.1 油污侵权损害赔偿的归责原则

"侵权责任归责原则是侵权法的统帅和灵魂，是构建侵权法的内容和体系的支柱。"② 美国通过普通法，逐渐发展出对"超常危险活动"适用"严格责任"的法律原则。美国著名侵权法学家布罗瑟和基顿指出："如果一个企业家有意地参加了某种活动，该活动即使付诸了合理谨慎依然是高度危险的。同时，该活动并不是那种为人们普遍从事的活动，那么，该企业家有意地使另一个人处于巨大的危险之中时，不管该活动如何为社会所期求，这种使他人处于巨大的危险之中的行为，通常可能被视为将发生损失的风险分配给从事该高度冒险的和包含超常风险的活动人或企业的充分的结果。"③ 美国《第二次侵权法重述》第519条指出："（1）从事某种超常危险活动的人，对该活动所导致的另一人的人身、土地和动产的损害承担责任，尽管他已经为防止该损害的发生付诸了最大程度的谨慎。（2）

---

① See King, R. O. , " Deepwater Horizon Oil Spill Disaster: Risk, Recovery, and Insurance Implications, Congressional Research Service", 7-5700, R41320, July 12, 2010, p. 13, http://www.fas.org/sgp/crs/misc/R41320.pdf, visited on 18 Feb. , 2012.

② 杨立新著：《侵权损害赔偿》（第五版），法律出版社2010年版，第243页。

③ W. P. Keeton, Dan B. Dobbs, Robert E. Keeton and David G. Owen, Prosser and Keeton on Torts, fifth edition, West Publishing Co. , 1984, pp. 28-29.

这种严格责任仅限于这样一种损害，其发生的可能性使该活动具有超常的危险。”也就是说，法律明确对从事超常危险活动的人课以最严格的赔偿责任，即便他尽一切可能的努力也无法避免损害的发生，他仍然应当负赔偿责任。对于何谓“超常危险活动”，《第二次侵权法重述》第520条规定：“在决定某种活动是否具有超常的危险时，应考虑以下因素：（a）对他人人身、土地和动产造成损害的高度风险的存在；（b）由该活动造成的损害极有可能发生；（c）没有能力通过付诸合理的谨慎消除该风险；（d）该活动在多大程度上不属于通常的习惯；（e）从事该活动的地点的不适当性；（f）该活动对社会的价值被其危险性超过的程度。”① 第520条规定的“六种因素”，并非每一条都符合方能确认其属于“超常危险活动”。“六种因素”中，造成损害的风险的巨大和损害的极有可能发生被放在首要位置。其中，风险的巨大是指危害后果一旦发生将是很严重的。这一因素与损害的极有可能发生结合起来，决定了风险可能成为超常的风险。美国法院在司法实践中，有时仅因风险的巨大和极有可能发生就认定被告应负严格责任。②

按照第520条“六种因素”来衡量，油污损害无疑属于“超常危险活动”。首先，海洋石油开发具体操作发生在深海，面临着广泛而复杂的风险，如设备操作中的风险、石油开发计划与决策执行中的错误等，任何一个微小的管理、操作或技术指标上的失误均可能引起石油泄漏事故而产生巨大的生态和财产损害的风险，③ 而这种高度风险一旦发生则必然对海洋生态环境和沿岸居民造成巨大经济损失。其次，囿于科学技术和人性本身，这种风险是无法通过

---

① 转引自王军著：《侵权法上严格责任的原理和实践》，法律出版社2006年版，第54~55页。

② See Langan v. Valicopters, Inc., 567 p.2d 218 (Wash. 1977); S. A. Gerrard Co. v. Fricher, 27 p.2d 678 (Ariz. 1933); Mcpherson v. Billington, 399 A. W. 2d 186 (Tex. Cir. Ct. App. 1965).

③ See King, R. O., “Deepwater Horizon Oil Spill Disaster: Risk, Recovery, and Insurance Implications, Congressional Research Service”, 7-5700, R41320, July 12, 2010, p. 6, http://www.fas.org/sgp/crs/misc/R41320.pdf, visited on 18 Feb., 2012.

合理的谨慎注意予以消除，甚至从某种程度上说是不可避免的。最后，如同墨西哥湾漏油事故所展示的那样，一旦发生油井爆炸或石油泄漏事故，则其引发的灾难将是空前的，对生态环境和沿岸经济造成的损失将远远超过石油开发所带来的经济效益。美国判例法也支持将放射性物质的泄漏或污染导致的损害认定为“超常危险活动”，适用“严格责任”。①

在国际上，对油污侵权损害实行严格责任已经成为通例。如产生广泛影响的1969年民事责任公约及其议定书、1971年基金公约及其议定书以及欧盟通过的几个有关环境保护的公约和指令均确立了船舶油污的严格责任原则。② 按照严格责任原则，受害人只要证明存在石油泄漏行为、自己受到损失及损失与泄漏行为存在因果关系，则除非被告能够证明存在法定的免责事由，否则应当承担相应的赔偿责任，而无论其是否对漏油事故的发生有过错。

美国1990年油污法通过对免责事由的规定间接确立了对油污责任人的严格责任原则。该法第1003条第1款规定，如果责任方有充分的证据证实排油或排油的重大威胁及其引起的损害或清污费用纯粹系由法定的四种情形导致，则可以免责。也就是说，除此之外，责任方均须对油污及油污的重大威胁承担赔偿责任。四种法定的免责情形为：（1）天灾。（2）战争行为。（3）第三方的行为或不为，但负责方的雇员或代理人或其行为或不为涉及与负责方的任何合同关系（唯一的合同协议是与铁路公共承运人的运输有关者除外）的第三方不在此列，责任方应以占优势的证据证明其：（1）考虑到油类的特性和根据一切有关事实和情况，已对有关油类给予适当的注意；（2）针对可预见的任何上述第三方的行为或不为和可预见的该类行为或不为的后果，采取了预防措施。（4）受害人对油污损害存在重大过失或者故意不当行为而引起。可以看出，美国1990年油污法规定的法定免责情形范围很窄，实践中被成功适

① 参见王军著：《侵权法上严格责任的原理和实践》，法律出版社2006年版，第56页。

② 参见［德］克雷斯蒂安·冯·巴尔：《欧洲比较侵权行为法》（上），张新宝译，法律出版社2001年版，第468页。

用的几率极低。但即便这样，该法第 1003 条第 3 款再次规定，在三种情形下责任方将丧失援引上述免责事由进行抗辩的权利：（1）如果该责任方知道或者应当知道发生了污染事故而没有或拒绝按照法律要求向有关当局报告。也就是说，责任方在发生油污事件之后，负有立即向当局进行报告的法定义务。（2）没有或拒绝配合有关职能部门开展清污活动。也就是说，在油污事件发生后，责任方应积极配合政府开展清污活动。（3）在无充分理由的情况下，没有或拒绝遵守政府依法做出的清除或减轻油污损害的各项指令。因此，美国 1990 年油污法建立起的污染方严格责任极为严格，基本排除了污染方在正常情况下免责的可能性。通过对油污损害建立起严格责任机制，美国意图促使石油开发企业更有效率地进行风险管理，改进技术以降低事故发生的几率。①

### 3.1.2 油污损害赔偿的责任主体

赔偿责任主体是指应当承担环境污染损害赔偿责任的人。从理论上看，凡是从事对环境有影响的活动并且造成污染损害者，或者对这种污染活动进行控制、监督和管理者，包括个人、实体和国家，都可能成为潜在的赔偿责任人。② 在海洋石油开发环境污染引发的侵权损害赔偿法律关系中，赔偿责任主体是实施油污行为并向受害人支付相应赔偿金额的人。对海洋环境造成污染后，如何确定油污损害赔偿的责任主体是侵权损害赔偿首先需要解决的问题。

美国 1990 年油污法确立了油污责任人（保险人）和油污责任信托基金的双重赔偿主体机制。对于船舶油污而言，损害赔偿的第一责任人是拥有、经营或光船租赁该船的任何人；对于海洋石油开发设施而言，损害赔偿的第一责任人主要是指石油开发设施的承租

---

① See King, R. O., "Deepwater Horizon Oil Spill Disaster: Risk, Recovery, and Insurance Implications, Congressional Research Service", 7-5700, R41320, July 12, 2010, p. 6, http: //www. fas. org/sgp/crs/misc/R41320. pdf, visited on 18 Feb., 2012.

② 参见何艳梅著：《跨国污染损害赔偿法律问题研究》，复旦大学出版社 2011 年版，第 77 页。

人或持照人。① 由于美国1990年油污法规定了强制保险和直接诉讼制度，受害人也可直接向责任方的保险人提起侵权损害赔偿诉讼，也可将责任方和保险人作为共同被告提起诉讼。当污染损害超过责任方的责任限额或赔偿能力时，则由根据《油污法》建立起的油污责任信托基金提供补充赔偿。

### 3.1.3 油污损害赔偿的范围

损害赔偿的范围，是指发生油污事故后，受害人可以向责任人主张赔偿损失的范围。美国1990年油污法第2701条和第2702条对此进行了详细规定，主要包括清污费用、自然资源损害、财产损失、生活用途丧失、税收等政府收入的减少、利润和营利能力的降低导致的损失、公共服务减损等。② 从以上规定可以看出，美国

---

① 美国1990年油污法第1001条第32（3）项的规定就近岸设施的负责方而言："设施所在区域的承租人或持照人，或根据适用的州法律或《外部大陆架地带法》授予的设施所在区域的使用权和地役权的持有人（倘若该持有人不同于承租人或持照人），但作为所有人并通过租赁、转让或允许而将财产的所有权和使用权让与另一人的联邦机构、州、市、委员会、州的政治分部或州际机构不在此列。"

② 美国1990年油污法第2701条和第2702条规定："1. 清污费用。即美国、州或印第安部落根据相关法律，为清除油污或减少对海滨、海岸或自然资源损害而发生的费用以及任何人在国家应急计划下所付出的任何清污费用。2. 损害。主要包括六大类：（1）自然资源——因自然资源的毁坏、破坏、损失或失去其用途而遭受的损害，包括评估损害的合理费用，应由美国受托管理人、州受托管理人、印第安部落受托管理人或外国受托管理人受偿；（2）不动产或个人财产——因不动产或个人财产的毁坏或其破坏引起的经济损失而遭受的损害，应由拥有或租用该财产的索赔人受偿；（3）生活用途——因损失自然资源的生活用途而遭受的损害，应由使用被毁坏、破坏或损失的自然资源的索赔人受偿，不考虑资源的归属或管理；（4）总收入——相当于不动产、个人财产或自然资源的毁坏、破坏或损失造成的税收、使用费、租金、费用或净利润份额的净损失的损害，应由美国、州或其部门受偿；（5）利润和营利能力——相当于不动产、个人财产或自然资源的毁坏、破坏或损失造成的利润损失或营利能力的削弱的损害，应由任何索赔人受偿；（6）公共服务——清污活动期间或之后为提供排油引起的新增的或额外的公共服务（包括防火、安全或防止卫生危害）的净费用损害，应由州或州的部门受偿。

1990年油污法规定的损害赔偿范围是十分广泛的，既包括清污费用、财产损失、评估费用、自然资源损害等直接损害，也包括生活用途丧失、收入减少、利润和营利能力减少、公共服务减损等间接损失；既包括可量化的财产损失，也包括十分难以评估的自然资源、利润减少、公共服务减损等损失，这给法官留下了较大的自由裁量空间。

在损害赔偿范围的讨论中，一个引起广泛关注和争论的问题是纯粹经济损失是否属于赔偿范围的问题。所谓纯粹经济损失，“是一种在原告人身和财产事先都未受到侵害之情形下发生的损害。”① 学理上一般把经济损失划分为直接经济损失和间接经济损失。前者指侵权行为或准侵权行为直接导致的受害人财产毁损或财产减少。后者指受害人因为直接经济损失而此后再次发生的损失，如某些可得利益的丧失，营业利润的损失、误工工资损失等。纯粹经济损失与直接经济损失的区分，是一种技术性的区分。“例如，A侵害了B的财产，B因该财产不能再利用而失去租赁收益，C因不能租赁该财产而发生停工。在这种情况下，B的财产受损属于直接经济损失，他失去的租赁收益属于间接经济损失，而C的停工损失则属于纯粹经济损失。”② 纯粹经济损失概念和制度的提出，突出了对间接受害人利益的保护问题。从纯粹经济损失的概念可以看出，美国1990年油污法规定的利润和营利能力的减弱、因损失自然资源的生活用途而遭受的损害以及公共服务减损等，均可归入纯粹经济损失的范畴。

一般来说，只有侵权行为的直接受害人有权主张损害赔偿。但是在有的侵权案件中，不仅直接受害人受到财产或人身方面的损

① ［意］毛罗·布萨尼、［美］弗龙·瓦伦丁·帕尔默：《纯粹经济损失的概念及其背景》，载［意］毛罗·布萨尼、［美］弗龙·瓦伦丁·帕尔默主编：《欧洲法中的纯粹经济损失》，张小义、钟洪明译，法律出版社2005年版，第5页。

② 张新宝：《纯粹经济损失的几个问题》，载［意］毛罗·布萨尼、［美］弗龙·瓦伦丁·帕尔默主编：《欧洲法中的纯粹经济损失》，张小义、钟洪明译，法律出版社2005年版，第2页。

害，而且第三人如直接受害人的近亲属也遭受类似的损害。如果法律对这样的间接受害人不问情形一律不予救济显然有失公平。对于纯粹经济损失是否提供法律保护，不仅取决于立法规定，还取决于司法部门的判断。司法实践中，一般对纯粹经济损失的索赔请求持限制态度，除法国等少数国家外，大部分国家在立法上不支持纯粹经济损失赔偿请求，但美国、英国等国家通过扩大合同法适用范围来实现对部分纯粹经济损失的救济。①

### 3.1.4 油污损害赔偿责任限制制度

赔偿责任限制制度与严格责任总是相伴而生。美国 1990 年油污法第 1004 条专门规定了赔偿责任限制制度。与国际公约不同的是，该条针对运输石油的船舶和近岸设施、港口分别规定了不同的责任限额。海洋石油开发设施可归入近岸设施类别，其损害赔偿责任限额是 7500 万美元（除清污费用外）。与免责事由制度相似，1990 年油污法在赋予责任方责任限制权利的同时，也规定了援引这一权利的限制性条件，即如果事件的发生是因责任方或其代理人、雇员、合作伙伴的故意或重大过失行为，或违反了联邦安全法令、操作规则等，则丧失援引责任限制的权利。与此同时，如果责任方拒绝履行以下三项义务，也将丧失这一权利：（1）在知道事故发生后没有及时向主管部门履行报告义务；（2）没有或拒绝遵守政府为清污或减损损害做出的各项指令；（3）未能或拒绝配合政府的清污行动。也就是说，责任方对污染事故的发生有过错或者事故发生后未履行相关法定义务，将丧失援引责任限制的权利。在发生油污事故时，责任方在慌乱之中往往可能出现上述一项或几项失误，从而导致无法享受责任限制。② 在墨西哥湾漏油事故发生后，BP 在总统调查委员会最终报告出炉之前，即主动表示放弃其

① 参见王玫黎：《船舶油污损害赔偿法律制度研究》，西南政法大学博士学位论文，2007 年 3 月，第 102 ~ 107 页。

② 参见杨立新著：《海上侵权行为法研究》，北京师范大学出版社 2011 年版，第 374 页。

享有的美国1990年油污法规定的7500万美元的赔偿责任限额，表示愿意对漏油事故的所有受害人予以赔偿，并设立了200亿美元基金专门达成这一使命，根本原因仍然在于其对自己在管理和操作上的失误了然于胸，即便此时提出享受责任限额的要求，在总统调查委员会事故原因调查结论出台后，也必然会被1990年油污法剥夺援引赔偿责任限额的权利。总统调查委员会的最终报告充分印证了这一点。

如在1992年，美国法院在Amoco Cadiz油轮污染案中，便判决该船东不得享受责任限制。Amoco Cadiz油轮在1974年建造后交付使用。该船从一开始就期租给Shell公司直至1978年于法国Brittany海域沉没。发生触礁事故后，造成大约22万吨原油泄漏。单就泄漏的原油量来看，超过Exxon Valdez轮7倍多。Amoco Cadiz油轮的船东Amoco公司在美国Illinois州北部地区法院申请责任限制。1992年1月，上诉法院维持地区法院判决。法院查明，引发事故的隐患在船舶建造时就已存在，船东和造船人对于个别金属部件的机械故障和其他问题视而不见，从而埋下祸根。法院进一步查明，Amoco公司没有修理和合理维护舵机、适当培训船员等，所有这些直接导致事故的发生。因此，法院判决Amoco公司负责，并不得享受责任限制，理由是该船东知道船舶机械问题及其严重性，而且也应知道这些问题的严重性，却没有采取任何措施及时纠正，应负完全赔偿责任。①

但是，美国是一个多法域的国家，各州有不同于联邦的独立法律规范。1990年油污法并不禁止各州自行立法，只要这些立法不低于联邦立法的保护程度。于是，在油污损害赔偿责任限制方面，各州之间便出现了不太统一的局面。如阿拉巴马州、阿拉斯加州、加利福尼亚州、康涅狄克州、佐治亚州、缅因州、马里兰州、马萨诸塞州、密西西比州、新罕布什尔州、宾夕法尼亚州、罗得岛州、南卡罗来纳州、华盛顿州和俄勒冈州的法律均规

① 参见杨立新著：《海上侵权行为法研究》，北京师范大学出版社2011年版，第374页。

定，油污责任人须对清污费用和油污损害承担无限责任；佛罗里达州的法律规定油污损害责任是无限责任，但清理费用是有限责任；弗吉尼亚州和新泽西州法律规定与佛罗里达州刚好相反，即油污损害责任是有限责任，但清污费用是无限责任。鉴于可能适用无限责任，各船东保赔协会纷纷拒绝出具1990年油污法所要求的财务责任证明。①

### 3.1.5 墨西哥湾漏油事故的侵权损害赔偿救济

墨西哥湾漏油事故发生后，为促使BP尽快履行侵权损害赔偿责任，美国政府和民众采取了以下几种方式寻求救济和赔偿：一是通过行政协调决定由事故责任方设立专门的赔偿基金，确保对受害人的损失予以及时充分的赔偿。美国总统奥巴马督促BP建立了200亿美元的赔偿基金，赔偿范围包括沿岸企业、民众因漏油事件受到的经济损失、清除污染费用、自然资源损失等。② 截至2011年7月21日，BP共计为墨西哥湾漏油事故支付各种索赔67.09亿美元，其中从油污基金中向超过195 000个索赔人支付了50.36亿美元。通过其他渠道支付了16.73亿美元。与此同时，支付给联邦和四个州政府预付金及索赔款12.74亿美元。③ 到2013年4月30日，BP支付的赔偿总额已增加到109.28亿美元，其中向个人和企业支付赔偿增加到91.7亿美元，向政府支付的赔偿增加到14.42

---

① 参见杨立新著：《海上侵权行为法研究》，北京师范大学出版社2011年版，第423页。

② Justin Blum and Jim Snyder, "BP, U. S. Agree on Establishment of $20 Billion Gulf of Mexico Spill Fund", http://www.bloomberg.com/news/2010-08-09/bp-20-billion-oil-spill-compen- sation-fund-agreement-completed-with-u-s-.html, visited on 8 Aug., 2011.

③ BP: "Claims and Government Payments Gulf of Mexico Oil Spill Public Report", http://www.bp.com/sectiongenericarticle800.do?categoryId=9036584&contentId=7067605, visited on 8 Aug. 2011.

亿美元，支付其他赔偿 3. 16 亿美元。① 二是督促责任方对清污费用进行赔偿。从 2010 年 5 月到 2011 年 7 月，美国政府累计向 BP 及其他责任方发出了 12 个清污费用账单，要求 BP 支付政府机构因漏油事件所支出的各种费用，包括投入的人力、服务、资源费用，监控和评估费用，运输设备费用，清污费用等。BP 都及时向美国政府支付了这些账单，累计支付金额达 7. 17 亿美元。② 到 2013 年 4 月 30 日，BP 向政府支付的赔偿已增加到 14. 42 亿美元。③ 三是通过侵权诉讼的方式要求责任方承担赔偿责任。美国政府 2010 年 12 月 15 日宣布，已向新奥尔良市一家联邦法院递交诉状，对 BP 等 9 家与墨西哥湾漏油事故有牵连的企业提出民事诉讼，指控他们违反安全操作规定，包括对油井失去控制、未使用最安全钻井技术、未持续监控油井等，导致了墨西哥湾漏油事故的发生，认为 BP 等责任方违反了《清洁水法》和油污法，要求他们对所有油污清理费用、油污造成的损失及对自然资源的破坏作出赔偿且上不封顶。④ 与此同时，许多受影响的个人也在法院提起诉讼，

① BP："Gulf of Mexico Oil Spill Claims and Other Payments Public Report-4/30/2003"，http：//www. bp. com/liveassets/bp _ internet/globalbp/globalbp _ uk_ english/gon_ 2012/STAGING/local_ assets/downlo ads_ pdfs/Public_ Report _ April_ 2012. pdf，visited on 3 Jun. ，2013.

② Oil Spill Cost and Reimbursement Fact Sheet，http：//www. restorethegulf. gov/release/2011/07/12/oil-spill-cost-and-reimbursement-fact-sheet，visited on 11 Aug. ，2011.

③ BP："Gulf of Mexico Oil Spill Claims and Other Payments Public Report-4/30/2003"，http：//www. bp. com/liveassets/bp _ internet/globalbp/globalbp _ uk_ english/gon_ 2012/STAGING/local_ assets/downlo ads_ pdfs/Public_ Report _ April_ 2012. pdf，visited on 3 Jun. ，2013.

④ 刘一楠：《美国政府就墨西哥湾漏油事故起诉英石油》，载 http：//news. xinhuanet. com/world/2010-12/17/c_ 12889488. htm，2011 年 8 月 9 日访问。依照美国现行法律，如果法院认定被告存在重大过失，被告将为每桶流入墨西哥湾的原油支付至多 4300 美元罚款，总额将达大约 210 亿美元。如果法院认为不存在重大过失，每桶泄漏原油罚款至多 1100 美元，总额大约 54 亿美元。

要求BP对漏油事故造成的人身、财产，甚至股票损失等提起侵权之诉。BP已要求将所有的这些侵权之诉均合并在位于休斯顿的一家联邦法院进行合并审理。①

## 3.2 美国1990年油污法中的强制责任保险赔偿法律机制

虽然自1969年民事责任公约以来，强制责任保险制度在海上油污领域得到广泛发展，但主要局限于船舶石油泄漏污染领域。上述各公约，也均适用于船舶运输石油或燃油导致的损害赔偿。美国1990年油污法则明确规定适用于船舶、岸上设施、近岸设施、深水港口等，未雨绸缪地确立了船舶油污和海洋石油开发中油污损害赔偿的强制责任保险制度。甚至有学者声称，美国1990年油污法的主要目的便是建立起一个海上能源开发和生产的财务责任法律保障机制。② 可见，强制责任保险制度在1990年油污法中的重要法律地位。

### 3.2.1 美国1990年油污法中的强制责任保险与直接诉讼制度

强制责任保险的主要立法目的在于，在某种超常危险活动开始之时，便为其可能的污染损害后果提供充分的财务保证，确保污染损害发生时责任方具有充足的能力对受害人进行赔偿。在讨论1969年民事责任公约时，部分联合国代表便指出：“鉴于存在许多

① See King, R. O., “Deepwater Horizon Oil Spill Disaster: Risk, Recovery, and Insurance Implications, Congressional Research Service”, 7-5700, R41320, July 12, 2010, p. 14, http://www.fas.org/sgp/crs/misc/R41320.pdf, visited on 18 Feb., 2012.

② See Dr. Kyriaki Noussia, “Environmental Pollution Liability and Insurance Law Ramification in Light of the Deepwater Horizon Oil Spill”, p. 10, http://www.rokas.com/uploads/Environmental_ Pollution_ Liability_ and_ Insurance_ Law.pdf, visited on 20 Feb., 2012.

单船公司，这些公司的船舶发生油污损害后，受害人只能从已受损害或沉没的船舶的剩余价值中获得补偿，其损失可能得不到弥补或得不到足够弥补。强制责任保险制度可以解决这个问题。”① 美国1990年油污法第1016条第3款规定，坐落于直接与海洋和内水向海一侧标志线相连的、沿海岸的普通浅水线处，或者坐落于沿岸内水，如海湾、河口湾、非直接与海洋相连的、沿海岸的普通浅水线处，被用于勘探、钻井、生产或从事勘探、钻井、生产石油的设施，以及发生严重的溢油，具有泄漏1000桶石油的可能性的设施，应当提供财务保证，对于坐落于某州向海一侧边界的海边的近岸设施，为3500万美元；对于坐落于某州向海一侧边界的岸边的近岸设施，为1000万美元。如果总统认为基于勘探、钻井、生产或运输的石油数量或质量造成的相应的营业、环境、人类健康和其他风险的考虑，要求负责方提供的更大财务责任数额是合理的，则总统可要求其提供不超过1.5亿美元的财务责任证明。财务证明的形式包括保险、债券、保证书、信用或其他财务责任能力证明，但油污责任保险通常是最普遍、最主要的财务证明形式。②

目前在美国保险市场上，能够为海洋石油开发提供油污责任保险的主要是能源保险，包括能源开发额外险（Operator's Extra Expense，OEE）、附加责任险（Excess Liability insurance）、劳工损害赔偿责任险等。能源开发额外险是最主要的责任保险，负责对被保险人在能源勘探、开发、生产等过程中对第三人造成的人身、财产损失，以及清污、法律诉讼等费用，还包括为避免损失扩大而对油井进行修复、重新钻探等合理费用，涵盖的范围十分广泛，是海洋石油开发中最主要的责任保险。虽然国际保赔协会提供船舶污染

① Wu Chao, Pollution from the Carriage of Oil by Sea: Liability and Compensation, Kluwer Law International Ltd., 1996, p. 66.

② See King, R. O. , " Deepwater Horizon Oil Spill Disaster: Risk, Recovery, and Insurance Implications, Congressional Research Service", 7-5700, R41320, July 12, 2010, p. 2, http://www.fas.org/sgp/crs/misc/R41320.pdf, visited on 20 Feb., 2012.

的第三者责任险，但不提供海洋能源开发中环境污染的第三者责任险。①

直接诉讼制度是强制责任保险制度的有益补充。所谓直接诉讼，是指法律授权受害人可以直接向侵权责任方的保险人等财务保证人提起损害赔偿诉讼。直接诉讼制度是对传统合同相对性原则的突破，极大地保障了受害人的利益，节省了索赔的成本和效率。在实体法上，直接诉讼意味着受害人对责任主体的责任保险人或财务保证人直接具有损害赔偿请求权，是强制责任保险制度效能发挥的重要手段。因而，规定了强制责任保险制度的国际公约和国内法，一般也都规定了直接诉讼制度。② 美国 1990 年油污法第 1016 条第 5 款规定，对根据本法第 1002 条可以确定的责任提出的索赔，可以直接向为根据该条对清污费和索赔有关的损害负责的责任方提供财务责任证明的任何担保人提出。在对此种索赔进行抗辩时，担保人可以援引被担保人根据法律规定所享有的一切权利与辩护，如享有援引赔偿责任限额的权利等。

### 3.2.2 墨西哥湾漏油事故中的保险赔付

在墨西哥湾漏油事故中，由于主要责任方 BP（占 65% 股权）并没有选择从能源商业保险市场购买第三者责任险，而是由其专业自保公司木星保险公司承保（单次保险事故最大赔偿额为 7 亿美元），也没有进行再保险。BP 运输公司从国际互保协会购买了 10 亿美元的海上污染责任保险，但事故的发生是否属于承保范围尚未可知。BP 合作开发伙伴安纳达科（Andarko Petroleum Corp.，占 25% 的股权）购买了 1 亿美元的雇主额外责任险；三井公司（Mitsui Oil Exploration Co.，占 10% 的股权）购买了 4500 万美元的

① See Dr. Kyriaki Noussia，“ Environmental Pollution Liability and Insurance Law Ramification in Light of the Deepwater Horizon Oil Spill ”，pp. 26-27，http：//www. rokas. com/uploads/Environmental_ Pollution_ Liability_ and_ Insurance_ Law. pdf，visited on 20 Feb.，2012.

② 参见杨立新著：《海上侵权行为法研究》，北京师范大学出版社 2011 年版，第 425 页。

雇主额外责任险。向 BP 出租“深水地平线”钻井平台的瑞士越洋钻探公司向英国劳合社投保了 5.6 亿美元的商业保险，已超出该钻井平台的价值，该公司还购买了 9.5 亿美元的额外责任保险。防喷器（BOP）供应商卡梅隆国际（Cameron International Corp.）购买了 5 亿美元的责任险。提供套管封堵服务的承包商哈里伯顿（Halliburton Co.）购买了 10 亿美元的责任险。① BP 正在试图利用越洋钻探公司所持有的保单要求越洋钻探公司的承保人履行赔偿义务，但承保的 38 家保险公司认为，BP 与越洋钻探公司的钻井平台租赁合同中约定，保险公司只对钻井平台本身的损害以及钻井平台导致的水面污染负责，而对因石油勘探开发导致的深海油井产生的污染不负责，因此已向美国法院申请不对 BP 承担任何油污损害的赔偿责任。② 由于 BP 占越洋钻井平台 65% 的股权，是主要责任方，又没有向外购买保险，这便意味着主要的赔偿责任将由 BP 独自承担。其他所有合作伙伴或供应商购买的能源保险总额也不超过 42 亿美元，且不一定均能得到赔付。因而，虽然墨西哥湾漏油事故引起了空前的环境灾难和经济损失，也将构成能源保险和再保险市场的一个标志性赔付事件，但对能源保险市场造成的冲击有限。

## 3.3 美国 1990 年油污法中的油污责任信托基金赔偿机制

虽然有了强制责任保险和财务保证制度，但现代油污事故造成的损失越来越巨大，往往超过了法律规定的赔偿责任限制。如 1989 年美国埃克森石油公司的超级油轮“Exxon Valdez”石油泄漏事故，清污费用和各种污染损失高达 80 亿美元，远超过 1990 年油

① See Plumer M., Lathrop A., Suomela K., Insurance For Environmental Claims, New Appleman on Insurance: Current Critical Issues in Insurance Law, Lexis Nexis, Spring 2010, 33-39, 34-35.

② 参见李志刚：《墨西哥湾漏油事故各方赔偿责任划分分析及启示》，载《国际石油经济》2010 年第 8 期，第 19～20 页。

污法规定的船舶油污责任限额。本次墨西哥湾漏油事故造成的各种损失更是破纪录。据总统调查委员会估计，仅仅墨西哥湾生态环境的恢复便至少需要30年，需要花费150亿~200亿美元，每年至少需要5亿美元的资金，① 远远超出1990年油污法规定的7500万美元的赔偿责任限额。生态经济学家估计，墨西哥湾漏油事故给生态环境带来的损失至少在340亿~6700亿美元，远远大于BP公司设立的200亿美元保证基金。② 虽然BP表示放弃赔偿责任限制，愿意对所有损害进行赔偿，并设立了200亿美元的赔偿基金，并支付了大量赔偿，但要对所有受害人和所有损失予以充分的赔偿，仍然是不现实的。面临着海洋油污事故损害的巨大和责任保险的不充分赔偿，为了更加有效地保护受害人的利益，由政府设立的油污责任信托基金便应运而生，对责任限额以外或者未获得充分赔偿的受害人履行赔偿义务。

### 3.3.1 油污赔偿基金的产生与发展

最早规定油污赔偿基金的是著名的1971年基金公约。1969年的民事责任公约将船东确认为船舶污染民事责任主体，并建立了强制责任保险和责任限制制度。然而，由于大型油轮和大型油污事故的不断发生，公约规定的赔偿额难以适应时代的发展要求，无法对重大油污事故受害者的损失予以充分赔偿，并且每次都与损失相差甚远。与此同时，石油远洋运输的受益人除了船东外，还有大型石油企业。这些石油企业从石油进出口贸易中获得巨大收益，经济实力雄厚。仅仅由船东独自承担石油远洋运输中的巨大风险，不仅会极大地伤害海运行业的发展，也违背了法律的公平原则。于是，国际海事组织制定并通过了1971年基金公约，建立起由大型石油企

① See National Commission on the BP Deepwater Horizon Oil Spill and Offshore Drilling: "Report to the President: National Commission on the BP Deepwater Horizon Oil Spill and Offshore Drilling", p. 279, http://www.oilspillcommission.gov/final-report, visited on 11 Aug., 2011.

② 刘伯宁:《墨西哥湾漏油事件：没有吸取教训的悲剧》，载《南方周末》2010年7月23日第8版。

业摊款组成的“国际油污赔偿基金”（International Oil Pollution Compensation Fund），作为船舶油污损害赔偿第二顺位义务主体，对受害人根据1969年民事责任公约无法获得的赔偿进行赔付。按照公约规定，“国际油污赔偿基金”是一个独立的法人，可以作为诉讼主体，基金干事为法定代表人。公约第10条第1款规定，在一个日历年度内，石油公司在缔约国境内的港口或油站收到从海上运至的石油，以及在非缔约国港口或油站卸货后，在缔约国领土内的任何油站最先收到从海上运来的摊款石油，总量超过15万吨的，都必须缴纳摊款。一国成为基金公约的成员后，必须缴纳初次摊款。各缔约国应保证并采取适当措施，确保该国领土内应当承担基金摊款义务的石油公司履行这一义务。① 虽然国际油污赔偿基金在船舶油污损害赔偿中发挥了巨大作用，但并不适用于海洋石油开发中发生的油污损害赔偿。

### 3.3.2 美国1990年油污法中的油污责任信托基金制度

美国油污法第1012～1015条对油污责任信托基金的一般用途、代位、索赔等进行了十分详尽的规定。按照规定，基金主要用于支付清污费用、自然资源损害的评估费用、自然资源的恢复费用、受害人未能获得充分赔偿的损失、为清污而采取行政措施的成本费用等。依照该法，美国政府成立了“国家油污基金中心”（National Pollution Fund Center，简称NPFC），负责“油污责任信托基金”（the Oil Spill Liability Trust Fund，简称OSLTF）的日常管理工作。基金的本金主要来自于“向石油企业征收的石油环境税”、“基本利息”、“部分其他基金的准备”、“从油污责任方追回的清污费”、“对油污责任方的罚款”、“政府的紧急辅助拨款”、“向政府的借款”等。其中，石油环境税是该基金的最主要来源，主要对进口和美国国内生产的石油每桶征收8美分的税收，基金目前对每次油

① 参见王玫黎：《船舶油污损害赔偿法律制度研究》，西南政法大学博士学位论文，2007年3月，第48～50页。

污事故的最大支付赔偿金额是 10 亿美元。① 该基金有两个比较突出的特点：一是能够先予支付清污费用。为了避免因清污费用不足而导致清污行动迟缓，贻误最佳堵塞漏油点和清除污染的时机，引起油污损害范围的扩大，美国法律规定一旦发生油污事故后，必要时基金可以立即启用，先予支付清污费用，确保清污工作的及时高效进行。其后，再根据法律规定评估损害，向油污责任方追偿。二是对受害人未能获得责任方充分赔偿的损害进行补充赔偿。在实践中，海岸警卫队为督促责任方积极赔偿有关油污损害，而将油污信托基金作为最后的损害赔偿手段。②

在基金按照法律支付任何费用或索赔后，美国政府将通过代位取得向责任方索取损害赔偿的权利。司法部长代表基金提起诉讼，追偿基金支付的任何费用。对于向基金提起的清污费用的索赔，应在清污工作完成之日起 6 年之内提出；对于损害赔偿的索赔，应在发现或应当发现油污损害后 3 年内提出；对自然资源损害赔偿的索赔，应在完成对自然资源损害的评估之日后 3 年内提出。

### 3.3.3 环保超级基金制度

除油污责任信托基金外，美国最著名的环保基金是根据 1980 年颁布的《综合环境反应、赔偿和责任法》(*Comprehensive Environmental Response, Compensation, and Liability Act*) 设立的"危险物质反应信托基金 (Hazardous Substance Response Trust Fund)"，后在 1986 年被更名为"危险物质超级基金 (Hazardous Substance Superfund)"，又被称为"超级基金"。该基金的支付范

① See National Commission on the BP Deepwater Horizon Oil Spill and Offshore Drilling: "Report to the President: National Commission on the BP Deepwater Horizon Oil Spill and Offshore Drilling", p. 283, http://www.oilspillcommission.gov/final-report, visited on 11 Aug. ,2011.

② See National Commission on the BP Deepwater Horizon Oil Spill and Offshore Drilling: "Report to the President: National Commission on the BP Deepwater Horizon Oil Spill and Offshore Drilling", p. 283, http://www.oilspillcommission.gov/final-report, visited on 23 Feb. ,2012.

围包括对政府的清污费用、应急反应费用、自然资源损害评估费用、公众参与技术支持费用、污染试验费用等。① 然而，可能是考虑到油污损害赔偿的特殊性和油污领域已有专门立法，《综合环境反应、赔偿和责任法》第101（14）节明确将“石油类物质”排除在“危险物质”的范围之外：本节中的“危险物质”不包括石油、原油或任何没有被《综合环境反应、赔偿和责任法》列为或另行指定为危险物质的馏分，也不包括天然气、天然气液态、液化天然气或是用作燃料的合成气体及其混合物。② 因此，海洋石油开发中的石油泄漏造成的污染损害，不适用《综合环境反应、赔偿和责任法》，也自然无法享受超级基金的赔偿。

## 3.4　美国海上环境污染公民诉讼制度

环境公民诉讼制度是美国联邦环境法律的一项基本制度。环境公民诉讼的精髓在于“公益性”，即普通民众为了保护和促进环境法律的实施，可以针对与自身无实质利益关联的环境违法行为或其他与环境权益相关的争端提起诉讼，寻求法律救济。这种诉讼可以针对违法排污者，也可针对未履行法定监管职责的政府，以达到控制污染、加强执法、改善环境的目的。海上环境污染公民诉讼属于环境公民诉讼的具体类型。

### 3.4.1　美国环境公民诉讼的立法背景与立法现状

美国的环境公民诉讼制度产生于20世纪70年代。当时，美国经济高速发展，各种公害泛滥成灾。公害事件引起的痛苦和不安让公众产生了严重的“生存危机”，掀起了一场声势浩大、席卷全国、历时久远的反公害、反污染的环境民权运动，强烈要求扩大环

① 参见李冬梅：《美国〈综合环境反应、赔偿和责任法〉上的环境民事责任研究》，吉林大学博士论文，2008年，第27页。

② 参见李冬梅：《美国〈综合环境反应、赔偿和责任法〉上的环境民事责任研究》，吉林大学博士论文，2008年，第19～20页。

境诉讼起诉资格。加上许多州法院的法官系选举产生，难以摆脱地方政治势力的影响，如何在法院环境诉讼中扩大原告诉讼资格成为一些法官努力的目标。① 在各方努力下，1970 年修订《清洁空气法》时增加了公民诉讼条款，其第 304 条 a 款规定："任何公民都可以以直接或间接受影响者的名义，甚至以'保护公众利益'的名义，对包括公司和个人在内的民事主体提出诉讼；任何公民都可以对污染源不遵守排放标准和联邦环保局不履行职责的行为向法院提起诉讼。"②

此后，在 20 世纪 70 至 80 年代的联邦环境立法浪潮中，绝大多数的联邦环境法律都包含了公民诉讼条款，且基本上参照上述《清洁空气法》公民诉讼条款设计。如《清洁水法》第 505 条、《海洋保护、研究和庇护法》第 105（G）条、《噪声控制法》第 12 条、《濒危物种法》第 11（g）条、《深海港口法》第 16 条、《有毒物质控制法》第 20 条、《外部大陆架底土法》第 23 条、《环境综合反应、赔偿和责任法》第 310 条、《能源政策和保护法》等 16 部联邦环境立法，均专门规定了公民诉讼条款。③

在各州环境立法中，50 个州中有 16 个州的成文法规定了本州环境公民诉讼的一般条款，其他 34 个州虽然没有环境公民诉讼的一般法律规定，但在司法实践中也多援引宪法、私人检察总长理论、公共信托理论、妨害公众理论等各种方式确认了环境公民诉讼制度。④ 因而，环境公民诉讼是美国环境立法中的一项重要制度，获得了联邦和州立法的普遍承认。美国联邦环境法律中的公民诉讼条款比较典型的表述是：任何人有权代表自己，对任何人提起民事

---

① 参见潘申明：《比较法视野下的民事公益诉讼——兼论我国民事公益诉讼制度的建构》，华东政法大学博士学位论文，2009 年，第 169 页。

② 李静云：《美国的环境公益诉讼》，载别涛主编：《环境公益诉讼》，法律出版社 2007 年版，第 93 页。

③ 参见陈冬：《环境公益诉讼研究——以美国环境公民诉讼为中心》，中国海洋大学博士论文，2004 年，第 22 ~ 24 页。

④ 参见陈冬：《环境公益诉讼研究——以美国环境公民诉讼为中心》，中国海洋大学博士论文，2004 年，第 66 ~ 77 页。

诉讼，以实施某项具体的环保法律要求。① 州成文法中有关公民诉讼的典型表述是：为了保护本州环境，任何人有权对州政府及其机构、私人法律实体（包括公民、社团、企业等）提起诉讼，请求确认性的救济或衡平法上的救济或金钱损害赔偿等。②

### 3.4.2 美国环境公民诉讼的社会功能

美国环境公民诉讼制度的产生，部分地承认了这样一个事实，政府永远不可能拥有足够的执法资源在任何时间、任何地域监测和发现每一个污染源。正如中国的一句俗语所言：“群众的眼睛是雪亮的。”广泛存在且对环境保护问题有着切身利益要求的公民或环保组织，是环境污染行为最经济、最有力的监督者。通过公民诉讼，使最广大多数的公民和环保组织参与到环境监测与环保法律的执行中来，不仅能有力弥补政府环境执法资源有限的弊端，也体现了现代民主政治公众参与的价值。

美国公众和环保组织，十分重视运用公民诉讼来监督联邦行政机关是否采取了有力措施，有效执行了环境保护法律。因为环境公益诉讼往往要花费大量的时间、精力和金钱。如果仅对一个个的污染者起诉，最多只能起到改善或取缔这种环境污染现象的功能，而无法从法律根源上杜绝污染行为的发生。相反，政府环保部门掌握着相对优势的监管和执法资源，很多污染行为的发生便是由于政府环保部门执法不力。因而，环保组织和公众往往把矛头对准行政机关在环保执法中的非自由裁量行为，着力于促使行政机关改进环境执法方式，提高环境执法效率，在更广泛、更深层次上达到有效保护环境的效果。

1972 年的塞拉俱乐部案（Sierra Club v. Rucklshous）便是典型的案例。该案中，塞拉俱乐部根据《清洁空气法》中的公

---

① 参见李静云：《美国的环境公益诉讼》，载别涛主编：《环境公益诉讼》，法律出版社 2007 年版，第 94 页。

② 参见陈冬：《环境公益诉讼研究——以美国环境公民诉讼为中心》，中国海洋大学博士论文，2004 年，第 66 页。

民诉讼条款对联邦环保局局长提起诉讼。原告认为，根据《清洁空气法》，保护和提高空气质量是联邦环保局局长的法定义务，被告未能在审批州的《清洁空气法》实施计划时，要求增加防止空气质量下降的相关要求，违背了《清洁空气法》中规定的义务。被告辩称他无权这样做。法院最终支持原告观点，对被告发布强制令，要求其不批准含有导致空气质量下降内容的州实施计划。①

### 3.4.3 美国环境公民诉讼制度的主要内容

公民诉讼制度的主要内容包括公民诉讼的原告、被告、可诉范围、诉讼限制、管辖法院等。其中，原告适格是环境公民诉讼最为重要和核心的问题。

#### 3.4.3.1 美国环境公民诉讼中的原告

联邦环境公民诉讼条款一般授权任何人均可对违反环境保护法律的行为提起一项民事公益诉讼。被授权为代表的人包括自然人、法人、政府实体、信托基金、合伙、社团，甚至印第安部落等，均可提起公民诉讼。法律对原告资格的规定也不尽一致。如1970年《清洁空气法》规定任何人均可提起公民诉讼，没有对利益关联提出要求。而两年之后通过的《清洁水法》则将提起公民诉讼的原告限定为“其利益被严重影响或有被严重影响之虞者”，极大地限制了公民诉讼的原告资格。

司法实践中，在不同历史阶段，法院对原告的起诉资格态度不尽相同，但总体上是施加了一定的法律限制。② 经过一系列有关公民诉讼案件的判决，最高法院逐渐确立了判定原告是否适格的“三个条件”：第一，原告应当受到“实际损害”；第二，违法行为和损害之间应存在一定的因果关系；第三，该损害可以通过公民诉

① 参见王曦著：《美国环境法概论》，武汉大学出版社1992年版，第206页。

② 参见陈冬：《环境公益诉讼研究——以美国环境公民诉讼为中心》，中国海洋大学博士论文，2004年，第25页。

讼弥补和救济。因此，法院对公民诉讼基本上是适用了严格责任的归责原则。可以看出，在以上三个条件中，法院对于“实际损害”和“一定的因果关系”如何解释尤为重要，直接关系到公民诉讼原告的资格范围。司法实践中，美国法院又对“实际损害”采取了宽容的解释，即这种损害不仅仅限于经济上的损害，还包括审美利益、环境舒适度等非传统类型的损害，① 这样，便远远超出了传统民事诉讼可诉利益的范畴，扩大了公民诉讼的原告范围。可见，出于保护环境的目的，美国法院对于环境公益诉讼中判断原告资格的“实际损害”的条件是持宽容态度的。② 但提起公益诉讼的环保团体需要证明其团体成员居住在环境受损害的地区附近或在该地区进行娱乐或科研活动，仅仅主张抽象的环境理念并不能构成原告适格。③

#### 3.4.3.2　美国环境公民诉讼的被告与可诉事由

纵观联邦环境保护法律中的公民诉讼条款，美国公民诉讼的被告和可诉事由可分为两大类④：一是以违反环境保护法律规定的污染排放标准或限值，造成环境污染的个人、企业、社会团体、政府组织等污染源为被告。对于此类环境公民诉讼，法院对其限制比较少，只要污染源违反了法律规定的义务，不论其已经违反、正在违反或将要违反，适格的原告均可提起公民诉讼。二是以联邦环保局长为被告，主张其未能履行法定的非自由裁量义务。此类诉讼因为

---

① 参见李静云：《美国的环境公益诉讼》，载别涛主编：《环境公益诉讼》，法律出版社2007年版，第95页。

② 参见蔡维力著：《环境诉权初探》，中国政法大学出版社2010年版，第52页。

③ See Friends of the Earth, Inc. v. Laidlaw Envtl. Serves, 528U. S. 167. 191 (2000).

④ 美国《清洁水法》第505条对环境公民诉讼做了如下规定：“除依本条（b）的限制外，任何公民可以自行起诉——（1）以任何人为被告，主张其违反了（A）本法规定的排放标准或者限值，或者（B）联邦环保局局长或者州政府发布的有关前述标准或者限值的命令；或者（2）以联邦环保局局长为被告，主张其未能实施履行本法所赋予的非自由裁量的行为或者职责。”

涉及行政机关职权的行使，法院对之持谨慎态度。具体在行使诉权时，需要满足三个条件：（1）此行为系环保局长的“非自由裁量行为”。也就是说，法院只能在认定环保局长未能履行不属自由裁量权范围的法定职责，方可受理起诉。美国是实施行政、立法、司法三权分立的国家。行政机关在其法定权限内行使职权，司法机关是无权干预的。（2）政府疏于执法。当环保局长或州政府已经开始采取有效措施促使污染者履行法定要求时，公民不得针对环保局长提起环境公民诉讼。（3）事先告知。立法规定，提起公民诉讼前，应提前60日将书面的“起诉意愿通知”（Notice to Commence an Action）送交被主张违法的污染者或联邦、州政府。经过60日后，如果被告知者已经改正环境违法行为或者与告知人达成和解，则无须起诉；只有被告知者继续其环境违法行为或者违反和解约定，才能正式提起公民诉讼。但有关毒性污染物或者紧急事件，为争取起诉时间，可以免除告知程序。①

#### 3.4.3.3 美国环境公民诉讼的裁判结果

根据美国环境保护法律的规定，原告提起环境公民诉讼，寻求的是某种宣告性或衡平法上的救济，其诉讼请求可以是请求法院判令环境违法者停止违法行为并进行经济赔付，也可能是请求法院责令环保局长履行其法定的环保职责。与此相适应，法院在判决中使用的救济措施主要包括：①颁发禁令（injunctions）。联邦法律所有公民诉讼条款均授权法院颁发禁令，以制止正在发生的污染行为。②要求行政机关实施法律要求的行为或者履行法定职责。③采取补救措施（remedies）。对于颁发禁令无法达到环境保护目的的，最高法院可以判决责令相关部门实施相应的补救措施，如判决环保部门采取颁发环保许可证的方式，确保国家环境保护政策的落实等。④罚金（civil penalties）。主要是对环境污染行为人判处一定数额

① 参见蔡维力著：《环境诉权初探》，中国政法大学出版社2010年版，第53页。

的金钱罚款，对其实施经济制裁。①

在上述四种救济措施中，发布禁令是法院判决所采取的最严厉的措施之一，也是环境公民诉讼判决中的主要救济手段。采取补救措施是在没有必要发布禁令的场合采取的措施。罚金在1970年《清洁空气法》中并没有规定，后来1972年《清洁水法》中的公民诉讼条款明确授权法院可以采用罚款的方式惩罚污染者。但在较长的一段时间内，法院只是课以每日1万美元的民事罚金，力度不够大，警戒性不强。1987年《清洁水法》修正案改变了这一现象，将罚金提高至最多每日2.5万美元，大大增加了环境污染者的违法成本，彰显了环境公民诉讼的震慑力。法院判处的罚金直接上缴国库或者作为污染信托基金的来源之一。②

#### 3.4.3.4 美国环境公民诉讼的诉讼费负担原则

环境公民诉讼是以维护环境公益为目的的诉讼。然而，提起诉讼要支付高昂的律师费及其他诉讼费用。如前期调研、因果关系证明等均需要专业机构的调查评估，所需费用往往数目巨大，非经济能力微薄的一般公民所能承受。根据传统的诉讼规则，胜诉方无权向败诉方请求支付律师费用，当事人双方只能各自负担律师费用。这种诉讼费用规则十分不利于带有公益性质的环境公民诉讼。因此，为了鼓励公众参与环境公民诉讼，以监督环境执法，保护环境，美国在《清洁水法》、《有毒物质控制法》、《濒危物种法》等多部环境保护法律中明确规定，法院在对原告胜诉的公民诉讼案件作出终局判决时，可以裁决由败诉方承担胜诉方的律师费用，以减轻原告的诉讼成本。除了律师费用外，法院还可以酌情判决从政府公益性环境污染责任信托基金中支付部分专家鉴定费。1986年《超级基金修正与再授权法》明文规定，最高可以向公民团体提供

---

① 参见李静云：《美国的环境公益诉讼》，载别涛主编：《环境公益诉讼》，法律出版社2007年版，第98页；蔡维力著：《环境诉权初探》，中国政法大学出版社2010年版，第54页。

② 参见李静云：《美国的环境公益诉讼》，载别涛主编：《环境公益诉讼》，法律出版社2007年版，第98页；蔡维力著：《环境诉权初探》，中国政法大学出版社2010年版，第54页。

5万元的技术支援补助费（Technical Assistance Grants）。这样，就大大降低了环境公民诉讼中原告的诉讼成本和风险，有利于调动公民和环保团体参与环保事业和环境公民诉讼的积极性。

# 4 墨西哥湾漏油事故及对美国油污法律机制的挑战

墨西哥湾漏油事故是美国在成功建立起引以为傲的现代油污防治体系之后发生的第一次大规模漏油事件。本次事件的发生，凸显了在“埃克森·瓦尔迪兹”号油轮漏油事件推动下建立的1990年油污法仍然存在诸多亟待改进的地方，特别是法律机制如何因应快速发展的深海油气资源的开发和利用，有效防范油污事故风险，成为美国乃至全世界所共同面临的紧迫问题。正因为如此，墨西哥湾“深水地平线”钻井平台的爆炸引起的这场史无前例的原油泄漏事故受到了美国政府和民众的普遍关注，也引起了国际社会的普遍关注。本章将以墨西哥湾事故发生后美国政府采取的各种应急和法律救济措施为视角，以总统调查委员会的报告为核心，对美国1990年油污法在新时期面临的挑战及完善的对策建议进行分析。

## 4.1 墨西哥湾漏油事故及其对海洋环境造成的巨大伤害

墨西哥湾位于美国、墨西哥和古巴相环抱的海域。墨西哥湾油气区主要位于美国一侧的海域，目前已发现上千个油气田。据专家估计，全球海上44%的油气资源位于300米以下的深水。其中，墨西哥湾、西非和巴西这三个地区深水储量占据了全球深水区发现储量的84%，是全球深水油气勘探效益最好的地区。目前，约有152个国内或国际企业活跃在墨西哥湾地区，深水区石油产量已占该区总产量的2/3。预计到2015年，深水油气年产量可能达到4

亿吨，深海油气资源开发和利用在世界各国能源战略中的地位和重要意义显著。① 因而，墨西哥湾海洋油气资源的开发和利用，对美国的能源政策和经济社会发展意义十分重大。

### 4.1.1 墨西哥湾漏油事故的基本情况

2010 年 4 月 20 日，位于美国路易斯安那州海面的“深海地平线”（Deepwater Horizon）钻井平台发生爆炸并引发大火。原油以每天 1.2 万桶到 1.9 万桶的速度向墨西哥湾“倾倒”，漏油点直到 7 月 15 日才被最终封堵，总计漏油量达 490 万桶（20，600 万加仑）②，形成了 2000 平方英里的污染区，远远高于之前美国最严重的漏油事件——“埃克森·瓦尔迪兹”号油轮泄漏事故。③ 油污直接影响墨西哥湾沿岸的路易斯安那州（Louisiana）、密西西比州（Mississippi）、阿尔巴马州（Alabama）、得克萨斯州（Texas）和佛罗里达州（Florida），对当地的渔业、船运、旅游业和生态造成巨大损失和破坏。④ 油污的清理工作将耗时 10 年，

---

① 参见梁杰等：《墨西哥湾深水油气勘探对我国的启示》，载《海洋地质动态》2009 年 1 月第 25 卷第 1 期，第 17～18 页。

② Gulf Coast Incident Management Team Fact Sheet，“One Year Later Press Pack”，http：//www.restorethegulf.gov/release/2011/04/10/one-year-later-press-pack，visited on 28 Jul.，2011.

③ See King，R. O.，“Deepwater Horizon Oil Spill Disaster：Risk，Recovery，and Insurance Implications，Congressional Research Service”，7-5700，R41320，July 12，2010，pp. 1-3，http：//www.fas.org/sgp/crs/misc/R41320.pdf，visited on 28 Jul，2011. 墨西哥湾漏油事故之前，美国最严重的漏油事件是发生于阿拉斯加附近的“埃克森·瓦尔迪兹”号油轮泄漏事故。事故发生于 1989 年，造成了阿拉斯加湾生态环境的毁灭性灾害：2100 公里的海岸线遭受污染，25 万只海鸟、近 4000 只海獭、300 只斑海豹、250 只白头海雕以及 22 只虎鲸死亡。但当时的漏油总量只有 75 万桶。“埃克森·瓦尔迪兹”号油轮泄漏事故直接催生了举世闻名的美国 1990 年油污法。

④ Douglas Hanks，“Gulf Oil Spill's Economic Impact Will Be Long Term，”http://www.mcclatchydc.com/2010/05/28/94982/gulf-oil-spills-economic-impact.html，visited on 28 Jul.，2011.

大量海洋物种灭绝，墨西哥湾在长达 10 年时间里将成为一片废海，造成数千亿美元的经济损失，成为美国历史上最严重的一次漏油事故。

发生爆炸的“深水地平线”钻井平台建于 2001 年，瑞士越洋钻探公司享有所有权，正租赁给英国石油公司用于海洋石油钻探。事故的发生源于防油喷装置的失灵，原油喷射而出。发生漏油事故的马康多（Macondo）油井由 BP、安纳达科（Andarko Petroleum Corp.）和三井旗下的 MOEX 公司（Mitsui Oil Exploration Co.）联合开发，三家分别持股 65%、25% 和 10%，BP 为作业者。三家签订的联合作业协议规定作业者对于非因其重大疏忽或故意不当行为而造成的损失不承担责任。① 哈里伯顿（Halliburton Co.）是油井套管封堵服务的承包商，在平台爆炸前 20 小时，在马康多油井进行了一道水泥封堵工序。卡梅隆国际（Cameron International Corp.）是防喷器（BOP）的制造商。②

### 4.1.2 墨西哥湾漏油事故造成的巨大经济损失和环境危害

墨西哥湾漏油事故不仅是美国历史上最大的漏油事件，也是人类历史上首次在 1500 米以下的深海发生的漏油事故。事故的发生不仅剥夺了 11 人的生命，对沿岸居民的生活和经济造成巨大损失，还将极大地影响海洋生物的生存，破坏海洋湿地等宝贵的环境资源，其造成的经济和环境损害都是空前的，被称为是美国历史上最

① http：//www. sec. gov/Archives/edgar/data/773910/000095012310059395/h73927exv99w2. htm，visited on 28 Jul.，2011.

② See King，R. O. ，“Deepwater Horizon Oil Spill Disaster：Risk，Recovery，and Insurance Implications，Congressional Research Service”，7-5700，R41320，12，Jul. 2010，p. 3，http：//www. fas. org/sgp/crs/misc/R41320. pdf，visited on 28 Jul. 2011.

严重的环境灾难。① 主要影响分析如下：②

#### 4.1.2.1 对自然环境造成的巨大伤害

墨西哥湾是生物资源十分富饶的地区。在广阔的海湾，生活着大量的海洋生物，如各种各样的鱼、虾、蟹、海龟、海豚、海鸟、鲸鱼、鲨鱼等28种受到法律保护的海洋哺乳动物，其中6种属于濒临灭绝的物种。墨西哥湾漏油事故的发生，导致超过约650英里长的海岸线、沼泽地、湿地、红树林、沙滩受到原油污染，其中超过130英里长的海岸线变成重污染区。大量泄漏的石油漂浮在海面上，形成1米厚的油膜，导致大量海鸟和珍稀海洋动物死亡。③ 漏油事件还对自然生态环境造成巨大伤害。因为漏油事件，2300平方英里的沿岸湿地消失了，低氧海水将超过7700平方英里海水变成了“死海”。④ 距离漏油点最近的路易斯安那州有160千米海岸线受到影响，是受灾最严重的州，油污带在洋流带动下，向佛罗里达群岛和其他地区移动，威胁佛罗里达群岛邻近海域的珊瑚礁等生态系统，并扩散到野生动植物保护区，导致野生动植物和许多鸟类、海洋生物大量死亡。预计受此影响，全美超过40%的湿地可能需要数十年才能完全恢复。泄漏原油还有可能通过环境和海洋食

---

① See National Commission on the BP Deepwater Horizon Oil Spill and Offshore Drilling: “Report to the President: National Commission on the BP Deepwater Horizon Oil Spill and Offshore Drilling”, p. 173, http://www.oil spill commission.gov/final-report, visited on 21 Feb., 2012.

② See National Commission on the BP Deepwater Horizon Oil Spill and Offshore Drilling: “Report to the President: National Commission on the BP Deepwater Horizon Oil Spill and Offshore Drilling”, pp. 173-196, http://www.oilspillcommission.gov/final-report, visited on 21 Feb., 2012.

③ 参见赵召：《墨西哥湾漏油事故：前所未有的生态灾难》，载《生命世界》2011年第7期，第39页。

④ See National Commission on the BP Deepwater Horizon Oil Spill and Offshore Drilling: “Report to the President: National Commission on the BP Deepwater Horizon Oil Spill and Offshore Drilling”, pp. 197-198, http://www.oilspillcommission.gov/final-report, visited on 21 Feb., 2012.

物链造成目前未知或还不明显的影响。① 曾经生机勃勃的沿岸湿地和海滩正在变成“杀戮场”。

由于本次漏油事件发生在1500米以下的深海，更大的生态灾难则可能发生在海床洋底。由于原油从深达1500米海底流出，不仅会对海平面造成污染，还可能被海洋气流带往其他海域，对海洋生态环境造成自下而上的立体式污染。原油含有成千上万种化合物，不仅毒性强，且存在时间长，对生态链具有破坏作用，不仅可能威胁到贝类、蟹、虾等深海生物的生长，还可能通过食物链大面积地传播。对原油的清污措施也不可避免地会导致环境的二次污染问题。由于人类对深海环境知识的相对匮乏，还难以全面、准确地评估墨西哥湾漏油事故对整个海洋生态环境影响。目前，政府已经资助了一些科学家，竭尽全力对漏油事故造成的海洋生态资源损害进行全面评估。②

#### 4.1.2.2　对沿岸经济造成的巨大损害

墨西哥湾漏油事故对沿岸各州的旅游业和渔业造成的影响最大。这两个行业均对生态环境十分敏感。而旅游业、渔业和能源是墨西哥湾沿岸各州的支柱经济。墨西哥湾西海岸供应了全美国1/3以上的海产品和1/3以上的原油产量。北海岸拥有珍贵的沼泽地、湿地、红树林以及美国最好的沙滩和海水，是天然的渔业养殖场和旅游胜地。墨西哥湾沿岸5个州的旅游和渔业每年的经济产值超过400亿美元。仅仅是受到污染的鱼类和沙滩便可能极大地伤害消费者进行海产品消费和前往旅游的信心。

受漏油事件影响，墨西哥湾大量渔区被关闭，高峰时期被关闭的渔区达到88522平方英里。2010年6月中旬后，一些渔区逐渐

① 参见陈立宏：《墨西哥湾漏油事故及其影响》，载《环境保护与循环经济》2010年第7期，第5页。

② See National Commission on the BP Deepwater Horizon Oil Spill and Offshore Drilling: “Report to the President: National Commission on the BP Deepwater Horizon Oil Spill and Offshore Drilling”, pp. 122-124, http://www.oilspillcommission.gov/final-report, visited on 21 Feb., 2012.

开放。① 但直到2011年4月21日，在墨西哥湾漏油事故发生整整一年之后，最后一个渔区才得到开放。② 与此同时，虽然政府官员多次保证，来自墨西哥湾的海产品是安全的，但一些市民仍然对这些产品的安全性保持怀疑，公众的消费信心因为漏油事件而受到严重的打击。而重建这种信心需要大量的资源和时间。经过几个月的磋商，BP在2011年11月同意向路易斯安那州和佛罗里达州各支付4800万美元、2000万美元，用于海产品的安全测试和市场推广。③

墨西哥湾沿岸各州每年旅游业的经济产值有197亿美元，其中佛罗里达州占了50%以上的份额。因而，墨西哥湾漏油事故使该州旅游业受到的损失最大。然而，对声誉这种非财产损失进行评估和赔偿是十分困难的，面临着法律上的困境。随着旅游业的萧条，当地的餐饮、酒店等相关服务行业也受到极大影响。一家专业调查机构指出，至少有29%的受访者因为漏油事件的发生而取消了对佛罗里达州的旅游计划。佛罗里达州的酒店行业在2010年6月就蒙受了数十亿美元的损失。④

#### 4.1.2.3　对沿岸居民的健康造成的伤害

墨西哥湾漏油事故导致11人死亡，17人受伤。然而，漏油事

---

① See National Commission on the BP Deepwater Horizon Oil Spill and Offshore Drilling: "Report to the President: National Commission on the BP Deepwater Horizon Oil Spill and Offshore Drilling", pp. 186-187, http://www.oilspillcommission.gov/final-report, visited on 21 Feb., 2012.

② Oil Spill Cost and Reimbursement Fact Sheet, http://www.restorethegulf.gov/release/2011/07/12/oil-spill-cost-and-reimbursement-fact-sheet, visited on 21 Feb. 2012.

③ See National Commission on the BP Deepwater Horizon Oil Spill and Offshore Drilling: "Report to the President: National Commission on the BP Deepwater Horizon Oil Spill and Offshore Drilling", p. 188, http://www.oilspillcommission.gov/final-report, visited on 21 Feb., 2012.

④ See National Commission on the BP Deepwater Horizon Oil Spill and Offshore Drilling: "Report to the President: National Commission on the BP Deepwater Horizon Oil Spill and Offshore Drilling", p. 191, http://www.oilspillcommission.gov/final-report, visited on 21 Feb., 2012.

件对沿岸居民的身体健康影响更加广泛。受漏油事件影响，当地的海水、食物、空气质量降低，很多居民在巨大的环境灾难面前承受着巨大精神压力。有超过60%的受访者表示因为漏油事件的发生感到十分焦虑。漏油事件对沿岸居民身体健康的长期影响尚未可知，但从以往发生的各种灾难来看，这种影响是巨大的。BP设立的油污赔偿基金并不对因漏油事件导致的精神损害进行赔偿，但BP向墨西哥湾受影响州的健康管理部门给予了5200万美元的补偿费用。①

## 4.2 墨西哥湾漏油事故后BP与美国政府的应对措施

墨西哥湾漏油事故发生后，引起了全世界的关注。在巨大的社会舆论压力下，作为主要责任方的BP和作为监管方的美国政府均依照1990年油污法的要求快速反应，采取一系列措施力求尽量降低损害，恢复受损的形象。详细分析和了解这些措施，无疑对我国的海洋环境污染应急处理具有巨大借鉴意义。

### 4.2.1 BP对墨西哥湾漏油事故的应对措施

事故发生后，BP立即尝试多种紧急补漏方式，但均以失败告终。直到2010年7月15日，在墨西哥湾漏油事故发生近3个月后，方成功罩住水下漏油点。漏油事故的发生，将BP推上世界舆论的风口浪尖。BP也审时度势，努力塑造一种负责任的形象。2010年6月，在漏油还未成功控制时，BP原首席执行官托尼·海沃德便称，BP愿意与政府和当地民众合作，及时采取补救措施，共同应对油污造成的损害，并承诺愿意赔偿漏油造成的损失，满足

① See National Commission on the BP Deepwater Horizon Oil Spill and Offshore Drilling: "Report to the President: National Commission on the BP Deepwater Horizon Oil Spill and Offshore Drilling", pp. 191-195, http://www.oilspillcommission.gov/final-report, visited on 21 Feb., 2012.

所有合理索赔要求。① BP 采取的主要措施如下：

#### 4.2.1.1 对油污进行有效控制和及时清理，及时支付损害赔偿

为了控制和清理油污，BP 动员了 48000 人，设置了超过 3000 英里的油围栏，协调动用了近 7000 艘船只。② 油污清理工作分为对海上油污的清理和对沙滩与沼泽地油污的清理。针对各自特点，分别采取不同清理方式，对海上油污，主要采取油污围栏、燃烧、分解等方式处理；对于岸上的油污，则主要采取大量雇佣沿岸居民，采用先进技术和设备进行清理。③

2011 年 4 月 19 日、20 日，为了促进遭受污染的环境自然资源尽快恢复，美国国家海洋大气管理局（NOAA）、内政部（DOI）以及路易斯安那州（Louisiana）、密西西比州（Mississippi）、阿尔巴马州（Alabama）、佛罗里达州（Florida）、得克萨斯州（Texas）各州相关政府部门与 BP 公司签署了地平线漏油事件环境重建早期框架协议，决定成立深海地平线漏油事件环境自然资源基金（the Natural Resource Trustees for the Deepwater Horizon oil spill）。BP 先期注入 10 亿美元基金到一个中立账户，用来沿海生态环境的重建。环境遭受严重损害的五个州分别获得 1 亿美元的重建资金支持，联邦自然资源基金、国家海洋大气管理局和内政部各掌控 1 亿美元的

---

① BP："Deepwater Horizon accident"，http：//www.bp.com/sectiongenericarticle800.do?categoryId=9036575&contentId=7067541V，visited on 21 Feb. 2012.

② 参见“BP 首席执行官戴德利 2010 年 11 月 1 日在英国工业联合会年会上的演讲”，http：//www.bp.com/genericarticle.do?categoryId=9004894&contentId=7065840&nicam=Responsibility&nisrc=google&nigrp=Response%20Generic_Incident&nipkw=%E5%A2%A8%E8%A5%BF%E5%93%A5%E6%B9%BE&niadv=Text%20Ad&247SEM，visited on 8 Aug.，2011.

③ BP："Offshore and onshore clean-up"，http：//www.bp.com/sectiongenericarticle800.do?categoryId=9036585&contentId=7067606，visited on 8 Aug. 2011.

重建资金。① 2010 年 5 月 17 日，BP 承诺帮助因漏油事件而导致旅游业衰退的佛罗里达州、阿尔巴马州、密西西比州和路易斯安那州，支付给佛罗里达州 1500 万美元，其他三州各 1000 万美元用于重振旅游业。② 2010 年 6 月 16 日，BP 公司与美国政府达成一致，同意设立 200 亿美元基金，用于支付民众的各种索赔、政府恢复环境的各种支出，以及自然资源受到的破坏等。③ 2010 年 8 月 23 日，一个中立的索赔机构（the Gulf Coast Claims Facility，GCCF）成立，专司接收并审查各种索赔，对符合要求的索赔从基金中支付赔偿金。BP 公司已经支付了 50 亿美元作为启动基金，此后每季度支付 12. 5 亿美元，直到 2013 年底 200 亿美元可全部到位。④ 到 2013 年 4 月 30 日，BP 支付的赔偿总额已增加到 109. 28 亿美元，其中向个人和企业支付赔偿增加到 91. 7 亿美元，向政府支付的赔偿增加到 14. 42 亿美元，支付其他赔偿 3. 16 亿美元。⑤

---

① NRDA Trustees Announce $1 Billion Agreement to Fund Early Gulf Coast Restoration Projects, http://www.restorethegulf. gov/release/2011/04/21/nrda-trustees-announce-1-billion-agreement-fund-early-gulf-coast-restoration-proj, visited on 8 Aug. , 2011.

② BP："BP Announces Tourism Grants To Four Gulf States", http://www. bp. com/genericar ticle. do? categoryId=2012968&contentId=7062187, visited on 8 Aug. ,2011.

③ Justin Blum and Jim Snyder , "BP, U. S. Agree on Establishment of $20 Billion Gulf of Mexico Spill Fund", http://www. bloomberg. com/news/2010-08-09/bp-20-billion-oil-spill-compen sation-fund-agreement-completed-with-u-s-. html, visited on 8 Aug. 2011.

④ BP："Compensating the people and communities affected", http://www. bp. com/sectiong enericarticle800. do? categoryId = 9036584&contentId = 7067605, visited on 8 Aug. ,2011.

⑤ BP："Gulf of Mexico Oil Spill Claims and Other Payments Public Report-4/30/2003", http://www. bp. com/liveassets/bp_ internet/globalbp/globalbp_ uk_ english/gon_ 2012/STAGING/local_ assets/downlo ads_ pdfs/Public_ Report_ April_ 2013. pdf, visited on 3 Jun. , 2013.

#### 4.2.1.2 对野生动物提供救济和庇护，确保油污沿岸居民的安全与健康

BP与政府机构、野生动物保护组织紧密合作，采取具体的措施和项目，为海洋鱼类、海岸线鸟类及其他动物提供救济，包括设置野生动物避难所、开放各州野生动物保护区、防止野生动物进入油污区等。一旦发现受伤的野生动物，立即把它们送往最近的避难所，并提供专业、细致的照料。BP还同意，从石油收益中捐献出部分给美国国家渔业和野生动物基金会。在2010年11月31日，BP已经捐献出第一笔资金2200万美元。①

事故发生后，BP采取各种措施确保4.8万名沿岸居民的安全与利益。BP与美国海岸警卫队以及国家生产安全与健康监管机构紧密合作，及时对各种可能危及健康的潜在危险进行评估和显著标示，并及时予以排除，包括对各种清污措施造成二次污染可能性进行评估、采取有效措施对海产品安全进行监控，避免有害食物危及大众健康等。②

#### 4.2.1.3 积极资助研究机构评估损害

事故发生后，BP承诺将调查事故产生的原因，从中吸取教训，采取有效措施避免类似事故再次发生。2011年3月14日，BP与墨西哥湾联盟共同发起成立了墨西哥湾研究倡议项目（Gulf of Mexico Research Initiative，GRI）。该项目是一个为期10年的开放式研究项目，主要对墨西哥湾漏油事故对环境造成的影响和损害进行研究。4月25日，BP向该研究项目捐出5亿美元的资金。③ 2011年

---

① BP："Wildlife rescue and rehabilitation"，http：//www.bp.com/sectiongenericarticle800.do？categoryId=9036586&contentId=7067607，visited on 8 Aug.，2011.

② BP："Health and safety in the response effort"，http：//www.bp.com/sectiongenericarticle800.do？categoryId=9036587&contentId=7067608，visited on 9 Aug.，2011.

③ GRI："GRI Research Board Announces Request for Proposals（RFP-I for Research Consortia）for BP's $500 Million Gulf of Mexico Research Initiative，http：//www.gulfresearchinitiative.org/2011/gri-research-board-announces-request-for-proposals-for-bps-500-million-gulf-of-mexico-research-initia-tive/，visited on 9 Aug.，2011.

7月15日，BP宣布将改进墨西哥湾深海石油钻探的作业标准。其总裁巴布利（Bob Budley）称新的作业标准将大大提升深海石油钻探的安全性和危机处理能力。①

可以看出，无论是出于国际舆论的压力还是重建信任获取更多经济利益的考虑，BP在事故发生后的应对措施应该说是积极、正面的。但也有一些不尽如人意之处，受到美国民众的批评。如2010年9月8日，BP在其内部调查报告中，将漏油事故的大部分责任归咎于承包商瑞士越洋钻探公司和防油喷装置供应商美国哈利伯顿公司，认为越洋钻探公司在作业中的误判和防油喷装置的失灵导致了事故的发生，而对自己的责任只是轻描淡写地认为是没有正确解读油井的安全测试结果，没能"防患于未然"。② 2011年6月23日，越洋钻探公司则在其调查报告中，指责BP在油井的设计存在重大缺陷，在设计、施工过程中，作出一系列节省成本的决定，增大事故风险。③ 目前，美国国会已经将主要责任方认定为BP公司。另外，BP后期对于赔偿基金的支付也引起了美国人的诟病。2011年7月，BP在公开的一份报告中声称，墨西哥湾地区的经济已经恢复，旅游业也繁荣起来，所有的渔区已经再次开放，现有的经济数据显示沿岸的企业和个人未来不会再遭受实质性的损失了，因而BP想停止赔偿基金的支付，受到美国民众的强烈批判。BP预计最终的赔偿支出将超过410亿美元。④

① BP："BP Announces Enhanced Drilling Standards in the Gulf of Mexico", http://www.bp.com/genericarticle.do?categoryId=2012968&contentId=7069905, visited on 9 Aug., 2011.

② BP："BP Releases Report on Causes of Gulf of Mexico Tragedy", http://www.bp.com/genericarticle.do?categoryId=2012968&contentId=7064893, visited on 9 Aug., 2011.

③ John Schwartz："Transocean Report Blames BP for Gulf Spill", http://www.nytimes.com/2011/06/23/us/23gulf.html, visited on 9 Aug., 2011.

④ "BP to stop oil-spill compensation", http://www.channelnewsasia.com/stories/afp_world/view/1139855/1/.html, visited on 9 Aug., 2011.

### 4.2.2 美国政府对墨西哥湾漏油事故的应对措施

事故发生后，奥巴马总统在5月2日前往墨西哥湾地区视察，并对民众发表演讲，称这是一场史无前例的生态灾难，美国政府将动用一切可能的资源防止漏油污染向岸上扩展，降低损害；将尽一切可能保护自然资源，赔偿受害者，重建家园；将尽最大努力尽快堵住漏油点，防止造成更大的损失。① 其后，奥巴马先后四次前往墨西哥湾视察，充分表达重视和关切。综合美国政府的应对措施，主要有以下几个方面：

#### 4.2.2.1 督促BP尽快堵塞漏油点，及时清理油污

事故发生后，美国政府依托1990年美国油污法和国家溢油应急体系，迅速启动了国家、区域和地方各级应急指挥系统，统一协调各部门进行海上溢油的堵漏、治理与回收。在“深水地平线”号钻井平台发生爆炸当天，美国就启动了国家海上溢油应急反应体系，成立了以海岸警卫队为核心的地方应急指挥中心（包括联邦海洋环境和大气局、环境保护局等联邦机构以及BP公司），协调沿岸各州及地方政府应对潜在的环境影响。② 次日，该体系中的区域应急小组启动，协调海岸警卫队、美国国土安全部、商务部和内政部等部门，提供技术建议并从下属部门和预设储备站调集物资展开全面防治和搜救行动。第三天，应急响应继续升级，应急体系中的国家溢油应急反应小组激活，该小组由16个联邦部门和机构组成，负责协调应急准备和应对石油与有害物质的污染。③ 由于漏油发生在1524米以下的深海，只有BP拥有相应的设备堵漏，国家溢油应急反应小组决定督促BP公司负责

---

① President Obama, “A Massive and Potentially Unprecedented Environmental Disaster”, http://www.whitehouse.gov/blog/2010/05/02/a-massive-and-potentially-unprecedented-environmental-disaster, visited on 9 Aug., 2011.

② BP: Contaching the leak, http://www.bp.com/en/global/corparate/gulf-of-mexico-restoration.html, visited on 9 Aug., 2011.

③ 王祖纲、董华：《美国墨西哥湾溢油事故应急响应、治理措施及其启示》，载《国际石油经济》2010年第6期，第2页。

堵漏以及海上溢油的清除和治理行动。国土安全部和应急指挥中心的官员在现场监督 BP 公司的行动，并采取必要的辅助措施。政府邀请了最优秀的科学家和工程师与 BP 一起合作①，建立了专门的网站每天公布漏油事件的进程以及政府采取的措施，定期发布漏油点堵塞和油污清理的进展情况，公布权威部门有关漏油扩散监控报告等，建立野生动物收容所②，尽一切可能促进油污清理和自然生态环境的恢复。

#### 4.2.2.2 调查事故产生原因，启动法律程序

2010 年 4 月 30 日，美国总统奥巴马即命令内政部长肯·萨拉萨尔对路易斯安那州附近的"深水地平线"钻井平台爆炸沉没一事展开初步调查。③ 5 月 22 日，奥巴马宣布成立由 7 名委员组成的独立的总统调查委员会，对墨西哥湾原油泄漏事件展开深入调查，并就如何避免类似事件再次发生、如何完善相关法律机制和国家能源政策等展开深入研究。④ 6 月 1 日，美国司法部长埃里克·霍尔德宣布，对 BP 公司等责任方启动刑事和民事调查。⑤ 12 月 15 日，美国政府向新奥尔良市一家联邦法院递交诉状，指控 BP 等石油开发企业违反安全操作规定，包括对油井失去控制、未使用最安全的钻井技术、未持续监控油井，导致从英石油租用

---

① Heidi Avery，"summary of the Federal Government's Role in BP's Effort to Stop the BP Oil Leak"，http：//www. whitehouse. gov/blog/2010/05/21/summary-federal-government-s-role-bp-s-effort-stop-bp-oil-leak，visited on 9 Aug.，2011.

② 参见美国政府关于墨西哥湾漏油事故的官方网站 http：//www. restorethegulf. gov/。

③ 管克江：《美国调查墨西哥湾钻井平台事故》，载 http：//news. sohu. com/20100502/n27188 1261. shtml，2011 年 8 月 9 日访问。

④ 任海军：《美国成立总统调查委员会调查漏油事件》，载 http：//news. xin huanet. com/world/2010-05/22/c_ 12130493. htm，2011 年 8 月 9 日访问。

⑤ 陈宇：《美国联邦政府对墨西哥湾漏油事故展开刑事调查》，载 http：//news. xinhuanet. com/world/2010-06/02/c_ 12171245. htm，2011 年 8 月 9 日访问。

的“深水地平线”钻井平台爆炸起火，11 人致死，底部油井漏油持续数月，酿成美国历史上最严重的原油泄漏事件。美国政府认为涉案企业违反了《清洁水法》和《油污法》，诉求被告赔偿损失且丧失援引赔偿责任限额的权利。① 2011 年 1 月 11 日，总统调查委员会公布了长达 398 页的调查报告，对漏油事件产生的原因与后果进行了深入、详尽的分析，对工业发展、政府监管以及能源政策提出了建议。② 报告认为，事故发生的最根本原因是 BP 等企业管理不善以及政府的监管不力。③ 该报告可能成为法院对美国政府起诉 BP 赔偿案的依据之一。

2012 年 4 月 24 日，美国司法部宣布，当天对一名嫌疑人提出墨西哥湾漏油事故的第一宗刑事指控：一名前英国石油公司工程师因故意毁灭相关证据遭到逮捕并被起诉。如果罪名成立，他最高将面临 20 年监禁和 50 万美元罚款的处罚。④ 2013 年 1 月 29 日，美国联邦地方庭法官莎拉·万斯批准了 BP 提出的刑事和解协议，英国石油公司将承认故意杀人罪等多项指控，并接受创纪录的 40 亿美元的刑事罚款。这 40 亿美元的刑事和解协议中，有 13 亿美元是司法部的刑

---

① 刘一楠：《美国政府就墨西哥湾漏油事故起诉英石油》，载 http：//news. xinhuanet. com/world/2010-12/17/c_ 12889488. htm，2011 年 8 月 9 日访问。依照美国现行法律，如果法院认定被告存在重大过失，被告将为每桶流入墨西哥湾的原油支付至多 4300 美元罚款，总额将达大约 210 亿美元。如果法院认为不存在重大过失，每桶泄漏原油罚款至多 1100 美元，总额大约 54 亿美元。

② See National Commission on the BP Deepwater Horizon Oil Spill and Offshore Drilling：“Report to the President：National Commission on the BP Deepwater Horizon Oil Spill and Offshore Drilling ”, http://www. oilspillcommission. gov/final-report, visited on 9 Aug. , 2011.

③ See National Commission on the BP Deepwater Horizon Oil Spill and Offshore Drilling：“Report to the President：National Commission on the BP Deepwater Horizon Oil Spill and Offshore Drilling”, pp. 122-127, http://www. oilspillcommission. gov/final-report, visited on 9 Aug. , 2011.

④ 参见王丰丰：《美国就墨西哥湾漏油事件提出首宗刑事诉论》，载 http：//news. xinhuanet. com/world/2012-04-25/c_ 123031634. htm，2013 年 6 月 7 日访问。

事罚款。英国石油公司还将向美国国家鱼类和野生动物基金会支付24亿美元罚款，向美国国家科学院支付3.5亿美元罚款。① 在司法部代表国家向BP提起民事、刑事诉讼的同时，美国众多受害人也纷纷向法院起诉BP，请求赔偿。截至2010年5月26日，也就是事故发生后的一个多月，已经有130项来自个人和组织机构的诉讼提交到各法院，控告BP、越洋钻探公司、卡梅隆国际公司和哈里伯顿公司。2012年3月，BP宣布，已就油污事件同原告达成约78亿美元的和解协议。双方达成的赔偿额约78亿美元，包括承诺给予墨西哥湾的海产品制造商约23亿美元赔偿费。② 然而，民间诉讼仍在继续。截至2012年4月30日，即墨西哥湾漏油事故发生三年之际，据英国《金融时报》报道，英国石油公司（BP）遭遇2200起与2010年墨西哥湾漏油事件相关的法律诉讼，原告方代表超过10万人的权益，包括因为漏油事件而失业的渔民、参与油污清理致病的工人，以及声称因为漏油事件而受到伤害的其他个人。当事人在墨西哥湾漏油事件三周年之际的2013年4月20日前提起诉讼，因为之后的任何请求都将受到BP援引诉讼时效的质疑。③

#### 4.2.2.3 督促BP及时履行赔偿义务，推动墨西哥湾恢复重建

事故发生后，美国政府和民众均将矛头指向BP，要求BP为这场前所未有的生态灾难埋单。2010年5月2日，美国总统奥巴马在对民众发表讲话时即明确声明，BP应当为漏油事件负责并埋单。④

---

① 新闻稿:《“世纪审判”：深水地平线墨西哥湾漏油事件开审》，载http：//news. 21. cn. com/mil/2013/02/27/14739598_ 1. shtml，2013年6月7日访问。

② 参见新闻稿:《“世纪审判”：深水地平线墨西哥湾漏油事件开审》，载http：//news. 21. cn. com/mil/2013/02/27/14739598_ 1. shtml，2013年6月7日访问。

③ 参见新闻稿：《英国石油遭遇2200起墨西哥湾漏油事件相关诉讼》，http：//finance. ifeng. com/stock/zqyw/20130501/7983241. shtml，2013年6月7日访问。

④ President Obama ,“A Massive and Potentially Unprecedented Environmental Disaster”, http://www. whitehouse. gov/blog/2010/05/02/a-massive-and-potentially-unprecedented-environmental-disaster, visited on 9 Aug. , 2011.

6月15日，奥巴马在白宫椭圆形办公室发表讲话，再次声明BP必须为墨西哥湾漏油事故造成的所有损失埋单，全力帮助墨西哥湾和受到损害的人们从悲剧中恢复。① 为确保对受害者进行及时、公平的赔偿，奥巴马督促BP建立了200亿美元的赔偿基金，赔偿范围包括沿岸企业、民众因漏油事件受到经济损失、清除污染费用、自然资源损失等。② 除此之外，从2010年5月到2011年7月，美国政府还累计向BP及其他责任方发出了12个账单，要求BP支付政府机构因漏油事件所支出的各种费用，包括投入的人力、服务、资源费用、监控和评估费用、运输设备费用、清污费用等。BP都及时向美国政府支付了这些账单，累计支付金额达7.17亿美元。③

与此同时，奥巴马还要求环境保护局（Environmental Protection Agency，简称EPA）牵头制定墨西哥湾的长期重建方案，确保墨西哥湾的经济、环境、资源等尽快恢复，实现沿岸生态环境和自然资源的多样性。④ 据总统调查委员会估计，墨西哥湾生态环境的恢复至少需要30年，需要花费150亿~200亿美元，每年至少需要5亿美元的资金，因而联邦政府和墨西哥湾沿岸各州均需建立起充裕

---

① 任海军、王丰丰：《奥巴马再次要求英国石油公司为漏油事件埋单》，载 http：//news. ifeng. com/world/special/moxigewanlou you/zuixinxiaoxi/detail_2010_06/16/1628284-0. shtml，2011年11月2日访问。

② Justin Blum and Jim Snyder，"BP，U. S. Agree on Establishment of $20 Billion Gulf of Mexico Spill Fund"，http：//www. bloomberg. com/news/2010-08-09/bp-20-billion-oil-spill-compen sation-fund-agreement-completed-with-u-s-. html，visited on 8 Aug.，2011.

③ Oil Spill Cost and Reimbursement Fact Sheet，http：//www. restorethegulf. gov/release/2011/07/12/oil-spill-cost-and-reimbursement-fact-sheet，visited on 24 Feb.，2012.

④ President Obama："Statement One-Year Anniversary of the BP Deepwater Horizon Oil Spill"，http：//www. whitehouse. gov/the-press-office/2011/04/20/statement-president-obama-marking-one-year-anniversary-bp-deepwater-hori，visited on 24 Feb.，2012.

的重建基金，确保重建工作的顺利进行。① 几个墨西哥湾沿岸的州政府和联邦政府已经向 BP 和其他责任方提出了法律诉讼，力求从 BP 获取更多的重建资金；国会目前也正在考虑提高原油生产和进口的税率、海洋石油开发特许费，甚至是增加联邦预算等方式，为墨西哥湾地区的生态重建提供充足的资金保障。②

为更好更快地推动墨西哥湾地区的重建，促进对事故受害人进行充分赔偿，总统调查委员会系统地提出了七条建议：一是海岸警卫队应当为科学家们及时提供便利条件，帮助科学家们在事故发生区域就事故的损害和影响开展独立的科学研究，并对该地区的环境进行长期的监控。二是国家自然资源基金应当确保自然资源损害评估过程以及补偿性重建措施均是透明而适宜的。三是环境保护局应当启动若干个独立的研究计划或程序，评估如墨西哥湾漏油事故这样的国家级漏油事件对人们健康的影响。四是国会、联邦机构和责任方应当采取有力措施在漏油事件后期尽快重建消费者的信心。五是国会应当将根据《清洁水法》实施的罚款的 80% 用于墨西哥湾地区的重建。六是国会、联邦和州的机构应当提供相应的组织、资金、技术支持，确保重建工作具有坚实的基础。如建立起联邦和州共同参与的墨西哥湾生态环境重建委员会，致力于对墨西哥湾重建的各项措施进行研究、评估、协作、推动等。七是相关的联邦机构，包括环保局、内政部、海洋环境和大气局以及国家自然资源基金等，应当更好地平衡经济发展与环境利益的关系，包括改进监管方式，强化对一些精巧的监管工具的运用，这无论对于墨西哥湾地区未来

① See National Commission on the BP Deepwater Horizon Oil Spill and Offshore Drilling: "Report to the President: National Commission on the BP Deepwater Horizon Oil Spill and Offshore Drilling", p. 279, http://www.oilspillcommission.gov/final-report, visited on 24 Feb., 2012.

② See National Commission on the BP Deepwater Horizon Oil Spill and Offshore Drilling: "Report to the President: National Commission on the BP Deepwater Horizon Oil Spill and Offshore Drilling", p. 279, http://www.oilspillcommission.gov/final-report, visited on 24 Feb., 2012.

的发展，还是对于其他地区的石油开发，均具有重要意义。①

#### 4.2.2.4 完善海洋石油开发环境监管体制，修改相关法律规定

墨西哥湾漏油事故是美国在业已建立起现代油污法律以及监管体系的情境下发生的一场海洋生态环境灾难，也是首次在1500米以下的深海发生的石油泄漏事件，其警示和借鉴意义十分巨大。正如美国总统调查委员会最终报告中所说的那样，事故的发生是BP等石油企业管理不善与政府监管不力双重作用的产物。因而，如何吸取教训，完善和改进监管体制，便成为奥巴马政府关注的焦点。如总统调查委员会在最终报告中指出，石油钻井过程中的很多关键措施均由企业决定，政府监管部门没有任何的检核监控措施，监管部门缺少深海石油开发监管的专门人才和设备，导致监管不能，②并建议政府主管部门应加强对海洋石油开发活动的监管和评估，强化风险管理。③ 事故发生后，奥巴马政府立即采取措施，在2010年9月30日签发了新的石油开发安全规则，强化了对海洋石油开发中安全设备的要求，建立起更加有效的控制系统，采取有效防止爆炸发生的措施。④ 受美国墨西哥湾漏油事故的触动，欧盟也建立

① See National Commission on the BP Deepwater Horizon Oil Spill and Offshore Drilling: "Report to the President: National Commission on the BP Deepwater Horizon Oil Spill and Offshore Drilling", pp. 275-283, http://www.oilspillcommission.gov/final-report, visited on 24 Feb., 2012.

② See National Commission on the BP Deepwater Horizon Oil Spill and Offshore Drilling: "Report to the President: National Commission on the BP Deepwater Horizon Oil Spill and Offshore Drilling", pp. 126-127, http://www.oilspillcommission.gov/final-report, visited on 24 Feb., 2012.

③ See National Commission on the BP Deepwater Horizon Oil Spill and Offshore Drilling: "Report to the President: National Commission on the BP Deepwater Horizon Oil Spill and Offshore Drilling", p. 286, http://www.oilspillcommission.gov/final-report, visited on 24 Feb., 2012.

④ See Dr. Kyriaki Noussia, "Environmental Pollution Liability and Insurance Law Ramification in Light of the Deepwater Horizon Oil Spill", p. 11, http://www.rokas.com/uploads/Environmental_Pollution_Liability_and_Insurance_Law.pdf, visited on 20 Feb., 2012.

起新的海洋石油开发安全标准，对海洋石油开发中的特许制度、安全控制机制、财务保证机制、损害及应急反应机制等均提出了更加严格的要求。①

可以看出，美国对墨西哥湾漏油事故的处理措施主要包括前期的堵塞漏油点和清污、中期的监控评估与督促 BP 公司承担赔偿责任，后期的恢复重建与吸取教训等。应当说，事故发生后美国政府的这些措施还是比较及时和有力的。首先，美国政府积极督促责任方采取措施，承担责任，并保持事件的高度透明。联邦政府建立了专门网站公布事件发展进程，频繁召开新闻发布会通报事件进展，总统多次视察漏油点并发表讲话，引起了美国乃至世界各国的广泛关注，最终对 BP 形成了巨大舆论压力。这种压力对于 BP 采取积极的、负责任的态度至关重要，特别是促使 BP 果断表示放弃赔偿限额，承担所有责任，设立巨额赔偿基金等起到巨大推动作用。其次，有效调动各种资源参与污染控制与监控。应急指挥中心发挥了居中协调的作用，有效调动和督促联邦和州相关部门以及 BP 公司各司其职，堵塞漏油点，控制污染扩散。应急指挥中心指挥官美国海岸警卫队的艾伦（T. W. Allen）上将多次给 BP 首席执行官巴布利（Bob Budley）写信，就如何尽快堵塞漏油点提出建议。海洋与大气管理局及时发布环境监测报告，能源部协调了世界上最好的科学家、工程师参与堵塞漏油点，司法部及时对事件展开调查并提起诉讼，国会则对相关法律和政策的修改展开调研论证。② 最后，对墨西哥湾环境和自然资源的重建进行长远规划。既有联邦政府的整体规划，也有各州的具体规划；既有政策考量，也有资金保障，十分全面。

---

① See Dr. Kyriaki Noussia ,"Environmental Pollution Liability and Insurance Law Ramification in Light of the Deepwater Horizon Oil Spill ", p. 14, http://www. rokas. com/uploads/Environmental _ Pollution _ Liability _ and _ Insurance _ Law. pdf, visited on 20 Feb. ,2012.

② Heidi Avery , "Summary of the Federal Government's Role in BP's Effort to Stop the BP Oil Leak ", http: //www. whitehouse. gov/blog/2010/05/21/summary-federal-government-s-role-bp-s-effort-stop-bp-oil-leak, visited on 11Aug. , 2011.

### 4.2.3 美国海洋石油开发监管机制存在的缺陷

墨西哥湾漏油事故发生后，美国总统奥巴马任命了一个由 7 名专家组成的总统调查委员会，对墨西哥湾事件进行全面、深入调查。2011 年 1 月，调查委员会向奥巴马总统提交了一份长达 398 页的报告。该报告共三大部分 10 章，从漏油事件的回顾、灾难发生的原因和严重影响、应当吸取的教训等各方面进行了全面深入地分析，是目前有关墨西哥湾漏油事故最权威的分析和结论。

总统调查委员会认为，墨西哥湾漏油事故的发生，直接的主要原因是 BP 对马康多油井反向压力测试的不当操作和测试结果的误读，另一个原因是临时决定对一个关键程序的取消。然而，美国能源部（MMS）的任何安全操作规则或管理条例均没有对这种测试的标准操作程序和如何解读测试结果做出规定。实质上，各种政府管理规则和标准甚至没有要求 BP 要进行反向压力测试。此外，BP、越洋钻探公司也缺乏规范反向压力测试的内部标准程序，也没有对操作这一测试的员工进行过正式的培训。同时，BP 的管理政策没有设置一个对疑问数据进行再次审查和检核的程序。

总统调查委员会进一步指出，墨西哥湾漏油事故的发生，根本原因在于石油开发企业内部管理和政府监管的双重失败。首先，BP 与其合作伙伴的系统性管理失误直接促使了事故的发生。马康多油井的严重缺陷导致了油井的爆炸，这是一个重大的企业管理失误。如果 BP 和其合作伙伴的决策程序能够得到更好的提升，如果 BP 和其合作伙伴之间的沟通能够更加顺畅，如果关键工序的操作人员能够得到更加有效的培训，那么马康多油井的爆炸将不会发生。调查委员会详细列举了 BP、越洋钻探公司、哈里伯顿、卡梅隆国际在管理、决策、沟通方面的诸多失误。如果没有如此多的失误，墨西哥湾漏油事故根本不可能发生。如 BP 缺乏充分的现场管理，无法确保事故发生前几个月的关键性决策从工程专业上来说均是安全的、科学的。马康多油井管理团队在最后几个星期做出了改变油井钻探程序的决策，这一决策没有接受任何正式的风险分析和内部专家的审查，这是爆炸发生的一个关键原因。哈里伯顿甚至没有掌握马康多油井的泥浆是否处于平衡状态的数据，其现场管理也十分薄弱，无法确保实验室检测能够得到及时有效的执行。BP、哈里伯顿和越洋钻探公司的很多现场决策均是建立在节省时间和成本这一基础上，缺乏对决策的安全性进行全面、综合的分析，导致油井的风险大大增加。①

其次，BP、哈里伯顿和越洋钻探公司相互之间的沟通十分匮乏。BP 没有将一些重要的信息与其合作伙伴进行分享，甚至有时其内部成员之间也无法做到信息共享。结果是工作人员往往在尚未弄清楚他们究竟在做什么时，就贸然做出了关键性的决策。如 BP 任命一个新手担任马康多油井的现场负责人。而这名负责人在油井观察到反向压力测试的数据出现异常情况时没有向任何其他同事进行咨询，放任了这样一个关键性提示信息。如果这名负责人能够明白这一异常情况意味着什么并采取有效措施，油井的爆炸根本不会发生。在墨西哥湾漏油事故发生之前的 2009 年 11 月，越洋钻探公司位于北海的另一个钻井平台已经发生过类似于马康多油井的事故。当时该公司的员工在完成反向压力测试之后，被测试的封口发生移位，导致碳氢化合物大量流入，引发油井爆炸，泥浆涌上钻井平台，将近 1 吨的石油、泥浆混合物泄漏进大海。越洋钻探公司为这次泄漏事故支付了 500 万英镑的赔偿。越洋钻探公司后来对其位于北海的一些钻井平台发出了“反向压力测试可能导致封口移位，引发事故”的操作建议。然而，遗憾的是，哪怕这样可以引起足够重视的“建议”，也并未能发送给深水地平线钻井平台的工作人员，导致深水地平线钻井平台的操作人员未能吸取到北海漏油事故的教训。如果深水地平线钻井平台的操作人员能够及时了解“反向压力测试可能导致封口移位，引发事故”这一信息，那么马康多油井的命运就完全可能被改写。因而，BP 等海洋石油开发企业

① See National Commission on the BP Deepwater Horizon Oil Spill and Offshore Drilling: “Report to the President: National Commission on the BP Deepwater Horizon Oil Spill and Offshore Drilling”, pp. 122-124, http://www.oilspillcommission.gov/final-report, visited on 21 Feb., 2012.

应当采取更加有效的措施，整合深海石油开发的共同参与者（合作伙伴）之间的文化、内部管理流程、决策方式等方面的差异，做到充分沟通，避免管理中出现各种失误。①

最后，政府对企业海洋石油开发活动监管的失败也是事故发生的重要诱因。能源主管部门的管理规则根本难以防范深水钻探的巨大风险。很多深水石油开发的关键环节的操作措施均由开发企业自主决定，监管部门没有进行任何的审查。这种过度依赖于开发企业的监管模式无法起到有效监管的作用。如对于反向压力测试等关键环节，没有任何的规则或条例要求其接受监管部门的审查。相关的政策之间也缺乏协同性。如 MMS 的管理规则规定水泥封固临时废弃缺口的方法只能在不超过 1000 米的泥浆层使用，但同时又授予管理机构对深水钻井采用替代方法予以个别审批的权力。BP 在 2010 年 4 月 16 日向 MMS 提出在 1000 米下的深水安置其不符合常规的水泥封口的申请。MMS 的官员在不到 90 分钟内就被说服，并仓促批准了这一申请。MMS 将其工程审查的重心集中在油井的最初设计上，而对钻探操作过程中的关键决策很少关注。另外，对一些作业流程的省略带来的风险也缺乏充分的评估。因而，政府未能成功建立和适用系统、规范、严密的监管规则，来最大程度地降低深海石油开发中的固有风险，是墨西哥湾漏油事故发生的重要原因。除此之外，政府监管部门也缺乏履行监管职能所必需的设备、专业人员等重要资源来实施有效的监管和审查，导致监管不能。②

---

① See National Commission on the BP Deepwater Horizon Oil Spill and Offshore Drilling: "Report to the President: National Commission on the BP Deepwater Horizon Oil Spill and Offshore Drilling", pp. 122-124, http://www.oilspillcommission.gov/final-report, visited on 21 Feb., 2012.

② See National Commission on the BP Deepwater Horizon Oil Spill and Offshore Drilling: "Report to the President: National Commission on the BP Deepwater Horizon Oil Spill and Offshore Drilling", pp. 126-127, http://www.oilspillcommission.gov/final-report, visited on 21 Feb., 2012.

## 4.3 完善美国海洋石油开发油污法律救济机制的建议

美国1990年油污法是在1989年发生的“埃克森·瓦尔迪兹”号漏油事件之后通过的。虽然该法将海洋石油开发中的石油泄漏问题纳入了法律规范的范围，但该法制定的最主要目的仍然是致力于解决船舶油污问题，因而对海洋石油开发中的油污问题缺乏更为切合、深入的规定。如对于海洋石油开发的审查、监管等缺乏可操作性规定，对石油开发企业防治污染、确保安全的措施缺乏技术性要求，对石油开发企业关键性决策缺乏深入审查等。墨西哥湾漏油事故的爆发，使这些问题更加凸显。总统调查委员会通过对漏油事件的全面总结和分析，针对海洋石油开发监管和法律救济中存在的薄弱环节，提出了完善的对策和建议。可以说，墨西哥湾漏油事故的发生是不幸的，但其再次为美国这一制定了专门的油污法，对油污问题实施最严要求、最高标准保护措施的国家提供了完善其现代油污法律救济机制的动力和契机，并且也为国际法上海洋石油开发环境污染法律救济机制的构建提供了研究视角和实践借鉴。从这一角度来说，或许也是将不幸转化为幸运的最佳契机。以下，结合总统调查委员会最终报告的内容，对如何完善美国的海洋石油开发监管机制和环境污染法律救济机制进行分析。

### 4.3.1 完善海洋石油开发日常监管政策，尽可能地降低溢油风险

与船舶油污不同，海洋石油开发，特别是深海石油开发具有高度的专业性、技术性和巨大的风险性。完善的预防措施、科学的决策程序、规范的操作流程、高标准的现场管理以及深入细致的政府监管等对于确保石油勘探与开发的安全，防范石油泄漏事故的发生具有重要的意义。就政府来讲，如何充分发挥各监管部门的职能，相互协调配合，提高监管标准，完善监管流程，通过科学完善的监管机制来督促和确保石油开发企业采取有力措施，用尽一切可能的

手段避免管理中的漏洞和操作中的失误，尽量将石油开发中各种风险降到最低，便成为当前最为紧迫的问题。针对这一问题，总统调查委员会提出了以下完善建议。①

一是加强对海洋石油开发的风险评估和管理。国家能源部应当采用一种更加全面、系统的监管模式，对海洋石油开发活动中的租约、法规、政策、制度等实施更加有效的监督。紧跟科技发展的最新步伐，将适时更新的管理手段运用于高风险区域，特别是在边界地区，更加有效地对风险进行管理，合理降低风险。确保保护公共利益的政府机构的独立性、统一性和权威性，强化政府执行环境保护政策和实施有效监督的资源和能力。内政部应当从确保环境安全、提升污染防治标准的角度，来完善风险管理计划，这一计划应当参照国际标准，采取最为严格的措施。国会、内政部应当制定从事海洋石油开发、生产和应急反应的新的标准，以填补目前的巨大空白，弥补短板。这一标准必须能够最好地保护工人的人身安全和海洋环境，并且广泛地运用于所有石油开发领域。与相关国际机构紧密合作，确保这一新的标准至少每五年要在国际标准化机构（ISO）的监督下予以更新。建立一个能力足够胜任的、独立的工程技术顾问机构，审查现有的规则对于达成固有的政策目标是否足够、充分，是否与国际最高标准存在差距；建立和完善能够达成安全和环境保护目标的全新规则体系，确保所有石油开发活动和钻井平台依照国际最高水准运行。要求石油开发商，特别是在深海、地形复杂区域、边界或其他高风险地区从事石油开发的企业，在其开发和生产计划中建立起综合性的"安全预案"。在石油开发租约竞标时，承租人必须在经验、财务能力、专业水准上显示足够的能力，作为参与竞标的先决条件。在租约中要求石油开发商邀请专业安全机构的专业人员

---

① See National Commission on the BP Deepwater Horizon Oil Spill and Offshore Drilling: "Report to the President: National Commission on the BP Deepwater Horizon Oil Spill and Offshore Drilling", pp. 250-265, http://www.oilspillcommission.gov/final-report, visited on 23 Feb., 2012.

实施现场监管，加强对安全防护和环境保护的研究和投入；要求石油开发企业具备足够的能力来控制和处置溢油事故的发生，拥有足够的财务能力赔偿所有油污受害人。

二是提高政府机构的监管能力。政府主管机构应当在相关规则中建立起更加精巧的风险评估和风险管理体系，并运用于对海洋石油开发的监管实践。他们应当把审查和监管的关注焦点从开发企业说明性的操作规则中转向建立内容更为丰富和广泛的基础性管理规则，这一规则应当是精心设计的，建立在对开发设施、操作规则、风险管理与环境保护有机结合与平衡的基础之上。由国家工程学会界定出高风险油井的定义，并研究出合理评估这些风险的方法。成立一个紧密协作、团结一致的研究团队，开发出更加安全的系统、设备和方法，来防止石油开发过程中设计或设备上的问题。建立政府专家派驻海洋石油开发现场安全监管制度。联邦政府的专家应当对那些用于海洋石油开发的设备的生产场地进行现场监督。实施更为严格的事件报告制度，要求石油开发企业提供更加详细的数据和分析，用于总结经验，防范事故的再次发生。而且，这些报告应当是向所有人公开的。加强墨西哥湾国际石油开发企业之间的信息沟通和透明，实现经验共享，不断提升风险管理的标准和水平。

三是建立一个新的、具有高度独立性的监管机构。美国能源部目前是海洋石油开发的主要监管机构，不仅负责对海洋石油开发的租约、资源进行管理，还负责租约利润的收缴、支配、环境监管，以及石油开发计划审查、特定事项许可、现场监管和视察、国家安全和环境政策的执行等。尽管石油开发租约利润的收缴和支配在能源部内部由两个独立的部门掌管，但这两个部门之间的目标、技能、文化差异很大，导致相互之间不可避免地存在冲突和矛盾，降低了能源部的整体效率和对外监管的能力。而且，能源部同时具备促进工业利润增长与保护民众的健康、安全与环境两大目标，而这两大目标相互之间有时会存在冲突，能源部又没有对各种目标之间进行平衡的具体指导性政策，这便可能导致为了追求工业利润而忽视环境保护，进而对海洋石油开发的项目监管漠不关心，流于粗糙。从某种程度上讲，墨西哥湾漏油事故是这种混乱、乏力监管体制的集中爆发。因而，建议将能源部海洋环境监管和保护职能剥离出来，在内政部重新成立一个专门的海洋石油开发安全与环境保护监管机构。此机构对所有海洋石油开发中的开发计划、设计、构造、开发等各个流程实施全方位监管，确保开发活动的安全和环境免遭破坏。同时，与其他相关职能部门如环境保护局、海洋环境和大气局、海岸警卫队等紧密协作。

四是完善国家环境保护政策在海洋石油开发中的执行机制。1969 年《国家环保政策法案》(*The National Environmental Policy Act*，NEPA）是最早建立国家环境保护体系的成文法，该法要求任何联邦机构在作出或支持任何决策时，必须充分考虑对自然环境的影响，并有义务将这些影响向利益相关人或公众披露。① 总统调查委员会建议，应当对 NEPA 的相关政策、程序等进行检核、完善，以提升对海洋石油开发各个环节环境风险分析的水平和透明度。如相关部门应尽快制定 NEPA 适用手册，对海洋石油开发活动如何准确、透明地适用 NEPA 的要求提供详细指引。在手册中，应当通过标准条款设置，要求在地形复杂、深海或其他边界区域的海洋开发活动，必须按照 NEPA 要求，事先提供环境影响报告。应当建立一个跨部门的咨询机构，完善决策咨询程序。在签署海洋石油开发租约之前，内政部负责人应当向所有相关职能部门（如海洋与大气局、环境保护局等）进行充分的咨询，并对这些咨询建议的采纳情况及未采纳的原因予以书面说明。能源部、海洋与大气局、联邦地质监控局等相关部门应当启动一个联合研究计划，系统搜集各种关键的科学数据，对可能进行海洋石油开发区域进行综合性的生态环境分析和监控。

事故发生后，奥巴马政府立即采取措施，在 2010 年 9 月 30 日签发了新的石油开发安全规则，强化了对海洋石油开发中安全设备

① See "National Environmental Policy Act", http://www.epa.gov/region1/nepa/, visited on 23 Feb., 2012.

的要求，建立起更加有效的控制系统，采取有效防止爆炸发生的措施。①

### 4.3.2 完善海洋石油开发溢油事故应急救援体系，提升应急处置能力

虽然建立了全面、细致、有力的日常监管机制，但海洋石油开发中的固有风险是如何恪尽谨慎义务也无法彻底根除的。而一旦发生深海石油泄漏事故，可能造成的灾难性后果足以让所有的监管政策和法律补偿显得苍白无力。因而，必须未雨绸缪地建立起层层相扣的溢油事故应急反应和救援体系，不断提升这一体系的科学化水平，这样才能在溢油事故发生的紧急情况下有条不紊地加以应对和处置，将污染损害降到最低。

一是强化对企业溢油应急计划的审查监管。墨西哥湾漏油事故发生后 BP 和联邦政府的应对表现说明，他们没有做好应对如此规模漏油事故的准备：首先，没有料想到一场大规模的、难以控制的石油泄漏事故会在深海环境下发生，并提前做好应对计划；其次，联邦和地方政府官员在合作方面存在障碍，导致难以有效率地进行应对；最后，对于具体应对措施的信息沟通和理解方面存在偏差。内政部应当建立起一个更为严密、透明的漏油风险分析机制和反应程序，完善对石油开发企业溢油反应计划的审查机制，确保企业竭尽全力提升溢油事故的处置、控制能力。内政部、海岸警卫队、环境保护局、海洋环境和大气局等具有丰富专家资源的部门，应当对企业溢油反应计划提供咨询和顾问服务，帮助企业将以往溢油事故中的教训吸纳进溢油反应计划中。这些溢油反应计划应当向公众公开。推行最坏情景假设制度，要求企业对可能发生的溢油情景进行模拟分析，对于如何有效应对溢油事故以及对周围环境可能造成的

① See Dr. Kyriaki Noussia , " Environmental Pollution Liability and Insurance Law Ramification in Light of the Deepwater Horizon Oil Spill ", p. 11, http: //www. rokas. com/uploads/Environmental _ Pollution _ Liability _ and _ Insurance_ Law. pdf, visited on 23 Feb. , 2012.

损害进行全面评估。

二是建立和完善国家溢油反应程序和救援计划。在现有法律机制下，国家环保局负责编制国家应急救援计划。基于海洋石油开发溢油事故的巨大灾难性，建议国家环保局在国家应急救援计划中增加专门的国家溢油事故反应程序和救援计划，加强政府对责任方的监管，建立起国家层面和地区层面应急反应团队，对应急决策提供完整的、科学的咨询建议。畅通应急处置与公众的信息沟通渠道，确保信息传播的及时、权威、准确，避免恐慌情绪蔓延。作为国家应急反应团队的主要负责部门，国家环保局和海岸警卫队应当强化州和地方对应急救援的参与程度，积极开展应急救援的专业培训，提升地方政府、机构和公众的应急救援技能。国会应当提供强制性基金，对溢油反应机制的研究进行资助，不断提升应急反应机制的科学化水平。

三是不断提升应急处置能力。在墨西哥湾漏油事故发生后，虽然美国民众均希望政府能够尽快承担起责任，对堵漏和清污行动实施有力监管。然而，由于专家和技术能力的缺乏，政府只能依赖BP来实施应急救援计划。这充分说明了在深海溢油应急反应和救援行动中，专家和技术的重要性。因而，国家应急反应团队应当建立和保持一个常态化的专家小组来对从源头上如何防范溢油事故进行研究设计，并对采取的相应措施加以监管，专家小组由内政部、海岸警卫队、能源部等部门的专家组成，同时吸纳企业界的专家参与。在批准海洋石油开发项目时，内政部应当要求开发企业在其溢油反应计划中提供堵塞漏油源头的详细计划。开发企业应当对每一个油井的源头堵塞问题进行具体分析，表明其处置技术和能力足以堵塞可能发生的溢油点。这一溢油源头控制计划必须经过内政部和海岸警卫队的专家审查、批准。内政部还应当要求开发企业将油井的设计方案提交审查，确保油井已经安装了防爆阀、传感器等关键零部件，能够实时对油井状态进行分析、监控。

### 4.3.3 完善海洋石油污染损害赔偿机制，提高对受害人和生态环境的保护水平

美国1990年油污法不仅是第一部建立起对船舶溢油污染和海洋石油开发溢油污染法律救济机制的成文法，也是目前世界上对油污损害赔偿救济力度最大的法律。实质上，美国之所以拒绝参加1969年民事责任公约，主要原因便是认为该公约提供的保护程度过低。① 然而，即便如此，在面临墨西哥湾漏油事故这类巨型油污事故时，现有的法律救济机制所提供的保护力度也显得过于软弱，引起了美国国内的普遍批评与反思。改革的建议主要集中在如何提升石油开发企业的财务保证能力和赔偿责任，确保对受害者进行更为充分的赔偿。具体如下：

#### 4.3.3.1 提高现有的赔偿责任限额和财务保证数额

墨西哥湾漏油事故发生后，美国1990年油污法确立的损害赔偿责任限制和财务保证制度受到广泛质疑。油污法第1004条规定，除非证明污染责任方存在重大过失或有意行为，否则离岸钻井设备石油泄漏污染的损害赔偿责任限制是7500万美元。这一赔偿责任限制在巨型油污层出不穷的今天显然已经无法有效保障受害者的合法权益。另外，油污法第1016条规定，对可能造成环境污染的近岸设施（包括石油钻井平台）应提供从3500万到1.5亿美元不等的财务保证，且1.5亿美元的财务保证是在总统认为有必要时提出由企业方提供。财务保证的形式可以是保险证明、债券、保证书、信用证等。同样，这一财务保证金额被认为过低，无法满足保障油污风险的作用。② 总统调查委员会指出，墨西哥湾漏油事故中BP拥有巨大的经济实力，因而设立了200亿美元的赔偿基金。如果是其他经济实力不济的小公司发生了这种漏油事件，则受影响的企业

① 参见张湘兰主编：《海商法》，武汉大学出版社2008年版，第218页。

② See National Commission on the BP Deepwater Horizon Oil Spill and Offshore Drilling："Report to the President：National Commission on the BP Deepwater Horizon Oil Spill and Offshore Drilling"，p. 284，http://www.oilspillcommission.gov/final-report，visited on 11 Aug.，2011.

和民众将面临着无法得到赔偿的危险。过低的责任限额，也难以促使石油开发企业对海洋石油开发中的环境污染风险足够关注，进而采取有效的安全措施。因而，调查委员会建议国会应极大地提高目前的赔偿责任限额和财务保证数额要求。① 至于究竟应将责任限额提高到多少，调查委员会并没有予以明确，但绝非简单微调。

然而，赔偿责任限额和财务保证要求提高的努力，也引起了一些忧虑。专家指出，在墨西哥湾漏油事故发生后，深海能源保险的费率将提高 50%，能源开发企业的保险成本将大幅提高。② 赔偿责任限额和财务保证的要求再大幅提高，将会阻止中小竞争者和投资者进入海洋石油开发领域，因为他们没有足够的经济实力来满足过高财务保证的要求。另外，现有的能源保险市场也难以满足过高财务保证和责任限额的要求。美国海上能源保险市场目前最大承保能力在 1.25 亿~1.5 亿美元，对于单个污染事故的最大赔付能力在 6 亿~7.5 亿美元，用于提供财务保证证书的份额总共也不超过 2 亿美元，这似乎远远难以达到大幅提高赔偿责任限额和财务保证数额的要求。③ 对这种担心，总统调查委员会认为是合理的，并提出了由中小竞争者建立“互助保险池”的建议，每个公司均向互助保险池中投入一定的保险费，组成联合保险体。在任何公司发生污染事故后，从保险池中支付赔偿费用，进而通过相互联合的方式克服赔偿能力不足的问题。④ 另外，有学者建议通过再保险、联合

---

① See National Commission on the BP Deepwater Horizon Oil Spill and Offshore Drilling: “Report to the President: National Commission on the BP Deepwater Horizon Oil Spill and Offshore Drilling”, pp. 283-285, http://www.oilspillcommission.gov/final-report, visited on 11 Aug., 2011.

② See Wall Street Journal May 25, 2010.

③ See King, R. O., “Deepwater Horizon Oil Spill Disaster: Risk, Recovery, and Insurance Implications, Congressional Research Service”, 7-5700, R41320, July 12, 2010, p. 2, http://www.fas.org/sgp/crs/misc/R41320.pdf, visited on 20 Feb., 2012.

④ See National Commission on the BP Deepwater Horizon Oil Spill and Offshore Drilling: “Report to the President: National Commission on the BP Deepwater Horizon Oil Spill and Offshore Drilling”, p. 284, http://www.oilspillcommission.gov/final-report, visited on 21 Feb., 2012.

承保以及金融衍生产品来提高海上能源保险市场的承保能力。如通过发行巨灾债券、能源保险期货、能源保险证券等方式，来增强保险市场满足更高责任限额和财务保证要求的能力。① 目前，奥巴马政府正就提高这一索赔限额或者不设限与国会进行磋商。如何在提升风险保障能力与避免成本过大而伤害石油行业、能源保险市场的发展之间取得平衡，成为当前美国政府政策调整的关键。

#### 4.3.3.2 提高油污责任信托基金对单次漏油事故的赔偿限额

如果漏油事故的受害人因为责任方赔偿责任限制或赔偿能力不足，而无法获得充分赔偿，受害人还可以向根据1990年油污法设立的油污责任信托基金获取赔偿。然而，基金目前在每次油污事故中可以至多支付10亿美元，这一责任限额被认为过低，难以满足对受害人进行充分赔偿的需要。因而，总统调查委员会建议尽量提高这一限额。基金可以通过提高石油环境税或者在海洋石油开发租约中强制性设置追加罚款条款的方式，扩大基金的本金来源。所谓追加罚款条款，是指在租约中规定，如果不发生漏油事故，本条款不生效，一旦发生漏油事件，本条款自动生效，对石油开发企业课以高额罚款。这一条款的设置，一方面可以促使石油开发企业在开发过程中竭尽全力完善管理，提高技术，避免漏油事故的发生；另一方面，如果万一真的发生了漏油事故，可以通过此条款对责任方加以处罚，为国家油污责任信托基金征集更多的资金，用于赔偿受害人和生态环境重建。

#### 4.3.3.3 检核和完善损害赔偿程序

按照1990年油污法的规定，漏油责任方对受害者（个人、企业）的清污费用和损失负赔偿责任。所有的索赔请求必须首先向责任方提出，如果责任方拒绝赔付，索赔人可以向法院起诉或者向油污责任信托基金申请赔偿。墨西哥湾漏油事故发生后，BP在美

---

① See Dr. Kyriaki Noussia ,"Environmental Pollution Liability and Insurance Law Ramification in Light of the Deepwater Horizon Oil Spill ",pp. 31-32, http://www. rokas. com/uploads/Environmental _ Pollution _ Liability _ and _ Insurance _ Law. pdf,visited on 20 Feb. ,2012.

国政府的协调下设立了200亿美元的基金，成立了一个独立的机构（the Gulf Coast Claims Facility，GCCF）代表BP受理和审查各种索赔申请，并对符合赔偿条件的索赔支付赔偿。该基金主要的赔偿范围包括：①清污费用；②不动产或个人财产的损失；③利润损失或可得收入损失；④自然资源生活用途丧失造成的损失；⑤人身伤害或死亡。基金不负责补偿来自政府的索赔、房地产类损失以及船舶出海机会丧失导致的损失。① 截止到2012年3月1日，GCCF共收到589.14万个自然人和企业的索赔要求，向其中约23万个自然人和企业支付了63.6亿美元的赔偿。② 虽然，GCCF只对不足4%的申请人支付了赔偿，但其发挥的作用仍然是巨大的，让23万个索赔者获得了63.6亿美元的赔偿。而且GCCF的工作仍在继续，有望能够对更多的受害者给予比较充分的赔偿。

然而，即便如此，GCCF的工作也广受美国人的质疑。一些受害人对GCCF频频拒绝受害人的索赔申请以及赔付的低效率十分不满意。2010年9月17日，美国司法部专门给GCCF的负责人Feinberg致函，要求其尽量为受害人的索赔提供便利。③ 2011年3月，一个律师团体向佛罗里达州的一家法院起诉Feinberg及GCCF，认为他们在履行赔偿受害人义务上存在重大过失、欺诈、不当得利等行为，认为Feinberg只是在为BP的利益服务。④

通过行政协调督促污染责任方建立起独立运作的专项赔偿基金

---

① See Gulf Coast Claims Facility, Frequently Asked Questions, http://www.gul fcoastclaimsfacility.com/faq#Q9, Visited on 28 Feb., 2012.

② See Overall GCCF Program Statistics, http://www.gulfcoastclaimsfacility.com/GCCF_Overall_Status_Report.pdf, visited on 2 Mar., 2012.

③ See National Commission on the BP Deepwater Horizon Oil Spill and Offshore Drilling: "Report to the President: National Commission on the BP Deepwater Horizon Oil Spill and Offshore Drilling", p.287, http://www.oilspillcommission.gov/final-report, visited on 21 Feb., 2012.

④ Dahr Jamail, BP Oil Spill: Lawsuit Filed Against BP Compensation Czar, http://www.globalresearch.ca/index.php? context = va&aid = 23478, visited on 2 Mar., 2012.

的方式对受害人进行赔偿，符合“污染者付费”的法律原则，受害人只需按照既定的程序和要求向基金管理机构申请赔偿，无须通过法院诉讼即可及时、低成本、便捷地获取赔偿，同时还能在一定程度上避免直接向污染者索赔所面临的各种忧虑，无论是对责任方、受害人还是政府、社会来说，无疑均是最有效的一种赔偿方式。笔者认为，这种赔偿模式应当成为漏油事故环境污染法律赔偿机制中一种常态化赔偿渠道。在墨西哥湾漏油事故发生后，GCCF 的作用得到了总统调查委员会的认可。该委员会在最终调查报告中建议司法部争端解决办公室应当在所有赔付结束后立即对 GCCF 的管理模式、运作程序、索赔指引、降低法院诉讼的比例等进行全方位的总结和评估，①便于在以后发生类似漏油事故时，为更加迅捷地建立类似专门赔偿基金提供有益借鉴。

#### 4.3.3.4　确立国家能源政策新的价值导向

长期以来，人类的发展过度依赖于石油的支撑。墨西哥湾漏油事故的发生，再次引起人们对经济发展模式和能源政策的反思。很多人提出，国家经济发展模式应当向清洁能源和更有效率的智能经济转变，逐渐摆脱对石油等具有高度危险性、污染性不可再生能源的依赖。这也成为奥巴马政府目前制定新经济发展战略的核心导向之一。尽管如此，短期内人类的发展模式无法彻底改变，石油运输和海洋石油开发政策无法彻底扭转。因而，在确立国家能源政策时，如何实现海洋石油开发的经济价值与国家安全、技术进步、环境保护、人类健康等价值之间的平衡，成为新能源开发政策的关键。对于美国未来的能源政策，总统调查委员会提出了六个标准：①坚定实施并增加国家能源储备，确保在失去国外能源供给情境下的国家安全。②鼓励发展节能汽车和新能源汽车，发展节能型大众交通方式。③大力发展本国清洁型可替代能源。④对国内油气

① See National Commission on the BP Deepwater Horizon Oil Spill and Offshore Drilling: “Report to the President: National Commission on the BP Deepwater Horizon Oil Spill and Offshore Drilling”, p. 287, http://www.oilspillcommission.gov/final-report, visited on 2 Mar., 2012.

（包括海洋石油）开发和生产中的固有风险实施更为严格、科学的管理，提升能源的利用率；⑤提高能源开发的安全标准，保护人类健康。⑥保护自然生态环境，逐步采取避免气候变化的措施。①

① See National Commission on the BP Deepwater Horizon Oil Spill and Offshore Drilling: "Report to the President: National Commission on the BP Deepwater Horizon Oil Spill and Offshore Drilling", p. 298, http://www.oilspillcommission.gov/final-report, visited on 2 Mar., 2012.

# 5　国际海洋环境污染法律救济机制的立法现状

国际社会调整海洋环境污染的法律，整体上可以分为公法性质的海洋环境污染防治法和私法性质的海洋环境污染损害赔偿法。前者是指国际社会为了有效防治海洋环境污染，保护海洋生态环境制定的国际法，主要对成员国应当履行的防止海洋环境污染义务及相关合作机制进行规定。后者主要是指在海洋环境污染发生后，如何对受害人和海洋环境进行及时、充分、有效的补救而制定的国际法的总称。不难看出，海洋环境污染防治法侧重于污染风险的防范与控制，海洋环境污染损害赔偿法则侧重于污染事故的事后补救。对于海洋石油开发环境污染而言，这两者均十分重要，因而在本章予以一并介绍分析。

## 5.1　国际海洋环境污染防治法律体系

国际上针对海洋环境污染防治的法律主要有 1954 年《国际防止海洋油污公约》(*International Convention for the Prevention of Pollution at Sea by Oil*, 1954)、1969 年《国际干预公海油污事件公约》(*The International Convention Relating to Intervention on the High Sea in Case of Oil Pollution Casualties*, 1969)、1973 年《国际防止船舶污染公约》(*The International Convention for the Prevention of Pollution from Ships*, 1973)、1982 年《联合国海洋法公约》(*United Nations Convention on the Law of the Sea*)、1990 年《油类污染防备、响应和合作国际公约》(*International Convention on Oil Pollution Preparedness, Response and Co-operation*, 1990) 等。以下，对 1954 年《国际防止海洋油污公

约》、1982年《联合国海洋法公约》和1990年《油类污染防备、响应和合作国际公约》的主要内容进行介绍分析。

### 5.1.1 1954年《国际防止海洋油污公约》的主要内容

《防止海洋油污公约》于1954年4月26日至5月12日在伦敦召开的防止石油污染国际会议上通过，1958年7月26日生效。该公约是国际上第一个以环境保护为目的的防止海洋石油污染国际公约，标志着海洋环境国际法律保护的开始。

在适用范围上，公约的名称虽然是防止海洋油污公约，但只适用于船舶排放石油造成的污染，并未将海洋石油开发中的油污问题纳入规范范围。公约第2条规定，公约适用于在缔约国政府任一领土内登记的船舶并适用于未经登记而具有缔约国国籍的船舶，但下列船舶除外：（1）150总吨以下的油船和500总吨以下的其他船舶，只要缔约国政府根据其尺度、业务及其驱动所使用的燃料类型，采取合理可行的必要步骤，也可对其适用本公约的各项要求。（2）暂时用于提炼鲸油工业并正在从事此项提炼作业的船舶；（3）暂时航行于北美大湖区及与其相连和附属的水域中的船舶，该水域的东界可达加拿大魁北克省蒙特利尔市圣朗伯河闸下游出口处；（4）海军船舰及暂时用于海军的辅助船舶。

公约要求成员国将沿海50海里以内的海域设置为禁排区，禁止船舶在其内排放持久性油类。对于违反公约规定的排油行为，公约规定由船旗国依照本国法律予以制裁。对于船舶在领海以外的违章排油，要求成员国给予不少于在其领海违章排油的罚金。此外，公约要求所有船舶应配备公约要求的用油记录簿，填写操作记录；要求成员国的港口应提供足够的接收设备，以接收油船及其他船舶经过后的残余物和含油混合物等。

可以看出，囿于时代，公约规定的内容十分简单，不仅未能将海洋石油开发中的油污问题纳入规范，对船舶的适用范围也十分狭窄。船舶在领海之外的违章排污，只规定船旗国享有管辖权，而对于侵权行为地和受害人所在地的沿海国或港口国的管辖权则没有规定等。然而，公约作为第一部海洋环境保护的国际公约，其历史意义是十分深远的。公约于1962年、1969年和1971年先后进行了三次修改。在1973年《国际防止船舶污染公约》生效后，公约已基本被取代。

### 5.1.2　1973年《国际防止船舶造成污染公约》的主要内容

随着船舶污染的日益严重，1954年《国际防止海洋油污公约》及其修正案已无法适应形势的需要，政府间海事组织于1973年在伦敦通过了《国际防止船舶污染公约》(简称“MARPOL1973”)，并于1978年通过了公约的议定书。MARPOL1973及其1978年议定书于1983年正式生效，目前是国际社会防止船舶污染海洋环境领域最有影响的立法之一。公约的序言阐明了立法的意图：“各缔约国，意识到有保护人类环境特别是海洋环境的需要，认识到船舶故意地、随便地排放油类和其他有害物质，是一种严重的污染源”，“本着彻底消除有意排放油类和其他有害物质污染海洋环境并将这些物质的意外排放减至最低限底的愿望”而制定公约。公约由20个条文和“关于涉及有害物质事故报告的规定”等两个议定书以及“防止油污规则”等五个附则组成。公约1978年议定书做出了重要修订和补充，两者紧密联系而成一体。

公约明确规定适用的对象为船舶污染。“船舶”指在海洋环境中运行的任何类型的船舶，包括水翼船、气垫船、潜水船、浮动船艇和固定的或浮动的工作平台。显然，此处的“船舶”范围明显大于1954年《防止海洋油污公约》规定的船舶，并首次将浮动工作平台纳入船舶的范围。此工作平台是否包括海洋石油开发中的钻井平台呢？从字面理解似乎难以确定。但公约第2条第5款在对“主管机关”界定时，指出“对于沿海国家为勘探和开发其自然资源行使主权，在邻接于海岸的海底及其底土从事勘探和开发的固定或浮动平台而言，主管机关即为该有关沿海国家的政府”。从此规定可以看出，公约有意将海洋石油勘探和开发的钻井平台纳入公约调整范围，具有历史超前性。这应该是国际上第一个将海洋石油开发环境污染问题纳入规范的国际条约，是公约的一大亮点。

公约将“油”的定义范围扩大为原油、燃油、油性沉淀物、油渣以及任何加工油及石油产品（但不包括石油化学品），突破了1954年《防止海洋油污公约》仅局限于“持久性油类”的界定。对于管辖权，公约规定只要违反了公约规定，无论这种事件或行为发生在任何地方，船舶主管机关具有管辖权。船舶主管机关是指船舶在其管辖下进行营运的国家的政府。对于悬挂国旗的船舶而言，该主管机关即为船旗国政府。对于从事海洋石油勘探和开发的固定或浮动平台而言，主管机关即为该平台所在区域沿海国的政府。由于公约并未规定相应的制裁措施，公约规定对于违反公约规定的行为，由具有管辖权的国家依照本国法律予以制裁。

公约还对一些技术性要求进行了规定。如对油船的构造和装备、油类记录簿的设置、码头、港口设备设置等进行了规定，是目前国际社会为了防止船舶污染而制定的一部内容十分丰富的国际公约，对国际海洋环境保护意义巨大。然而，公约虽然把海洋石油勘探与开发中的环境污染问题纳入调整范围，但仅从这些设施的管辖权方面进行了规范，对于污染事故发生后如何进行法律救济却未加涉及。

### 5.1.3 《联合国海洋法公约》关于海洋环境保护的主要内容

《联合国海洋法公约》（以下简称“海洋法公约”）是迄今为止国际社会“最详尽和最有权威的海洋行为规则”,① 其内容涵盖海洋法几乎所有方面的问题，包括领海、毗连区、专属经济区、大陆架、公海等很多重要的海洋法律制度均是由海洋法公约确立的，可以说是海洋法中的基本法。公约于1994年11月16日生效。目前已有150多个国家签署并批准了公约。我国于1996年5月15日批准了公约，是公约的成员国。然而，世界上最大的海洋国家美国却一直拒绝批准这一国际上最重要的海洋国际立法。

---

① 梁西主编:《国际法》（修订第二版），武汉大学出版社2000年版，第180~181页。

#### 5.1.3.1 海洋法公约有关海洋环境保护的一般规定

海洋环境保护是公约的重要内容，其第 12 部分“海洋环境的保护和保全”用 11 节 45 条对海洋环境保护进行了比较系统的规定。公约第 192 条在历史上第一次规定了各国负有保护和保全海洋环境的一般义务。为达成这一目的，公约第 194 条进一步对各国应当采取的“防止、减少和控制海洋环境污染的措施”进行了详细规定，即各国应在适当情形下个别或联合采取一切符合公约的必要措施，以防止、减少和控制任何来源的海洋环境污染，为此目的，按照其能力使用其所掌握的最切实可行方法，并应在这方面尽力协调它们的政策；各国应采取一切必要措施，确保在其管辖或控制下的活动的进行不致使其他国家及其环境遭受污染的损害，并确保在其管辖或控制范围内的事件或活动所造成的污染不致扩大到其按照本公约行使主权权利的区域之外；公约第 197 条至第 210 条进一步规定各国对于其管辖下的自然人或法人污染海洋所造成的损害，应确保按照其法律制度可以提起申诉以获得迅速和适当的补偿或其他救济；各国应在全球和区域性的基础上进行合作来制定符合国际海洋保护和保全的国际规则、标准、办法和程序；各国还应在有关海洋污染及其损害的通知、应急计划、研究、情报和资料交换方面进行合作。除了上述一般原则和义务外，公约还根据不同的污染来源分别作出了规定，如来自陆地的污染、从大气层或通过大气层或由于倾倒而导致的污染、来自船舶的污染、来自在勘探或开发海床和底土的自然资源的设施装置的污染、来自在海洋环境内操作的其他设施和装置的污染等。

#### 5.1.3.2 公约适用于海洋石油开发环境污染的规定内容

与 1973 年《国际防止船舶污染公约》不同，海洋法公约明确将“用于勘探或开发海床和底土的自然资源的设施装置的污染”作为一种独立的污染源纳入公约规范的范围。公约第 194 条第 3 款第 3 项明确规定：“来自在用于勘探或开发海床和底土的自然资源的设施装置的污染，特别是为了防止意外事件和处理紧急情况，促请海上操作安全，以及规定这些设施或装置的设计、建造、装备、操作和人员配备的措施”。可以看出，公约在 40 年前已经预见到，基于海洋石油开发的复杂技术要求和复杂开发环境，开发设施的设计、建造、装备、操作甚至人员配备等均可能引发石油泄漏的风险。2010年墨西哥湾漏油事故的发生，以活生生的例子证明了公约的这种担忧。

除此之外，海洋法公约第208条还进一步就“国家管辖的海底活动造成的污染”，从国内立法、区域政策协调、国际标准和规则等方面对成员国提出了要求，即沿海国应制定法律和规章，以防止、减少和控制来自受其管辖的海底活动或与此种活动有关的对海洋环境的污染以有来自依据第60条和第80条在其管辖下的人工岛屿、设施和结构对海洋环境的污染；各国应采取其他可能必要的措施，以防止、减少和控制这种污染；这种法律、规章和措施的效力应不低于国际规则、标准和建议的办法及程序；各国应尽力在适当的区域一级协调其在这方面的政策；各国特别应通过主管国际组织或外交会议采取行动，制定全球性和区域性规则、标准和建议的办法及程序，以防止、减少、控制第1款所指的海洋环境污染。这种规则、标准和建议的办法及程序应根据需要随时重新审查。目前，在国际法层面，无论是国际性条约还是区域性条约，均没有已经生效的条约专门调整海洋石油开发中的环境污染问题。这与国际社会目前如火如荼的深海石油开发的现状以及深海石油泄漏环境污染的可怕灾难性后果形成强烈反差。公约第208条的呼吁仍然显得那么的高屋建瓴、发人深省，然而却空寂悠远，没有得到应有的重视与回应。

#### 5.1.3.3 评析

可以说，公约不仅在国际立法上第一次明确地将海洋石油勘探与开发中的环境污染问题纳入法律规范的范畴，而且睿智地预测和指明了海洋石油开发环境污染风险管理的关键环节，指出应当通过国内立法、区域协作和国际合作的方式，来统一管理标准，提高保护程度，有效控制和防范海洋石油开发中可能导致的巨大环境污染风险，这些建议即便在当今时代也具有重大的指导意义。然而，同样遗憾的是，公约虽然规定了各国应该对海洋石油勘探与开发中的环境污染问题采取必要的措施，以防止、减少和控制这种污染，但对于污染发生后如何进行有效的法律救济未加涉及。

### 5.1.4 1990年《国际油类污染防备、响应和合作公约》的主要内容

1990年11月，国际海事组织制定了1990年《国际油类污染防备、响应和合作公约》，1995年5月13日生效。我国在1998年3月30日向国际海事组织交存了该公约的加入书，公约1998年6月30日对我国生效。公约明确将“近海装置”引发的海洋环境污染问题纳入规范范畴，是对海洋法公约关于海洋石油开发环境污染相关规定的进一步深化。

#### 5.1.4.1 公约制定的主要目的与规制范畴

公约制定的主要目的，是因为意识到船舶污染、近海装置污染、港口及石油装卸等造成的污染对海洋环境的严重威胁，意识到有效的风险预防措施对于避免此类海洋环境污染的重要性，意识到在发生海洋油污事故后，迅速反应、科学应对的应急处理措施对于降低或减少油污损害的重要性，以及“进一步认识到在诸种事项中相互支援和国际合作的重要性，其中包括交换各国对油污事故响应能力的资料、制订油污应急计划、交换对海洋环境或各国海岸线有关利益可能造成影响的重要事故的报告和研究与开发海洋环境中抗御油污的手段等促进国际合作，提高国家、区域和全球油污防备和响应能力的需要”①，从而制定本公约。

公约第2条指出，“油”系指任何形式的石油，包括原油、燃油、油泥、油渣和炼制产品。“油污事故”指同一起源的一起或一系列造成或可能造成油的排放，对海洋环境或对一个或多个国家的海岸线或有关利益方构成或可能构成威胁，需要采取应急行动或其他迅速响应措施的事故。“船舶”系指在海洋环境中营运的任何类型的船舶，包括水翼船、气垫船、潜水器和任何类型的浮动艇筏。“近海装置”系指从事气或石油的勘探、开发或生产活动或油的装卸的任何固定或浮动的近海装置。

① 《国际油类污染防备、响应和合作公约》前言内容。

### 5.1.4.2 公约适用于海洋石油开发环境污染的规定内容

公约第3条至第8条，分别从油污应急计划、油污报告程序、收到油污报告时的行动、国家和区域的防备和响应系统、油污响应工作的国际合作、研究和开发、技术合作、促进防备和响应方面的双边和多边合作等方面，建立起油污事故应急处理的科学、系统程序。这些规定，均适用于海洋石油开发中的油污事故处置。

第一，建立油污应急计划。

油污应急计划对于油污事故是否能够得到科学、及时、有效的应对和处置，尽量避免油污事故升级，降低油污损害程度意义十分重大。应急计划一般包括国家层面的应急计划、区域层面的应急计划、企业的应急计划等不同层次。公约主要对建立国家油污事故应急响应系统和石油开发企业油污应急计划作出了要求。

公约第6条对建立国家和区域油污事故应急响应系统作出要求，规定每一缔约国应建立对油污事故采取迅速和有效响应行动的国家系统，此系统至少应包括：①指定负责油污防备和响应工作的国家主管当局；制定国家行动联络点，此种联络点应负责收受或发送第4条所述的油污报告；有权代表该国请求援助或决定按请示提供援助的当局；②国家防备和响应应急计划，该计划包括各种公共或私人机构间的组织关系，考虑到本组织制定的导则。此外，缔约国在其力所能及的范围内，各自或通过双边或多边合作，并在适当时与石油界和航运界、港口当局及其他有关实体合作应设立：①与有关风险相称的最低水平的预先设置的抗溢油设备以及它们的使用方案；②油污响应组织的演习和有关人员培训的方案；③详细的油污事故响应计划和始终具备的通信能力；④对油污事故响应工作进行协调的机构或安排，如果需要，它们应具备调动必要的人力和物力的能力。

公约第3条对石油开发企业的油污应急计划作出要求，规定每一缔约国应要求由其管辖的近海装置的经营人备有油污应急计划，该计划应与按第6条设立的国家系统相协调并按国家主管当局规定的程序核准。也就是说，所有从事海洋石油开发的企业，均应针对各自具体的开发项目分别制订油污应急计划。这些应急计划必须与国家应急响应系统相协调一致，并得到行政主管机关的批准。

第二，油污事故报告程序。

相比船舶油污，海洋石油开发中的油污事故一般影响范围广，影响程度深，漏油点一旦无法得到及时堵塞，原油将会源源不断地涌进海洋，造成难以估量的损失。因而，政府能否在第一时间获悉事故的发生，并及时动用一切资源堵塞漏油点，对于事故的有效处理意义重大。因而，公约第 4 条规定，缔约国应当要求负责悬挂其国旗的船舶的船长或其他人员和负责由其管辖的近海装置的人员，应在第一时间将其船舶或近海装置发生或可能发生排油的任何事件及时报告给管辖该装置的沿海国政府。

公约第 5 条规定，缔约国政府在收到油污事故报告或其他来源提供的污染信息时，应立即对事件做出评估，以判断是否发生了油污事故；对油污事故的性质、范围和可能的后果做出评估；然后将该报告或污染信息连同下述资料及时通知其利益受到或可能受到该油污事件影响的所有国家：①评估的详细情况和已经或准备采取的任何处理该事故的措施；②进一步的相应资料，直至对事故采取响应行动已经结束或这些国家已决定采取联合行动为止。

第三，油污应急处置工作的国际合作。

油污具有流动性、扩散性。海洋石油开发目前一般是在领海或专属经济区等边界地区进行，一旦发生油污事故，油污十分容易扩散到邻国海域，造成跨界污染。因而，当油污事故十分严重难以控制时，有必要在区域层面启动合作机制，相关国家或区域组织密切合作，共同应对油污事故，避免影响扩大。

公约第 7 条规定，在油污事故严重到需要在区域层面采取应急反应措施时，在受到或可能受到油污事故影响的任何缔约国提出请求时，缔约国将根据其能力和具备的有关人力和物力，为油污事故的响应工作进行合作并提供咨询服务、技术援助和设备。按照适用的国际协定，每一缔约国均应采取必要的法律和行政措施，为从事油污事故响应工作或运输处理此种事故所需人员、货物、材料和设备的船舶、飞机和其他运输工具抵离其领土和在其领土内使用和上述人员、货物、材料和设备迅速进入、通过和离开其领土提供便利。

公约还对推广和交流旨在提高当前油污防备和响应最新水平的研究和开发项目的成果方面的国际合作，包括监视、围控、回收、消除、清除和其他减少或减轻油污影响和恢复的工艺技术，以及加强各缔约国之间的联系、制定相容的抗油污技术和设备的国际或区域标准等作出了规定。

#### 5.1.4.3 评析

可见，公约的视野已经从传统的船舶污染，转向更为广阔的近海装置、港口、油装卸设施等可能对海洋环境造成的污染源，可以说将现有的可能造成油污的各种活动均囊括进公约的调整范围，十分全面。并且，公约针对海洋石油开发环境污染的特点，将防范油污的注意力集中在油污风险控制管理、油污事故应急处理以及油污防治的国际合作上，无疑是找准了海洋石油开发环境污染防治的关键点，对于缔约国如何建立起系统的油污事故应急反应系统、加强对海洋石油开发环境安全的管理等，均具有重大的创新意义和指导意义。然而，公约同样未能对海洋石油开发中的环境污染事故发生后，如何进行及时、充分、有效的法律救济作出规定。

## 5.2 国际船舶污染损害赔偿法律机制

国际海洋环境污染防治法主要从风险管理、应急处置、国际合作等预防的角度对各国政府应当履行的义务提出要求，更多的是提出了更加有效的行政救济方式。然而，在污染事故发生后依据什么法律制度确定责任人，如何进行赔偿等，则属于民事救济的范畴。因而，国际海洋环境污染损害受害人能否得到及时、充分的赔偿，事关法律的正义价值能否得以充分体现，具有重要意义。虽然国际上尚没有关于海洋石油开发中的环境污染损害赔偿的统一实体法，但关于船舶油污损害赔偿的立法却已相当完善和充分，并且得到各国的普遍的认同和支持，形成了比较统一的国际法律体制。尽管船舶污染与海洋石油开发环境污染是两种不同的污染源，但其主要表现均是石油泄漏导致的人身、财产损害以及海洋环境污染，污染损害法律救济的目的、对象等具有一致性。因此，对国际船舶油污损害赔偿法律机制进行深入了解，无疑对于完善海洋石油开发环境污染法律救济机制具有重要借鉴意义。因而，本章选取船舶污染损害赔偿领域获得普遍认可和接受的国际海事组织 1969 年民事责任公约、1971 年基金公约，作为分析和研究的样本。

### 5.2.1 1969 年民事责任公约的主要内容

1967 年"托利·堪庸"号油污事件发生后，传统侵权法和海商法在处理船舶污染损害赔偿案件时暴露出来的赔偿功能不足，使得法律变革成为国际社会的共识。政府间海事组织法律委员会和国际海事委员会"托利·堪庸"号分委员会分别拟定了公约草案，一同提交给 1969 年 11 月在布鲁塞尔召开的海洋污染损害国际法律会议审查。会议经过折中，出台了 1969 年民事责任公约。该公约于 1975 年 6 月 20 日生效，专门适用于船舶污染损害赔偿。其主要特征是：为保障污染受害人得到充分、及时和有效的赔偿，对油轮登记所有人施加了严格责任，并以强制责任保险或财务担保制度保障赔偿义务的履行，并建立了赔偿责任限额制度。① 1969 年民事责任公约于 1976 年、1984 年和 1992 年分别进行了修订，主要是适应国际社会的需要提高赔偿责任限额。目前在国际上发挥作用的主要是 1992 年议定书，也被称为 1992 年油污责任公约。目前该公约下船东的最高赔偿限额是 8977 万特别提款权（约合 1.15 亿美元），适用于发生在成员国领海或专属经济区内的油污损害。我国是 1969 年民事责任公约及其 1992 年议定书的成员国。以下对公约的主要内容予以介绍。

#### 5.2.1.1 船舶油污损害赔偿责任主体

传统侵权法依据一定的归责原则，一般将特定施害方认定为责任主体。1969 年民事责任公约明确规定，船舶油污损害赔偿关系中唯一的义务主体是船舶所有人。对于船舶所有人的概念，公约第

① 参见张湘兰主编:《海商法》,武汉大学出版社 2008 年版,第 213 ~ 214 页。

1 条第 3 款解释道："'船舶所有人'是指登记为船舶所有人的人，如果没有这种登记，则是指拥有该船的人。但如船舶为国家所有而由在该国登记为船舶经营人的公司所经营，'船舶所有人'即指这种公司。"① 将船舶所有人确定为船舶油污损害的唯一赔偿责任主体，是 1969 年民事责任公约及其议定书的一个显著特色。

在公约制定过程中，曾有人主张货物一方应当成为赔偿责任主体。主要理由是：①船舶油污造成的损害是货物引起的；②作为货物所有人的石油行业具备足够的赔偿能力；③由于石油这类货物固有性质造成的油污在保险商的困难是技术上的，而非法律的。反对的观点认为，应当由船舶一方承担赔偿责任，主要理由是：①由于提单转让的无因性，在货物运输过程中，货物可能已经数易其手，难以轻易辨识货物所有人。公约的目的是保护受害人，如果受害人连谁是货物所有人都无法辨识，根本难以主张赔偿权利。②运输过程中，应该并且能够控制、照看货物的是船舶所有人，而非货物所有人。将船舶所有人确立为赔偿责任主体，有利于促进其尽一切合理谨慎义务，确保货物的安全。

另外，也有人主张将船舶经营人、光船租赁人等纳入赔偿责任主体的范畴，理由在于这些人均能够使用和控制船舶。但反对观点认为，"经营人"的概念过于模糊，而且将经营人、租赁人纳入赔偿责任主体后，可能导致相互间互相推诿责任，不利于保护受害人的利益。② 最终，公约将船舶所有人确立为船舶油污损害赔偿责任的民事责任主体。

#### 5.2.1.2 船舶油污损害赔偿的归责原则

归责原则是损害赔偿法律关系的基础。对于环境污染等高度危险性行为，各国立法的一般做法是适用无过错责任（严格责任）原则。1969 年民事责任公约第一次在国际海事立法中引入了严格责任原则。公约第 3 条第 1 款规定："除本条第 2 款和第 3 款另有

---

① 1969 年民事责任公约第 1 条第 3 款。

② 参见徐国平:《船舶油污损害赔偿法律制度研究》,武汉大学博士论文,2004 年,第 31 ~ 32 页。

规定外，在事件发生时，或者如果事件包括一系列事故，则在此种事故第一次发生时，船舶所有人应对事件引起的油类溢出或排放所造成的污染损害负责。”① 也就是说，除了本条第 2 款、第 3 款所规定的特定免责情形外，船舶所有人均应对油污损害承担赔偿责任，而不论其主观上是否存在故意或过失。本条第 2 款规定了三种特殊情形下的免责：“船舶所有人如证明损害系属于以下情况，便不得使其承担油污损害责任：（a）由于战争行为、敌对行为、内战、武装暴动，或特殊的、不可避免的和不可抗拒性质的自然现象所引起的损害；（b）完全是由于第三者有意造成损害的行为或不为所引起的损害；（c）完全是由于负责灯塔或其他助航设施管理的政府或其他主管当局在履行其职责时的疏忽或其他过错行为所造成的损害。”②

上述三种免责情形中，战争行为、不可抗力以及完全由第三人造成的损害，属于比较普遍获得认可的免责情形。“完全是由于负责灯塔或其他助航设施管理的政府或其他主管当局在履行其职责时的疏忽或其他过错行为所造成的损害”是公约创设的一种免责情形。此种情形实际上是由于政府的过失而导致的损失。公约规定在这种情形下，船舶所有人可以申请免责，主要的考虑是船舶所有人没有过错，让其承担责任不符合法律的公允原则。然而，从有利于保护受害人的角度考虑，笔者认为本免责情形的规定也有不太完善的地方。由于是法定的免责情形，受害人无法向船舶所有人索赔，也自然无权向保险人或财务保证人索赔。那么，剩下的唯一索赔途径就是向国际油污赔偿基金索赔了。笔者以为，由于此种油污损失完全由政府过失造成，从法律上讲受害人有权直接向造成此种损害的政府主张赔偿。这样，受害人便可依然享受到 1969 年民事责任公约和 1971 年基金公约所建立的双重赔偿（政府责任方、国际油污赔偿基金）保障。

① 1969 年民事责任公约第 3 条第 1 款。
② 1969 年民事责任公约第 3 条第 2 款。

#### 5.2.1.3 船舶油污损害赔偿的范围

如何确定赔偿责任的范围，是损害赔偿法的重要组成部分。1969 年民事责任公约第 1 条第 6 款规定："油污损害，是指由于船舶溢出或排放油类（不论这种溢出或排放发生在何处），在运油船舶本身以外因污染而产生的灭失或损害，并包括采取预防措施的费用以及由于采取预防措施而造成的进一步灭失或损害。"目前国际社会普遍接受和适用的公约 1992 年议定书基本上沿用了 1969 年民事责任公约的措辞，但增加了两个条款。第一个新增条款明确了环境损害与纯经济损失的可赔偿性，并将环境损害的赔偿限于合理的复原费用。污染对环境资源本身的损害，即为环境损害；依赖环境资源谋生的人因环境损害而遭受的收入损失，部分可归入侵权法中的"纯经济损失"。1992 年议定书确认了部分纯经济损失的可赔偿性。第二个新增条款明确了消除油污威胁的预防措施的可赔偿性。①

根据 1969 年民事责任公约及其 1992 年议定书，结合国际油污损害赔偿的实践，公约确立的损害赔偿范围主要包括：①清污和预防措施费用，即为了预防或减少污染损害而采取的合理清污措施和其他措施的合理费用，以及捕捞、清洁和救治野生动植物产生的合理费用；②财产损害，即清洁、修理或替代被污染财产的合理费用；③后经济损失，即索赔人因油污造成其有形财产灭失或损坏而遭受的损失，如渔民因渔网被污染而停止作业丧失的收入等；④部分纯经济损失，如渔民因渔业资源被污染而丧失的收入；⑤环境损害，即为了促使环境损害的自然恢复而采取的合理复原措施的费用，包括为确定环境损害的性质和程度以及复原措施的必要性和可行性的调研费用；⑥咨询者的报酬，即索赔人所聘请的协助其索赔的咨询者的费用。②

---

① 参见张湘兰主编：《海商法》，武汉大学出版社 2008 年版，第 222 页。

② 参见张湘兰主编：《海商法》，武汉大学出版社 2008 年版，第 222 ~ 223 页。

#### 5.2.1.4 船舶油污损害赔偿中的责任限制

责任限制制度是海事立法中的一项古老制度，根源于海事活动从古到今难以克服的巨大风险性。1969 年民事责任公约第 5 条第 1 款规定，船舶所有人有权将其对任何一个事件的赔偿责任总额限定为按船舶吨位计算每吨 2000 法郎，但这种赔偿总额在任何情况下不得超过 2 亿 1000 万法郎。其后，这一责任限额在各议定书中不断提高。1992 年议定书中将其提高为：吨位不超过 5000 吨的船舶，赔偿责任限额为 300 万特别提款权；超过此吨位的，每增加一单位吨位，增加 420 特别提款权，但总额不超过 5970 万特别提款权。

在规定责任限额的同时，1969 年民事责任公约及其议定书也规定了责任限制权的丧失条件。责任限制权越容易丧失，越有利于对受害人的保护，也就越容易抵消责任限制制度的负面性。1969 年民事责任公约第 5 条第 2 款规定："如果事件是由于船舶所有人的实际过失或私谋所造成，船舶所有人便无权援用本条第 1 款规定的责任限制。"① 1992 年议定书规定，损害是由于责任人本人故意或明知可能造成损害却轻率地作为或不作为所造成的，则无权援引责任限制条款。也就是说，在船舶所有人故意或存在过失的情况下，应当对油污损害承担全部赔偿责任。

#### 5.2.1.5 船舶油污损害强制责任保险与直接诉讼制度

船舶油污事故不仅给海洋生态环境造成了严重污染和破坏，给沿岸居民造成了严重损害，也给船舶所有人带来了巨大损失。往往一次油污事故的巨额索赔就足以使船舶所有人濒临破产边缘。而船舶所有人的相继破产不仅意味着对航运行业的沉重打击，也意味着受害人的损失无法得到充分赔偿。解决这一问题的两全其美的方法就是强制责任保险。1969 年民事责任公约首先在海洋石油污染领域确立了污染损害赔偿责任的强制担保制度。公约第 7 条第 1 款规定："在缔约国登记的载运 2000 吨以上散装油类货物的船舶所有人，必须进行保险或取得其他财务保证，例如银行保证或国际赔偿

① 1969 年民事责任公约第 5 条第 2 款。

基金出具的证书等，保证数额按第5条第1款中规定的责任限度决定，以便按本公约规定承担其对油污损害应负的责任。”① 这样，船舶所有人购买了油污责任保险或取得其他担保后，一旦发生了油污事故对第三人造成了损害，保险人或担保人便有义务代替船舶所有人对这种损害承担赔偿责任，进而利用保险的风险分散功能对受害人进行及时、充分的赔偿，同时控制船舶所有人的运营风险。目前，世界上90%的国际航线油轮均投保了油污险，有了船舶油污险和国际油污赔偿基金的双重保证，大多数船舶油污事故的清污费用和污染损害均可获得赔偿。②

与强制责任保险紧密相连的是直接诉讼制度。1969年民事责任公约在国际海事立法中第一次确立了直接诉讼制度。公约第7条第8款规定：“对油污损害的任何索赔，可向承担船舶所有人油污损害责任的保险人或提供财务保证的其他人直接提出。在上述情况下，即使船舶所有人有实际过失或私谋，被告可援引第5条第1款中的责任限制。被告人还可以进一步援引船舶所有人本人有权援引的抗辩（船舶所有人已告破产或关闭者不在此例）。除此以外，被告人可以提出抗辩，说明油污损害是由于船舶所有人有意的不当行为所造成，但不得援引他在船舶所有人向他提出的诉讼中可能有权援引的任何其他抗辩。在任何情况下，被告人有权要求船舶所有人参加诉讼。”③ 根据这一规定，在船舶油污损害赔偿中，受害人对油污损害的任何索赔，除可向船舶所有人提出外，还可向船舶所有人的保险人或其他财务保证人直接提出。保险人或其他财务保证人在直接诉讼中，有权援引船舶所有人根据公约所享有的一切抗辩，并有权援引船舶所有人可以享有的免责和责任限制条款。强制人保险和财务保证制度的建立，不仅使得受害人的索赔权利得到了强化，而且使索赔诉讼的法律关系更加明晰，有利于受害人权益的实现。

---

① 1969年民事责任公约第7条第1款。

② See Member States of the 1992 Fund, http: www. iopcfund. org/92members. htm, visited on 3 Feb. ,2012.

③ 1969年民事责任公约第7条第8款。

#### 5.2.1.6 评析

1969 年民事责任公约及其议定书在国际油污损害赔偿领域首次系统地确立了油污损害赔偿的责任主体、归责原则、赔偿范围、责任限制、强制保险等基本制度体系，并且为世界各国普遍认同和接受，客观上实现了国际油污损害赔偿制度的统一化和一体化，其历史意义不言而喻。虽然有些国家，如美国没有批准公约，但也按照公约确立的基本制度体系建立了本国油污赔偿法，而且提供了更高水平的保护。然而，遗憾的是，1969 年民事责任公约体系并未能将海洋石油开发中的油污损害赔偿问题纳入规制的范畴，导致国际海洋石油开发环境污染损害赔偿缺乏权威的国际法依据，远远滞后于时代发展的需要。

### 5.2.2 1971 年基金公约的主要内容

1969 年民事责任公约是在保护油污损害受害人利益与促进航运业、保险业健康发展之间平衡的产物，在确立油污损害赔偿责任体系的同时，也建立了赔偿责任限额等有利于船舶所有人的制度。这便为受害人利益的充分保护留下了漏洞。因而，在制定 1969 年民事责任公约的同时，国际社会便考虑制定另外一个公约，将作为石油运输的另一受益人石油企业（石油进口或出口商）纳入第二顺位赔偿责任主体的范畴，作为 1969 年民事责任公约的补充，为受害人提供更为充分的赔偿。1971 年，政府间海事组织在布鲁塞尔召开了关于设立国际油污损害赔偿基金的外交大会，通过了 1971 年基金公约。其后，根据 1969 年民事责任公约的修改，基金公约也相应地进行了修改，形成了 1976 年议定书、1984 年议定书和 1992 年议定书。目前，主要发挥作用的是 1992 年议定书及依据其成立的 1992 年国际油污赔偿基金。加入 1971 年公约必须以加入 1969 年民事责任公约为前提，两者共同构成了确保船舶油污受害人得到充分赔偿的双重机制，实现了石油运输中船方与货方共担损失的体制。我国尚未加入 1971 年基金公约及其议定书。

#### 5.2.2.1 基金的本金来源

基金的本金来源于成员国石油企业的摊款。公约第 10 条规定，在一个日历年度内，石油公司在缔约国境内的“港口或油站收到从海上运至这些港口或油站的摊款石油，在位于该缔约国领土内的任何油站，收到从海上运来而卸于非缔约国港口或油站的摊款石油（但这种摊款石油计入在该非缔约国卸载后第一个收到该项石油的缔约国的摊款石油量中）总量超过十五万吨的任何人交付”①，都必须缴纳摊款；或者在缔约国领土内任何人在一个日历年度所收到的摊款石油量与该年度此同一缔约国中的任何关系人所收到摊款石油量合计超过 15 万吨时，即使此人单次收到的数量不超过 15 万吨，也应按其所收到的实际数量交付摊款。这些摊款，构成了“国际油污损害赔偿基金”（International Oil Pollution Compensation Fund，简称 IOPC Fund），作为油污损害赔偿的第二顺位义务主体。缔约国有义务每年向基金会通报负有摊款义务的石油公司的名单、地址和收到摊款的石油的数量。缔约国应当督促在该国领土内接受石油而应对基金履行摊款义务的石油公司履行该义务，并应根据本国法律采取适当措施，包括必要时给予适当制裁，以确保相关石油公司有效地履行摊款义务。

摊款分为两种，即初次摊款和年度摊款。一国一旦成为基金公约的成员国，就必须交付初次摊款。年度摊款是为了支付基金的行政管理费用，并且履行补偿船舶所有人或赔偿污染受害者的义务。年度摊款根据接受石油的固定数额计算，可分为两部分，即一般基金和用于赔偿的基金。后者用于对重大污染事故的赔偿。②

**5.2.2.2 基金的赔偿范围**

基金主要在 1969 年民事责任公约无法提供保护的范围对受害人承担补充赔偿义务。具体而言，1992 年国际油污赔偿基金对以下三种情况进行赔付：①依据 1992 年 CLC 对损害不承担责任的损害；②船舶所有人在财务上履行不能，而其强制责任保险或其他财务保证也不足以赔偿（只要受害人用尽法律救济仍不能获得全部

① 1971 年基金公约第 10 条第 1 款。

② 参见王玫黎：《船舶油污损害赔偿法律制度研究》，西南政法大学博士论文，2007 年，第 50 页。

赔偿，即视为上述条件满足）；③损害超过船舶所有人依据1992年CLC所应承担的最高责任限额。实践中，油污事故发生后，基金一般和船东保赔协会紧密合作，共同对事故进行调查、对损害进行评估。由于事故调查及确认船东责任的诉讼耗时较长，为了避免索赔不当而导致的拖延，如果受害人的索赔权利明确，争议只涉及基金与船东的责任分配，基金通常会先行赔付，在代位取得索赔人对船舶所有人和保证人的请求权。①

#### 5.2.2.3 评析

1971年基金公约及其议定书首创了石油货主和承运人共同承担油污损害赔偿责任风险的双重赔偿机制，通过法律机制的精巧设计，在保护受害人与促进石油业、航运业、保险业健康发展之间取得了动态平衡，实现了法律的正义价值和促进经济发展价值，是一个伟大的法律创举。基金公约确立的这种通过石油企业摊款的方式组建油污损害基金的做法，也为很多国家的国内油污损害基金制度提供了更多的思想源泉。很多国家都先后在本国设立了专门的油污损害赔偿基金，对确保和丰富油污损害法律救济机制起到了巨大的作用。

### 5.2.3 国际船舶污染法律救济机制的局限性及其借鉴意义

1969年民事责任公约和1971年基金公约及各自的议定书，建立起现代船舶油污损害赔偿法律体系的系统框架。世界各国要么加入公约，在国内通过直接适用或转化的方式推行公约所确立的基本制度和要求；要么借鉴公约的规定，在国内建立起类似的甚至保护程度更高的法律制度，客观上起到了国际统一实体法的作用，推动了船舶油污损害赔偿领域国际标准的一致，取得了巨大的成功。然而，由于时代的局限性，这一体系也存在着一些问题。具体分析如下：

① 参见张湘兰主编:《海商法》,武汉大学出版社2008年版,第226~227页。

一是损害赔偿责任限额过低，难以适应现代巨型油污事故频发的发展趋势。虽然1969年民事责任公约和1971年基金公约历次修订的主要目的之一便是不断提高船舶所有人的赔偿责任限额，但现有的最高限额与油污事故造成的巨大损害相比仍然显得杯水车薪。如1992年CLC第6条第1款将吨位不超过5000吨的船舶，赔偿责任限额提高为300万特别提款权；超过此吨位的，每增加一单位吨位，增加420特别提款权，但总额不超过5970万特别提款权。经2000年再次修订，目前该公约下船舶所有人的最高赔偿限额为8977万特别提款权（约合1.15亿美元）。基金公约1992年议定书在2000年也相应做了修改，将赔偿责任限额提高到2.03亿特别提款权（约合3.86亿美元）。也就是说，油污事故发生后，即便是船舶所有人通过保险（保赔保险、商业保险）按照责任限额全额赔偿，并且再获得国际油污损害赔偿基金在责任限额下的全额补充赔偿，受害人一次能够获得的最大赔偿数额是约2.93亿特别提款权（约合5亿美元）。然而，仅1989年美国“埃克森·瓦尔迪兹”号油轮油污造成的清污费用就高达25亿美元。① 2002年，发生在西班牙加利西亚海域附近的“威望”号油轮石油泄漏事故，造成约2000万加仑的石油倾入大海，清污费用就高达120亿美元，对自然生态环境和经济造成的损害更是难以估量。② 因而，双重赔偿机制最多5亿美元的赔偿限额在现代巨型油污事故面前已显得过于滞后，无法达成国际油污损害赔偿机制充分赔偿受害人的目的。由于公约要求强制责任保险或其他财务保证的数额与赔偿责任限额一致，赔偿责任限额过低自然也导致强制责任保险或其他财务保证要求的数额过低。

二是适用范围过窄，未能将海洋石油开发中的环境污染损害赔偿纳入规范。一种观点认为，目前国际法上在海洋石油开发环境污

---

① 参见张湘兰主编:《海商法》,武汉大学出版社2008年版,第211页。

② 《“威望”号油轮已断裂成两半,将造成更严重污染》,载 http://www.southcn.com/news/international/gjkd/200211190889.htm,2012年3月5日访问。

染法律救济机制上存在的空白，原因之一在于，得益于技术的不断进步，海洋石油钻井平台的爆炸和石油泄漏事故相比较船舶污染而言，发生的可能性很小，因而没有必要制定相关的法律机制。① 2010 年美国墨西哥湾漏油事故和 2011 年我国渤海湾漏油事故的相继发生证明了这种观点是过于自信与浅薄的。如果说公约于 1969 年制定时，海洋石油污染还主要是船舶油污问题，公约囿于时代未能将海洋石油开发油污问题纳入规范范畴，但在公约 1992 年、2000 年分别做出修订时，海洋石油开发已经蓬勃发展起来，这种新的油污风险正日益加大，多个国际条约和美国 1990 年油污法已经发出了呼吁，公约的修订者们仍然对这一新的巨大风险保持默然，不能不说是一个遗憾。如前述 1982 年《联合国海洋法公约》、1990 年《油类污染防备、响应和合作国际公约》均对海洋石油勘探与开发中可能引起的环境污染问题提出了警告，要求成员国采取相应措施避免这种污染的发生。1990 年美国油污法更是直接将海洋石油开发中的环境污染问题纳入了油污防治和法律救济的范畴。

尽管如此，由于船舶污染和海洋石油开发环境污染在损害赔偿法律关系、赔偿的目的等方面具有一致性，1969 年民事责任公约及其议定书所确立的油污损害赔偿的责任主体、归责原则、赔偿范围、责任限制、强制保险等基本制度，以及与 1971 年基金公约共同建立起的油污双重赔偿机制，对建立和完善国际海洋石油开发环境污染法律救济机制具有重大借鉴意义。

## 5.3 海洋环境保护区域性立法及其在法律救济上的集体缺失

从前面的介绍和分析可以看出，无论是国际污染防治还是损害

① See Bernard A. Dubais, The 1976 London Convention on Civil Liability for Oil Pollution Damage from Offshore Operations, p. 61, http://heinonline. org/HOL/Page? handle = hein. journals/jmlc9&div = 10&g _ sent = 1&collection = journals, visited on 5. Mar, 2012.

赔偿，均没有专门调整和适用于海洋石油开发环境污染问题的立法。以下，再对世界上主要海域的区域性国际环境立法进行简单介绍分析。

### 5.3.1 波斯湾和地中海地区的区域性环境保护公约

巴林、伊朗、科威特、阿曼、卡塔尔、沙特阿拉伯和阿拉伯联合酋长国所在的波斯湾地区，提供了世界上工业国家所需石油的近60%，是世界上最重要的产油区。1978 年，上述国家的代表聚集科威特，签署了《加强防止海洋环境污染区域合作科威特公约》(*Kuwait Regional Convention for Co-operation on the Protection of the Marine Environment from Pollution*)。这一区域合作公约内容十分简单，共有 30 条。该公约第 3 条第 4 款要求，各缔约国应与相关国际组织、区域组织或次区域组织合作，建立或采纳统一的区域标准、指导措施和程序，以防止、减轻和消除各种来源的污染。公约第 13 条进一步指出，各方应加强合作，研究和制定海洋环境污染民事责任和赔偿的适当的规则和程序。① 然而，遗憾的是公约并未对这一适当规则和程序做任何具体的规定。

1976 年，地中海沿岸国家签署了《地中海和沿岸地区海洋环境保护和开发公约》(*Convention for the Protection of the Marine Environment and the Coastal Region of the Mediterranean*)。该公约第 7 条对由大陆架以及海床底土石油勘探与开发导致的污染问题进行了规定，要求缔约双方应采取一切适当措施，以最大限度防止、减轻和消除海洋石油开发对地中海大陆架以及海床底土造成的污染。第 12 条要求各缔约国尽可能地展开合作，以尽快形成海洋环境污染民事责任承担和损害赔偿的法律机制。② 然而，同样遗憾的是，该

① See Kuwait Regional Convention for Co-operation on the Protection of the Marine Environment from Pollution, http://sedac.ciesin.org/entri/texts/kuwait.marine.pollution.1978.html, visited on 5 Mar., 2012.

② Convention for the Protection of the Marine Environment and the Coastal Region of the Mediterranean, http://www.unep.ch/regionalseas/main/med/medconvii.html, visited on 5 Mar., 2012.

公约对于民事责任承担和损害赔偿法律机制的建立时间表和具体内容均没有提出要求。

### 5.3.2　北欧和红海亚丁湾地区的区域性环境保护公约

1974年，丹麦、芬兰、挪威和瑞典共同签署了《北欧环境保护公约》(*the Nordic Environmental Protection Convention*)。然而，该公约仅规定受到环境污染损害的人有权向有管辖权的行政机关和法院申诉，如何判定损害赔偿依照有管辖权的成员国的国内法①，而没有对建立统一的环境污染损害民事赔偿机制做出要求。

1982年，红海和亚丁湾地区国家埃及、约旦、沙特阿拉伯、索马里、吉布提、苏丹和也门共同签署了《红海和亚丁湾地区环境保护区域公约》(*Regional Convention for the Conservation of the Red Sea and Gulf of Aden Environment*)。② 该公约也只是要求成员国加强合作，尽快形成环境污染损害民事责任和赔偿的法律机制。

### 5.3.3　波罗的海和加勒比地区环境保护区域公约

1992年，波罗的海沿岸的国家共同签署了《波罗的海海洋环境保护公约》(*Convention on the Protection of the Marine Environment of the Baltic Sea*, *Helsinki*, 1992)。公约要求各成员国采取预防措施以防范海洋石油开发环境污染问题。对于污染损害民事责任问题，公约要求成员国适用"污染者付费"原则，并共同研究制定相关的规则。这些规则应当包括赔偿责任限制、归责原则和程序以及可以采取的救济措施。③

---

① See the Nordic Environmental Protection Convention, http://sedac.ciesin.org/entri/texts/acrc/Nordic.txt.html, visited on 5 Mar. ,2012.

② See Regional Convention for the Conservation of the Red Sea and Gulf of Aden Environment, http://sedac.ciesin.org/entri/texts/red.sea.gulf.of.aden.1982.html, visited on 5 Mar. ,2012.

③ See Convention on the Protection of the Marine Environment of the Baltic Sea, http://europa.eu/legislation_summaries/environment/water_protection_management/l28089_en.htm, visited on 5 Mar. ,2012.

1983 年，加勒比海沿岸国家共同签署了《泛加勒比海地区海洋环境保护和开发公约》（*Convention for the Protection and Developrnent of the Marine Environment of the Wider Caribbean Region*）以及一个关于漏油事故区域合作的议定书（*Protocol Concerning Cooperation in Combating Oil Spills in the Wider Caribbean Region*）。①然而，遗憾的是公约及议定书仅仅对溢油事故发生后的应急反应及区域合作进行了规定，要求成员国相互合作建立污染损害的民事救济机制，但对于这一机制的具体内容未做任何规定。

### 5.3.4 东南太平洋和东北太平洋环境保护区域公约

1981 年，南太平洋沿岸的国家（从巴拿马到好望角）共同签署了《东南太平洋和沿岸地区环境保护公约》（*Convention for the Protection of the Marine Environment and the Coastal Area of the South-East Pacific*）以及前后共 7 个议定书。该公约要求成员国应当相互加强合作，采取必要的措施来防止、减少和控制海洋环境污染，并规定了成员国在发生紧急污染事故后应当采取的措施，要求成员国确保在发生环境污染损害后，受害人依照其法律能够获得赔偿或其他救济，而对于民事责任的具体承担未作任何要求。②

2002 年，哥伦比亚、哥斯达黎加、萨尔瓦多、危地马拉、洪都拉斯、墨西哥、尼加拉瓜和巴拿马等东、北大西洋沿岸国家共同签署了《东北太平洋海洋和沿海环境保护和可持续发展合作公约》（*Convention for Cooperation in the Protection and Sustainable Development of the Marine and Coastal Environment of the Northeast Pacific*）。该公约确立了环境污染的风险预防原则，要求成员国适

---

① See Convention for the Protection of the Marine Environment of the Wider Caribbean Region, http://www. cep. unep. org/cartagena-convention, visited on 5 Mar. ,2012.

② See Convention for the Protection of the Marine Environment and the Coastal Area of the South-East Pacific, http://www. cfr. org/chile/convention-protection-marine-environment-coastal-areas-south-east-pacific-lima-convention/p20595, visited on 5 Mar. ,2012.

用“污染者付费”原则，即污染者应当承担所有防范、控制、减少污染损害以及采取补救措施的费用。公约要求在以后的议定书中制定污染损害赔偿的归责原则和赔偿法律机制。①

### 5.3.5 黑海和北海环境保护区域公约

1992 年，黑海沿岸国家共同签署了《保护黑海免受污染合作公约》(*Convention for the Cooperation in the Protection of the Black Sea against Pollution*) 和两个议定书。该公约要求成员国制定海洋资源开发环境污染民事责任的法律原则和规则，以对黑海提供最高标准的保护。成员国应当确保受害人依法能够得到迅速和充分的损害赔偿，但对于确定民事责任的具体规则，公约和两个议定书均没有涉及。②

1983 年，北海沿岸国家共同签署了《处理北海石油和其他有害物质协定》(*Agreement for Co-operation in Dealing with Pollution of the North Sea by Oil and other Harmful Substances*)。该公约主要致力于防治漏油或其他有害物质对沿岸地区的严重威胁，而对污染损害的民事责任未加涉及。③

从对以上 10 个主要区域性海洋环境保护公约来看，《东北太平洋海洋和沿海环境保护和可持续发展合作公约》等 6 个公约均要求成员国在未来研究制定污染损害赔偿的民事责任规则，但对于这一规则的具体内容均未涉及。其中《波罗的海海洋环境保护公

① See Convention for Cooperation in the Protection and Sustainable Development of the Marine and Coastal Environment of the Northeast Pacific, http://www.ecolex.org/ecolex/ledge/view/RecordDetails? id = TRE-001350 &index = treaties, visited on 5 Mar., 2012.

② See Convention for the Cooperation in the Protection of the Black Sea against Pollution, http://www.blacksea-commission.org/_convention-fulltext.asp, visited on 5 Mar., 2012.

③ See Agreement for Co-operation in Dealing with Pollution of the North Sea by Oil and other Harmful Substances, http://sedac.ciesin.org/entri/texts/pollution.oil.north.sea.1983.html, visited on 5 Mar., 2012.

约》明确指出了这一规则应当包括民事责任的归责原则、责任限制、救济措施等内容。其他 4 个公约对这一问题保持沉默。可见，海洋石油开发环境污染法律救济机制在区域性国际公约中也属于空白状态。

## 5.4 国际社会在海洋石油开发环境污染方面的立法努力

前已述及，目前国际法上仅有一部尚未生效的国际条约，即 1976 年制定的《勘探、开发海底矿产资源油污损害民事责任公约》（*Convention on Civil Liability for Oil Pollution Damage Resulting from Exploration and Exploitation of Seabed Mineral Resources*）专门调整海洋石油开发环境污染损害赔偿问题。另外，1974 年，世界上最大的几家石油公司共同签署了《近海污染责任协定》，以国际民间协议的形式来调整海上石油作业油污责任问题。由于这两个法律文件是目前国际上唯一两个直接规范和调整海洋石油开发环境污染法律救济的专门性法律文件，专辟此节予以详细介绍。

### 5.4.1 1976 年《勘探、开发海底矿产资源油污损害民事责任公约》主要内容与评析

北海蕴藏着西欧储量最大的石油和天然气。1976 年，比利时、丹麦、前西德、爱尔兰、荷兰、挪威、瑞典、法国和英国等 9 个北海沿岸国家，在伦敦制定了《勘探、开发海底矿产资源油污损害民事责任公约》（*Convention on Civil Liability for Oil Pollution Damage Resulting from Exploration and Exploitation of Seabed Mineral Resources*，以下简称《伦敦公约》）。这是世界上第一个专门调整海洋石油开发环境污染民事法律责任的政府间国际法律文件。然而，遗憾的是，公约至今尚未生效。

#### 5.4.1.1 伦敦公约的制定背景和主要目的

早在 1973 年，北海矿产资源开发中可能导致的环境污染风险问题就引起了英国政府的关注，逐渐形成了建立一个与《国际油

污损害民事责任公约》(以下简称“1969 年民事责任公约”)、《国际干预公害油污事故公约》和 1971 年《设立国际油污损害赔偿基金国际公约》(以下简称“1971 年基金公约”)类似的北海海洋石油开发油污损害民事救济统一法律机制的立法设想。① 然而,由于当时位于北海的 1250 个大大小小油井基本上没有发生过任何漏油事故,北海沿岸国家对于是否有必要建立这样一个区域性统一海底资源开发环境污染民事法律救济机制存在着不同认识。② 英国政府为了促成沿岸各国统一认识,几次召开由政府科技专家参加的国际研讨会,对可能发生的海底漏油事故造成的损失进行科学评估。专家们计算出,如果是一个每天 1000 吨的漏油事故,将会造成 3000 万~1.17 亿美元的损失。显然,这远远超出了 1969 年民事责任公约规定的船东应当承担的最大赔偿责任限额。在海底矿产资源开发领域建立一个类似于 1969 年民事责任公约的区域性统一民事法律救济机制的设想也获得了大型石油公司的积极支持。最终,在 1976 年伦敦外交会议上,《勘探、开发海底矿产资源油污损害民事责任公约》获得了通过。③

公约在序言中表明了立法目的:“考虑到欲开采和开采海底矿产资源而造成石油污染的危险,确信有必要保证那些因此种污染而遭受损害的人能获得充分的赔偿,渴望采取统一的规则和程序以对

① See Bernard A. Dubais, the 1976 London Convention on Civil Liability for Oil Pollution Damage from Offshore Operations, Journal of Maritime Law and Commerce, p. 61, Vol. 9, No. 1, 1977.

② See Bernard A. Dubais, the Risk of Pollution Damage Arising from Oil Exploration and Production in the North Sea, Paper Presented at the International Bar Association, Stockholm Conference, August, 1976, http://heinonline.org/HOL/Page?handle=hein.journals/ibl5&div=54&g_sent=1&collection=journals, visited on 5 Mar., 2012.

③ See Bernard A. Dubais, the 1976 London Convention on Civil Liability for Oil Pollution Damage from Offshore Operations, Journal of Maritime Law and Commerce, pp. 61-63, Vol. 9, No. 1, 1977.

此种情况下的责任问题做出判断并提供充分的赔偿。"① 即公约力图借鉴1969年民事责任公约的立法模式，将油污损害的严格责任、强制责任保险、责任限制等制度适用于海洋石油开发企业，建立起与船舶污染损害赔偿法律机制相并行的国际法律机制。也有一种观点认为，鉴于海洋石油开发油污的风险性远大于船舶油污，建议对海洋石油开发油污问题适用更加严格的责任。② 以下，对公约的主要内容③予以介绍。

### 5.4.1.2 公约的调整和适用范围

公约第2条规定，公约仅适用于源自控制国管辖之下的海岸低潮线之外某一设施上发生的事故造成的污染损害，以及为防止或最小化这一污染损害而采取的预防措施。污染损害应当发生在缔约国领土之内，包括内水、领海或专属经济区等成员国依照国际法享有自然资源主权的水域。公约第1条第2款解释道，设施是指：①用来勘探、生产、处理、储藏、运输或重新控制来自于海床或其底土的原油的任何钻井或其他设备，无论其为固定式还是移动式的；②曾经用于勘探、生产或重新控制海床或其底土的原油以及在该条约对相关控制国生效之后被抛弃的任何钻井或其他设备；③正常钻探活动期间，包括钻探已经结束或正在进行，用于勘探、生产或重新控制海床或其底土天然气或液态天然气的任何钻井；④用于勘探原油、天然气或液态天然气以外的其他矿产资源，且勘探活动深入穿

① See Convention on Civil Liability for Oil Pollution Damage Resulting from Exploration and Exploitation of Seabed Mineral Resources, http://www.dipublico.com.ar/english/convention-on-civil-liability-for-oil-pollution-damage-resulting-from-exploration-and-exploitation-of-seabed-mineral-resources/, visited on 5 Mar., 2012.

② See Bernard A. Dubais, the 1976 London Convention on Civil Liability for Oil Pollution Damage from Offshore Operations, Journal of Maritime Law and Commerce, p. 63, Vol. 9, No. 1, 1977.

③ See Convention on Civil Liability for Oil Pollution Damage Resulting from Exploration and Exploitation of Seabed Mineral Resources, http://www.dipublico.com.ar/english/convention-on-civil-liability-for-oil-pollution-damage-resulting-from-exploration-and-exploitation-of-seabed-mineral-resources/, visited on 5Mar., 2012.

透海床底土的任何钻井；⑤一般用于储藏源自于海床或其底土的石油的任何设备；或位于控制国官方承认的大比例尺海图所标明的沿岸低潮线的任何设备或该设备的主要部分。若一个或几个钻井直接与一个平台或类似装置相连，则该钻井与这一平台或类似装置一起构成本公约下的设备。1969 年民事责任公约下的船舶，不构成本公约下的设备。

#### 5.4.1.3　民事赔偿责任范围

公约规定，污染损害是指设备中的石油泄漏或溢出导致的污染而引起的设备之外的损失或损害，包括因为预防措施以及由这些措施所导致的进一步的损失或损害。预防措施是指任何与某一特定事故有关的人为防止或减少污染损害而采取的任何合理措施，但不包括为保护、修理或替换某一设备而采取的控制措施和其他措施。对于损失或损害，以及预防措施的具体范围，公约参照 1969 年民事责任公约的做法，并未明确界定。1969 年民事责任公约 1992 年议定书专门对赔偿范围进行了解释和界定，即损失和损害主要包括：①财产损害，即清洁、修理或替代被污染财产的合理费用；②后经济损失，即索赔人因油污造成其有形财产灭失或损坏而遭受的损失，如渔民因渔网被污染而停止作业丧失的收入等；③部分纯经济损失，如渔民因渔业资源被污染而丧失的收入；④环境损害，即为了促使环境损害的自然恢复而采取的合理复原措施的费用，包括为确定环境损害的性质和程度以及复原措施的必要性和可行性的调研费用；⑤咨询者的报酬，即索赔人所聘请的协助其索赔的咨询者的费用。①

#### 5.4.1.4　归责原则与免责形式

公约借鉴了 1969 年民事责任公约和 1971 年基金公约开创的油污损害严格责任原则。公约第 3 条第 1 款规定，除法定免责情形外，任何事故发生时该设备的经营者应该对任何基于该事故导致的任何污染损害负责。若是由一系列的事件构成这一事故，则每一事

① 参见张湘兰主编：《海商法》，武汉大学出版社 2008 年版，第 222-223 页。

件都对其所引起的污染责任负有责任。若某一设备有多位经营者，他们应共同承担连带责任。公约第5条进一步补充规定，在石油从两个或两个以上设备中泄漏的情况下，所有相关设备的经营者，除非基于法定免责情形，都应对所有此种损害共同承担连带责任。如果在油污事故发生期间经营者发生改变，则该设备的所有经营者，除非基于法定免责情形，均应对此损害共同承担连带责任。可见，公约充分考虑到了海洋石油开发过程中的各种合作形式和主体变更行为，分别对责任承担进行了规定，十分全面。按照这一原则，受害人在损害索赔中，只需证明发生了漏油事故，并且这一事故与自己的损失之间存在因果关系，即可获得赔偿。①

公约第3条第3、4、5款进一步规定了三种法定免责情形：①若经营者可以证明损害是由战争、敌对状态、内战、暴乱或某一意料之外的、无法避免且无法抵挡的自然现象所造成的，其不承担污染损害责任。②若废弃油井的经营者证明导致损害的事故发生在基于控制国的权威和要求而放弃该油井5年之后，其不对该污染损害承担责任，若油井是在其他情况下被抛弃，则经营者的责任应由相关的国内法律管辖。③若经营者证明污染损害的全部或部分是因为遭受该损害的人故意的作为或不作为，则经营者可全部或部分地将其责任免除，而由遭受损害的人承担。其中，第一种和第三种免责情形是带有普遍性的免责情形，与1969年民事责任公约和1971年基金公约一致。第二种免责情形是针对海洋石油开发特殊情况设置的，表明了经营者对政府不当行政命令造成的损害免责的立法态度。而1969年民事责任公约规定的“损害完全由于第三人有意的行为或不为造成”免责情形并未被公约所采纳。

#### 5.4.1.5 损害赔偿责任限制制度

公约第5条对责任限制制度进行了规定，经营者对每一设备或每一次漏油事故的最大赔偿限额为：公约开放签署之日起的5年内

① See Bernard A. Dubais, the 1976 London Convention on Civil Liability for Oil Pollution Damage from Offshore Operations, Journal of Maritime Law and Commerce, p. 64, Vol. 9, No. 1, 1977.

为3000万特别提款权，5年后为4000万特别提款权。若不同设备的经营者均负有责任，任一设备的经营者对任何事故所承担的责任不应超出这一限额。若负有责任的经营者为两个以上，则所有经营者对任何一次事故的总责任不得超出他们所能获得收益的最高额，但是他们各自的责任也不得超出适用于他自己的限额。若能证明污染损害的发生是由经营者本身的作为或不作为所造成的，且其对自己的此种作为或不作为会导致污染损害有认知，则该经营者承担的责任不受限制。

#### 5.4.1.6　强制责任保险与赔偿基金制度

公约第6条第7款规定了污染责任基金制度。首先，对于基金的成立。公约规定，经营者可根据其责任限额建立一个基金。该基金可以通过存放责任限额数量的存款或者通过银行保证或其他保证人的方式建立，但此种建立方式应被基金所在国法律体系所认可，并经法院或其他相应权威机构认定。其次，经营者的财务保证人也可以建立此类基金。承保人或其他提供财务保证的人享有单独或与经营者一起建立基金的权利，所建立基金的效果应与经营者建立的基金相同。再次，对于基金的赔付范围，公约规定应包括油污损害、清污费用和预防措施。最后，公约对代位权做了规定。行使该代位权的人是已经支付任何数额的污染损害的人。如果在基金成立之前，经营者或任何其他的雇员或代理人或任何其他给该经营者提供担保的人，已经就所涉事故导致的污染损害支付了赔偿金，那么这些人员应代位获得与其所支付赔款数额相当的权利。

公约第8条规定了强制责任保险和直接诉讼制度。该条第1款规定，经营者应当通过购买责任保险或其他财务保证的方式，确保其能够承担本条约下的民事责任，这种责任保证金额在公约开放签署之日起5年内不得低于2200万特别提款权，在公约开放签署之日起5年后不得低于3500万。该条第3款规定，受害人可以直接向污染损害的责任人即经营者的保险承保人或其他财务保证人直接就污染损害索赔。在此种情况下，被告享有经营者依照公约所享有的各种抗辩权，且被告在任何情况下均有权要求经营者参加到诉讼程序中来。

#### 5.4.1.7 评析

首先，公约将用于海洋石油或其他矿产资源开发的所有设备、钻井，无论是固定式还是移动式，甚至包括已经被废弃的油井，均纳入调整范围，覆盖面很广，比较全面。如果是几个设备或钻井相互连接成为一体，则这些一体化设备共同构成公约所规范的“设施”。为了避免与1969年民事责任公约之间的重复适用，公约规定海商法意义上的船舶不构成公约所规范的“设施”。

其次，公约规定的损害赔偿范围与1969年民事责任公约关于船舶油污损害赔偿的范围如出一辙，主要包括因石油污染而产生的人身、财产损失、预防措施费用以及采取预防措施造成的进一步灭失或损害。这一赔偿范围对间接损失和纯经济损失持否定态度，小于1969年民事责任公约1992年议定书和美国1990年油污法规定的范围，显示出公约作为海洋矿产资源开发环境污染民事救济领域第一个专门性公约的谨慎态度。

再次，公约规定的赔偿责任限额低于1969年民事责任公约1992年议定书规定的5.97亿特别提款权，落后于时代发展。另外，规定经营者对事故的总责任不得超出所获得收益最高额，显然也是十分不合理的。民事责任赔偿制度的立法目的在于尽可能保护受害人的利益，而非确保漏油责任者的利润。任何一次漏油事故对沿岸地区和生态环境造成的损害均是巨大的，若仅以污染者发生漏油事故的钻井获取的利润作为赔偿限额，不仅无法保证对受害人的充分赔偿，而且十分不合理地降低了经营者的污染成本，难以起到促使其尽一切努力避免油污事故发生的作用。同时，公约对责任限制丧失条件的规定过于宽松，即只有责任方故意行为造成事故发生的情景下方丧失享受责任限制的权利。而1969年民事责任公约规定在故意、过失情境下均丧失责任限制权利。美国1990年油污法更是规定责任方不履行法定义务或政府主管部门的行政指令也可能造成责任限制权利的丧失。

最后，公约规定的强制责任保险制度和赔偿基金制度也与1969年民事责任公约、1971年基金公约具有明显的不同。公约规定的强制责任保险或财务保证的数额略低于其责任限额，这与

1969年民事责任公约财务保证数额与责任限额相一致的规定不一致，降低了财务保证的要求。另外，公约将建立基金作为经营者或财务保证人的一项权利，而非强制性义务。这样可能导致这种有利于受害人权益保护的双重保障机制根本没有被建立。公约规定的基金只是在单个经营者或经营者与保证人之间建立，并没有通过建立多个石油开发企业共同摊款形成的基金；基金数额是经营者在公约下应当承担的责任限额，这样的基金实质上只是其责任限额履行的另一重保证而已，难以起到对受害人进行补充赔偿的作用。

可以看出，《伦敦公约》作为国际社会在海洋矿产资源开发油污损害赔偿领域建立统一民事救济机制第一次努力，还带有很多妥协、平衡的色彩，许多规定显得十分保守、落后，难以充分保护受害人的利益。但是即便如此，该公约也未能获得足够的认同和重视，导致至今尚未生效。然而，公约的这种将国际船舶油污损害民事救济机制移植到海洋石油开发环境污染领域的尝试是十分有价值的，对今后国际社会完善这一领域的法律机制具有借鉴意义。

### 5.4.2 1974年《近海污染责任协定》主要内容与评析

由于海洋石油开发环境污染国际法律救济机制的缺失，在海洋石油勘探与开发迅猛发展的情况下，英国石油公司（BP）、壳牌石油公司（Shell）、道达尔公司（Total）、埃索石油公司（Esso）、美孚石油公司（Mobil）、康菲公司（Conoco）等17家石油公司于1974年签署了《近海污染责任协定》（*Offshore Pollution Liability Agreement*），“致力于提供一个有序方式对因海上设施的石油泄漏受到污染损害的人，以及任何公共机构采取的补救措施而产生的费用进行补偿和赔偿”①，以国际民间协定的形式来统一海上石油作业油污责任标准。协定于1975年5月1日生效，并在2010年1月

① See Preamble of Offshore Pollution Liability Agreement, http://www.opol.org.uk/downloads/opol-agreement-oct10.pdf, visited on 6 Mar., 2012

对条文进行了更新。其主要内容如下①：

**5.4.2.1 协定的适用范围**

协定的序言规定，协定缔约方是指用于开采和生产石油和天然气的海上设施的经营者及试图成为经营者的实体，这些缔约方经营的海上设施位于或在大不列颠及北爱尔兰联合王国、丹麦、德意志联邦共和国、法国、爱尔兰共和国、芬兰、挪威、马恩岛、法罗群岛、格陵兰岛以及被国际法或国际习惯所认可并根据第5条的规定被缔约方以修正案予以认可的其他国家。公约调整的法律关系主要是因海上设施发生石油泄漏导致的污染损害。"石油泄漏"是指从一个或者多个海上设施流进大海的一切石油逸出或泄漏。"海上设施"是指：①任何油井、装置、管道，或者任何用于开采、生产、处理、储存或从海床或底土中运输石油的固定或移动设施的一部分；②用于开采或从海床及其底土中获取天然气或液化天然气的任何油井，在此期间，该油井正在钻探（包括已经完成钻探），重新完成或者正在工作（除因正常工作而进行的操作）；③任何一种旨在进行开采、生产、处理或存储海床及其底土中的石油的固定或可移动式装置，不论该装置是否出于某种原因临时脱离了其经营场所。但是，以下情况的都不被看做海上设施：①任何已废弃了的油井、装置或者管道；②任何船舶、驳船或者其他不是用来储存石油的船只。也就是说，协定将任何从事海洋石油勘探、开发的油井、固定式钻井平台、移动式钻井平台、用于储存或在作业现场转移石油的船只等均纳入调整范围，但不包括废弃的油井和海商法意义上的船舶。

**5.4.2.2 民事赔偿责任范围与归责原则**

协定第1条第1款规定，缔约方对因一个或者多个海上设施发生石油泄漏，导致任何公共机构或个人受到的污染损害以及补救措施的费用进行赔偿。"污染损害"是指石油泄漏污染导致的直接损失或损害。"补救措施"是指由于缔约方海上设施发生石油泄漏，

① See Offshore Pollution Liability Agreement, http://www.opol.org.uk/downloads/opol-agreement-oct10.pdf, visited on 6 Mar., 2012.

作为缔约方的经营者一方和公共机构为了防止、减轻或消除石油泄漏的污染损害，或者清除泄漏的石油而采取的合理措施，但管制措施和保护、维修或更换海上设施采取的措施除外。

协定第4条第1款确立了环境污染侵权通用的严格责任原则。只要石油泄漏造成了环境污染损害或补救费用，缔约方即应支付赔偿。除非缔约方能够证明石油泄漏是因为以下法定免责情形导致的：①由于战争行为导致，不论是否宣战的敌对行为、内战、叛乱，或是不可预测、不可避免、不可抗拒的自然现象；②完全是由于第三人有意的行为或不作为造成的损害；③事故的发生完全由于一国政府或其他机构的疏忽或其他非法行为，或者是由于遵守了海上设施许可证发放国政府的规定和指示；④损害的发生全部或部分地因为原告有意的作为或者不作为，或者是由于原告的疏忽，在这种情况下，可以免除缔约方对原告的全部或部分义务。可见，协定规定的免责情形比《伦敦公约》增加了“完全是由于第三人有意行为或不作为造成的损害”这一情形，并扩大了政府错误指示的范围。

#### 5.4.2.3　赔偿责任限额

协定第4条规定缔约方最大的支付限额是每个事故2.5亿美元，其中对公共机构所采取的补救措施的费用的最大赔偿金额是每个事故1.25亿美元，如果两个或多个公共机构采取的补救措施的总费用超过了已定的最大金额，那么按比例进行分配；对污染损害的可支付最大赔偿额是每个事故1.25亿美元。如果污染损害诉求的总数超过了既定的最大数，那么应该按比例进行分配。协定第2条规定建立类似于船东互保协会的近海污染责任协定有限公司（Off-shore Pollution Liability Agreement Ltd.），公司基金来自缔约方缴纳的会费。如果原告行使和用尽权利救济后，一缔约方仍不履行其对原告的义务，可由公司予以赔付。

#### 5.4.2.4　评析

《近海污染责任协定》是在海洋石油开发环境污染国际法律救济机制长期缺失情境下，石油开发企业自发签署的民间协定，而且协定设立的赔偿责任限额还高于《勘探、开发海底矿产资源油污损害民事责任公约》的规定，体现了大型石油开发企业积极承担污染损害责任、探索国际统一赔偿机制的努力。该协定不仅是国际上第一个专门规范海洋石油开发油污损害赔偿责任的国际法律文件，还是目前唯一发挥效力的海洋石油开发油污损害赔偿国际法律机制，其历史意义巨大。

然而，协定毕竟只是石油公司之间的民间协定，一些有利于受害人的制度设计比如强制责任保险制度、直接诉讼制度、赔偿责任基金制度等均未加规定，使得协定对受害人保护的力度和层次大打折扣。协定适用的地域和对象也十分有限，仅适用于在北海沿岸国家从事海洋石油开发业务的几家大的石油公司。协定规定清污费用和损害赔偿各自的赔偿限额为 1.25 亿美元，但损害赔偿的范围、数额一般情况下远远大于清污费用。这种划分方式将清污（主要是在政府及其主导下完成）费用的支付置于更加迫切、重要的位置，显然不合理，且其总数额与深海石油开发污染的巨大风险性、严重性仍然不相适应。与此同时，协定也没有规定责任限制权利的丧失条款，显然这是完全出于石油公司利益的考虑。如前所述，1969 年民事责任公约及其议定书、美国 1990 年油污法均规定了责任限制权利的丧失条款。其中后者的规定更是十分广泛，即如果事故的发生是因责任方或其代理人、雇员、合作伙伴的重大过失或故意不当行为，或违反适用联邦安全、构造或操作规则，则将丧失援引责任限制的权利；如果责任方在事故发生后未履行向当局的报告义务，或者没有或拒绝向负责官员提供关于清污活动的一切合理合作与协助；或者在无充分理由的情况下，没有或拒绝遵守政府依法做出的清除或减轻油污损害的各项指令。也就是说，责任方对事故的发生有过错或者事故发生后不履行相关法定义务和政府指令，均将丧失援引责任限制的权利。正因为如此，在墨西哥湾漏油事故发生后，BP 在总统调查委员会最终报告出炉之前，即主动表示放弃其享有的美国 1990 年油污法规定的 7500 万美元的赔偿责任限额，表示愿意对漏油事故的所有受害人予以赔偿，并设立了 200 亿美元基金专门达成这一使命①。BP 之所以采取如此积极的态度，根本原因仍然在于其对自己在管理和操作上的失误了然于胸，即便此时提出享受责任限额的要求，在总统调查委员会事故原因调查结论出台后，也必然会被 1990 年油污法剥夺赔偿责任限额的权利。总统调查委员会的最终报告充分印证了这一点。② 笔者认为，这种规定是比较合理的，责任方必须为自己及代理人的过错或过失买单，同时必须积极履行法定的配合政府机关堵塞漏油点、清除污染、尽量降低污染损害的义务。

最后，囿于民间协定的性质，协定只具有自我约束的功能，从其法律效力上来看，只能是缔约的石油公司在处理海洋石油开发漏油事故损害赔偿的内部操作指引。在真正发生油污事故后，协定规定的归责原则、赔偿范围、责任限额等均面临着油污事故发生国法律的审查，基于国家司法主权的原因，很难获得事故发生国法院的支持，最终难以真正起到统一国际标准的作用。

---

① See Justin Blum and Jim Snyder ,“BP,U. S. Agree on Establishment of $ 20 Billion Gulf of Mexico Spill Fund”, http://www. bloomberg. com/news/2010-08-09/bp-20-billion-oil-spill-compen sation-fund-agreement-completed-with-u-s-. html, visited on 8 Aug. ,2011.

② See National Commission on the BP Deepwater Horizon Oil Spill and Offshore Drilling:“ Report to the President: National Commission on the BP. Deepwater Horizon Oil Spill and Offshore Drilling”, pp. 126-127, http://www. oilspillcommission. gov/final-report, visited on 24 Feb. ,2012.

# 6 国际海洋石油开发环境污染法律救济机制的构建

"海洋事务和海洋活动具有天然的国际性。因此，其固有的风险也便具有天然性。要解决这些风险，也便需要国际合作。"①人类要有效控制和解决海洋石油开发环境污染问题，只有通过建立国际统一的法律机制和行为规则，通过国际合作这条路径。墨西哥湾漏油事故的爆发及其灾难性后果已经证明这一国际法律机制的缺失将会带来多么巨大的风险。国际社会早在20世纪70年代便开始了这方面的立法探索，虽然并未取得实质性进展，但也为这一国际机制的构建提供了有益的借鉴。以下，从国际社会在海洋石油开发环境污染方面的立法努力、海洋石油开发环境污染法律救济机制的立法原则进行分析，对如何建立和完善这一国际机制提出对策建议。

## 6.1 建立国际海洋石油开发环境污染法律救济机制的国际法基础与基本原则

建立海洋石油开发环境污染国际统一法律救济机制，不仅是海洋石油开发这一重要能源生产方式可持续发展的需要，也是充分保护受害人和海洋生态环境的迫切需要，不仅是道义上的要求，也是国际法律义务的要求，不仅是政府的愿望，也是国际石油开发企业的愿望。

---

① See Dr. Kyriaki Noussia ,"Environmental Pollution Liability and Insurance Law Ramification in Light of the Deepwater Horizon Oil Spill", p. 35, http://www. rokas. com/uploads/Environmental _ Pollution _ Liability _ and _ Insurance _ Law. pdf, visited on 6 Mar. ,2012.

### 6.1.1 建立国际海洋石油开发环境污染法律救济机制的国际法基础

#### 6.1.1.1 海洋石油开发环境污染的行业特性与法律属性呼唤国际统一机制的出现

国际社会早在20世纪50年代就意识到建立船舶油污损害赔偿国际统一机制的必要性，却一直未能对海洋石油开发中的油污损害问题予以应有的关注。虽然有学者曾指出，造成这一现象的原因有两个：一是相比较海上石油运输而言，在海洋石油开发中很少发生漏油事故；① 二是因为海洋石油开发发生在地形各不相同的海床洋底，没有必要通过国际合作来解决，只需要通过区域协定来调整即可。② 墨西哥湾漏油事故和渤海湾漏油事故的接连发生，使得第一理由不攻自破。海洋石油开发中的系统性风险，远远大于海上石油运输，漏油事故发生的损害性也更严重、更广泛。正如有人所呼吁的那样，一定要等到海洋石油开发油污事故不断发生，不断引发生态灾难，在人类已经支付了不能承受的代价之后，国际社会才有动力来制定国际统一规则吗？③ 第二个理由，更是荒谬。海洋石油开发的地域环境与是否建立国际统一机制没有任何关联，海上石油运输也会经过不同地理环境的海域，但却能够建立统一的国际法律机制。如果海洋石油开发因之而不适宜建立国际统一法律机制，这在逻辑上是不通的。

---

① See Bernard A. Dubais, the 1976 London Convention on Civil Liability for Oil Pollution Damage from Offshore Operations, Journal of Maritime Law and Commerce, p. 61, Vol. 9, No. 1, 1977.

② See Bernard A. Dubais, Compensation for Oil Pollution Damage Resulting from Exploration and Exploitation of Hydrocarbons in the Seabed, 6 J. MAR. L. & COM. P549, 553, 1975.

③ See Kissi Agyebeng, "Disappearing Acts – Toward a Global Civil Liability Regime for Pollution Damage Resulting from Offshore Oil and Gas Exploration", Cornell Law School Graduate Student Papers, 2006, p. 31, http://scholarship. law. cornell. edu/lps_papers/11, visited on 6 Mar. ,2012.

航运业与海洋石油开发在行业特性上具有很大的相似性。两个行业本身均对国际社会具有重大价值，但一旦发生油污，都将对广泛的社会主体造成伤害；这两个行业的固有风险，都不是通过恪尽注意义务就能够完全克服的。① 除此之外，在发生漏油事故后，油污在海上均可能发生漂移，对他国海域造成环境污染。特别是海洋石油开发中的油污事故，在未来很可能大多发生在深海，而且一般发生在领海或专属经济区等边界地区，随着海洋气流的流动十分容易越过本国海域边界，对他国海域造成跨境污染损害。因而，海洋石油开发环境污染问题的跨国性决定了其防治和救济的国际性。

海洋石油开发中的油污损害与船舶油污损害在法律性质上也具有相似性。虽然海洋石油开发油污与船舶油污在发生的原因和赔偿责任主体上可能迥然不同，但在赔偿法律关系上却具有一致性。两者都属于高度危险的侵权活动，在法律赔偿上均适用严格责任；两者均是以油污这种形式直接侵害了沿岸居民的人身、财产权益，对沿岸地区的经济发展和自然生态环境造成巨大伤害；事故发生后，两者均面临着清除污染、赔偿受害人和恢复生态环境的任务。这种法律关系的一致性说明了海洋石油开发环境污染法律救济机制也可以走国际统一实体法的道路。

#### 6.1.1.2 国家负有保护海洋环境的国际法义务

海洋环境保护是国家在国际法上的一项重要义务，而且是对整个国际社会的义务。1968 年《人类环境宣言》规定：“各国应采取一切措施，以防止那些可能危及人类健康、损害生物资源和海洋生物、破坏环境舒适或干扰海洋的其他合法利用的物质对海洋造成损害。”② 1972 年《斯德哥尔摩宣言》指出：“保护和改善人类环境是关系到全世界各国人民的幸福和经济发展的重要问题，也是全世界各国人民的迫切希望和各国政府的责任。”③ 《联合国海洋法公

① See William N. Hancock and Robert M. Stone, Liability for Transnational Pollution Rig Blowouts, 5 HASTINGS INT'L & COMP. L. Rev. p. 377, 1982.

② 《人类环境宣言》原则 7 之规定。

③ 《联合国人类环境会议宣言(斯德哥尔摩宣言)》第 2 条。

约》第235条第1款确认了这一观点："各国有责任履行其关于保护和保全海洋环境的国际义务。"① 传统上，国际法学者将对他国的法律义务和对国际社会的法律义务加以区分，前者只能由该受害国来实施，后者能够由国际社会或代表国际社会的人或机构来实施。② 后者有时被称为对一切义务（erga omnes），是指那些为"各国公认的，为维护人类基本道德价值和国际社会共同利益所必需的，针对整体国际社会和明确事项的，依照国际法基本准则作出一定作为或不作为的绝对的国际法律义务"③。海洋环境是人类环境的重要组成部分，是最重要的地球生态系统和环境要素，是人类生命系统的基本支柱。因而，国家对海洋环境的保护义务属于"对一切义务"。④ "忽视海洋就是忽视我们三分之二的地球，毁坏海洋就是毁灭我们的地球。一个死亡的地球无助于任何国家。"⑤

**6.1.1.3 国家负有加强国际合作、完善国际法律规则以保护海洋环境的国际法义务**

由于海洋环境污染的流动性和海洋生态环境的整体性⑥，国家要切实履行好保护海洋环境的义务，必须要通过国际合作。对此，《联合国海洋法公约》第2节专门以"全球性和区域性合作"为标题对国家间合作保护海洋环境的义务进行了系统规定。第197条规定："各国在为保护和保全海洋环境而拟订和制定符合本公约的国际规则、标准和建议的办法及程序时，应在全球性的基础上或在区

① 《联合国海洋法公约》第235条第1款。

② 参见[英]帕特莎·波尼，埃伦·波义尔著，那力、王彦志、王小钢译：《国际法与环境》(第二版)，高等教育出版社2007年版，第94页。

③ 王曦：《论现代国际法中的'对一切义务'概念》，载《国际环境法与比较环境法评论》，法律出版社2002年版，第84页。

④ 参见曲波、喻剑利：《论海洋环境保护——"对一切义务"的视角》，载《当代法学》2008年第22卷第2期，第95页。

⑤ 高之国著：《联合国海洋法公约评介》，海洋出版社1986年版，第41页。

⑥ See Charles E. Pirtle, Military Uses of Ocean Space and the Law of the Sea in the New Millennium, http://www.tandfonline.com/doi/abs/10.1080/009083200276058#preview, visited on 7 Mar., 2012.

域性的基础上，直接或通过主管国际组织进行合作，同时考虑到区域的特点。”① 第5节第208条第4款、第5款分别规定：“各国应尽力在适当的区域一级协调其在这方面的政策。”“各国特别应通过主管国际组织或外交会议采取行动，制定全球性和区域性规则、标准和建议的办法及程序，以防止、减少控制第1款所指的海洋环境污染。这种规则、标准和建议的办法及程序应根据需要随时重新审查。”②《国际法未加禁止之行为引起有害后果之国际责任条款草案》第6条规定：“有关国家应善意合作，并在必要时寻求任何国际组织的援助以预防重大跨界损害的风险或将其减至最低程度。如此损害业已发生，则应合作，并在必要时寻求任何国际组织的援助以在受影响国和起源国将损害的影响减至最小程度。”③ 可见，通过国际合作以共同保护海洋生态环境是诸多国际法明确赋予国家的法定义务。

#### 6.1.1.4 国家对其主权管辖下的跨界污染损害负有国际赔偿责任

国家在国际法上的责任，是指国家对其国际不当行为或损害行为所应承担的责任。国际不当行为，是指国际法主体所做的违背其国际义务的行为，包括一般国际不当行为和国际罪行。国际损害责任，是指国际法主体在从事国际法不加禁止的活动中造成损害所应承担的国际责任。国际损害责任行为的特点是：其活动都是国家或实体在其本国领土或控制范围内从事的，但其危害具有跨国性；这种活动国际法并不禁止，甚至有时还是对国际社会有价值的，但通常具有潜在的危险性。④ 国家对其国际损害责任，应当承担赔偿责任，已经成为一项国际法基本原则。

首先，一国对其自然资源的利用不得侵害他国利益已被确认为

① 《联合国海洋法公约》第197条。

② 《联合国海洋法公约》第208条第4款、第5款。

③ 《国际法未加禁止之行为引起有害后果之国际责任条款草案》第6条。

④ 参见梁西主编：《国际法》(修订第二版)，武汉大学出版社2000年版，第127~137页。

一项习惯国际法。“使用自己的财产”（Sic utere tuo ut alienum non laedas）这一法律原则已经深入人心，并得到特雷尔冶炼厂仲裁案（Trail Smelter Arbitration）、科孚海峡案（Corfu Channel Case）、拉努克斯湖仲裁案（Lake Lanoux Arbitration）等国际著名判例的确认。如在特雷尔冶炼厂仲裁案中，仲裁员认为：“根据国际法以及美国法律的原则，任何国家没有权利这样地利用或允许利用它的领土，以致其烟雾在他国领土或对他国领土上的财产和生命造成损害，如果已发生后果严重的情况，而损害又是证据确凿的话。”① 1968 年《人类环境宣言》第 21 条对此习惯国际法规则予以了确认：“按照联合国宪章和国际法原则，各国有按自己的环境政策开发自己资源的主权权利，并且有责任保证在他们管辖或控制之内的活动，不致损害其他国家的或在国家管辖以外地区的环境。”② 1992 年《里约宣言》再次重申，各国“负有确保其管辖范围内或在其控制下的活动不致损害其他国家或在各国管辖范围以外地区的环境的责任”。

其次，很多国际公约确认了国家对其管辖或控制范围内跨界污染活动负有赔偿责任。《联合国海洋法公约》第 194 条第 2 款明确规定：“各国应采取一切必要措施，确保在其管辖或控制下的活动的进行不致使其他国家及其环境遭受污染的损害，并确保在其管辖或控制范围内的事件或活动所造成的污染不致扩大到其按照本公约行使主权权利的区域之外。”③ 联合国国际法委员会 1996 年编撰的《国际法未加禁止之行为引起有害后果之国际责任条款草案》专门对国家管辖或控制范围内跨界污染活动应当承担的责任进行规范，“国家在其领土或在其管辖或控制下的其他区域内实施活动或许可进行活动的自由不是无限的。它服从于预防引起重大跨界损害的风险或将其减至最小程度的一般义务，以及对其他相关国家负有的

① Trail Smelter Arbitration (United States v. Canada), (1931-1941), 3 R. I. A. A. 1905.

② 《人类环境宣言》第 21 条。

③ 《里约环境与发展宣言》原则 14。

任何特定义务”。“按照本条款，对由第1条所指活动引起的重大跨界损害需负责任并应予以赔偿或其他救济。”①

最后，国家对于其管辖或控制之下私人或实体实施的国际法不加禁止行为造成的跨界污染损害应对受害国承担赔偿责任。一国内可能造成跨界污染损害的危险活动，都是经过该国政府许可、批准或登记的，这些危险活动给该国民众或政府带来收益，因而国家从一开始就参与了可能引起跨界污染损害的活动。当有关行为处于一国控制之下时，国家应为这种行为承担国际责任。亚历山大·基斯指出：“在大多数国内立法中，可能对境外造成重大污染的活动是需要通过批准的；颁发许可证就足以使享有领土管辖权的国家承担责任。”② 国际法院在纳米比亚咨询意见中明确指出，国家的实际控制是国家对受影响国承担赔偿责任的基础。国际法委员会也认为国家应对所有的私人活动承担责任，理由是国家有义务对其领土或控制范围内的私人活动加以控制，以及有权要求私人行为者提供保险或保证。③ 因此，国家对于经其批准的海洋石油开发活动造成的跨界环境污染，应当对受害国承担国际损害赔偿责任。

### 6.1.2 建立国际海洋石油开发环境污染法律救济机制的基本原则

虽然海洋石油开发环境污染问题在国际社会尚未引起足够重视，但随着人类海洋石油开发技术的日益成熟、开发活动的日益频繁、开发风险的日益增大，特别是墨西哥湾漏油事故的发生，使得这种状况有望在近期取得突破。综合本书前述分析，笔者认为国际海洋石油开发环境污染法律救济机制目前正处于酝酿破冰时期，在其构建时应把握好三个原则，即更加注重对受害人和海

---

① 《国际法未加禁止之行为引起有害后果之国际责任条款草案》第3条、第5条。

② ［法］亚历山大·基斯著，张若思编译：《国际环境法》，法律出版社2000年版，第365页。

③ 参见何艳梅著：《跨国污染损害赔偿法律问题研究》，复旦大学出版社2011年版，第66页。

洋生态环境的保护、更加注重风险预防、更加注重国际立法和国际合作。

#### 6.1.2.1 更加注重对受害人和海洋生态环境的保护

法律总是以保障一定的价值为目的。随着现代人本主义和权利意识的兴起，对公民的人身和财产权益进行充分保护已成为各国立法的主要目的之一。在国际法领域，国际人权法、国际环境法、国际人道法等不断发展，现代国际法的人本化发展趋势日益明显。①这一趋势在国际环境法领域更为突出。“国际环境法是现代国际法中迅速发展起来的一个新的分支，也是国际法‘以人类为本’发展趋向的标志性领域之一。”②

一方面，海洋石油污染事故将对受害人和海洋生态环境都造成了严重损害。相比较受害人而言，无论是承运石油的船舶所有人还是从事海洋石油开发的企业，在社会地位、经济实力、专业技能、控制能力等各方面均处于强势地位。基于法律的正义价值，立法者必须通过相应的制度设计突出对受害人的保护。如在船舶污染损害赔偿领域，国际法和国内法均建立起严格责任原则、强制保险、直接诉讼、赔偿基金等制度，确保受害人的利益能够得到及时、充分的救济。“从国际污染立法的大趋势来看，扩大保护污染受害人的范围，加强保护污染受害人的力度才是立法者的真正初衷。”③ 另一方面，海洋石油污染对海洋生态环境的侵害具有难以恢复性、不可逆转性。这种侵害损害的是全人类的共同利益，对当代人类及后代均产生巨大不利影响，构成对国际法上“对一切义务”的违反。因此，在构建国际海洋石油开发环境污染法律救济各种制度时，必须牢牢把握更加注重对受害人和海洋生态环境保护这一基本原则，以之作为衡量制度设计正义与否的标准。

---

① 参见曾令良：《现代国际法的人本化发展趋势》，载《中国社会科学》2007 年第 1 期。

② 曾令良：《现代国际法的人本化发展趋势》，载《中国社会科学》2007 年第 1 期，第 101 页。

③ 司玉琢、李志文主编：《中国海商法基本理论专题研究》，北京大学出版社 2009 年版，第 633 页。

### 6.1.2.2 更加注重风险预防

“预防胜于治疗。”正是由于海洋生态环境破坏具有不可弥补性、不可逆转性，因而日常的风险预防便显得尤为重要。风险预防原则最初出现在1987年伦敦召开的第二次保护北海国际大会的部长宣言中：“为防止北海遭受危险物质可能造成的损害，预防的方法是必要的，它可以要求即使在没有明确的科学证据能证明因果关系的情况下，也要采取行动控制这类物质的排放。”① 其后，风险预防原则在很多区域性环境保护协定中得到确认。如《东北大西洋海洋环境保护公约》(*Convention for the Protection of the Marine Environment of the North-East Atlantic*) 第2条第2a款规定：“缔约各方应当适用风险预防原则，即在有合理根据认为直接或间接排放到海洋环境中的物质可能危害人类健康、损害生物资源和海洋生态系统、破坏环境优美或妨碍海洋的其他正当用途时，应采取预防措施，即使在没有最终证据证明排放与影响之间的因果关系的情形下也应如此。”②

风险预防原则产生于海洋环境保护领域，并逐步向其他环境保护领域扩展。虽然这一原则目前在国际法上尚处于发展阶段，各国实践不尽统一，在国际条约中的具体措施也不太完善，③ 但随着国际实践的日益频繁和丰富，已成为一项正在形成的国际习惯法，具有重要的法律地位。④ 这一原则对于海洋石油开发，特别是深海石油开发环境污染风险防范尤为重要。深海石油开发在大洋海底进

① See Declaration of the Second International Conference on the Protection of the North Sea, Preamble, p. 4, http://www.google.com.hk/url? sa = t&rct = j&q = Declaration+of+the+Second+International+Conference, visited on 7 Mar. ,2012.

② See Convention for the Protection of the Marine Environment of the North-East Atlantic, http://www.ospar.org/html_documents/ospar/html/ospar_convention_e_updated_text_2007.pdf, visited on 7 Mar. ,2012.

③ 参见朱建庚著：《风险预防原则与海洋环境保护》，人民法院出版社2006年版，第6～81页。

④ 参见朱建庚著：《风险预防原则与海洋环境保护》，人民法院出版社2006年版，第247～255页。

行，地理形势复杂，技术水平和管理水平要求极高，整个石油开发的流程和管理环节众多，任何一个不经意的失误均可能引发灾难性的后果，导致对海洋生态环境不可逆转性的伤害。因而，加强风险预防和管理，应成为海洋石油开发环境污染法律救济机制中的另一个重要原则。墨西哥湾漏油事故发生后，总统调查委员会最终报告在反思事故发生的原因之后，提出了防范类似事故发生的对策建议，其最主要内容就是如何加强政府和石油企业的日常风险管理，完善监管体制机制，体现了海洋石油开发领域更加注重风险预防的趋势。

#### 6.1.2.3 更加注重国际立法和国际合作

一方面，海洋环境污染具有地域上的跨界性、时间上的跨度性、环境损害的累积性、损害结果的不可逆转性等特点，侵害的是人类赖以生存的海洋生态系统整体，单靠任何一个国家或任何一项法律制度，缺乏系统的、全面的治理是难以达到有效防治目的的，需要国际社会的广泛参与和相互合作。只有在国际层面建立统一的法律保护和救济标准，才能形成全面、综合、系统治理的格局，避免各区域间这里保护、那里污染，这里救济程度高、那里救济程度低的不平衡性，从而真正实现全面保护海洋生态环境，充分赔偿受害人，促进海洋生态环境恢复的立法目的。如《联合国海洋法公约》第201条便规定："各国在为保护和保全海洋环境而拟订和制定符合本公约的国际规则、标准和建议的办法及程序时，应在全球性的基础上或在区域性的基础上，直接或通过主管国际组织进行合作，同时考虑到区域的特点。"公约第198条至第201条还专门对各国有关海洋污染及其损害的通知、应急计划、研究、情报和资料交换方面进行了规定。另一方面，从事海洋石油开发的企业也大多是跨国石油企业。这些企业可能同时在不同国家的不同海域从事石油开发业务。各国不同甚至相互矛盾的环境监管标准、油污损害赔偿法律机制，将会给这些企业的风险管理和损害赔偿工作带来巨大障碍，增加其管理成本。因而，对于跨国石油企业来说，建立一个国际通行和广泛适用的监管标准和法律救济机制也是其殷切期盼的。

## 6.2 建立国际海洋石油开发环境污染法律救济机制的对策建议

遵照以上三项原则，结合美国墨西哥湾漏油事故后总统调查委员会对美国油污防治法律体系提出的完善风险管理、加强政府监管、提高责任限额等建议，笔者认为，国际海洋石油开发环境污染法律救济体系从结构上说，应当分为环境污染风险预防法律体系和环境污染损害赔偿体系。前者致力于对海洋石油开发过程中的各种风险进行全面评估和管理，提高监管的技术水准，切实防范油污事故发生的几率，从根本上实现保护环境、保护沿岸居民利益的目的。后者致力于污染事故发生后，如何公平、及时、充分地对受害人进行赔偿，推动海洋生态环境的重建。这两个法律体系对于海洋石油开发的环境保护均同样重要。以下，对各自的实现路径和主要内容予以阐述。

### 6.2.1 国际海洋石油开发环境污染风险预防法律体系

这一法律体系与前述国际环境污染防治法一脉相承，主要的目的是通过完善国际合作机制和平台，建立起海洋石油开发环境污染的风险控制、应急处理统一机制，主要内容包括海洋石油开发环境污染防范国际合作机制、海洋石油开发环境风险评估和监控法律机制、海洋石油开发环境污染应急处理机制等主要内容。

#### 6.2.1.1 海洋石油开发环境污染防范国际合作机制

首先，通过国际性和区域性条约，建立起全球性、区域性的海洋石油开发环境污染防范合作机构，形成全球、区域、国家三位一体的污染防治格局。污染防范合作机构不仅是海洋石油开发环境风险的监测机构、研究机构、信息交流平台，也是预防海洋石油开发环境污染的各种国际统一技术、标准、参数的制定和发布机构，还是油污防治和应急处理国际合作的发起和组织机构，应当在海洋石油开发环境污染防范中发挥中枢作用。

其次，建立海洋石油开发环境风险防范的国际技术、援助和交流合作机制。《联合国海洋法公约》第202条规定，各国应直接或通过主管国际组织促进对发展中国家的科学、教育、技术和其他方面的援助方案，以保护和保全海洋环境。深海石油开发具有高度的专业性、技术性。通过对有效防范石油泄漏事故的各种技术的交流、合作，能够有效提升关键环节的技术水平，进而降低发生油污事故的可能性。另外，风险防范管理经验的国际性交流也具有十分重要的意义。墨西哥湾漏油事故发生的一个重要原因便是开发企业之间、各开发企业内部的信息交流不畅通，同一类型问题导致油井爆炸的教训没有及时得到交流，导致再次引发爆炸事故。

最后，建立海洋石油开发环境保护的统一国际标准。加强国家间防范海洋石油开发环境污染情报和资料的交流、共享。通过国际机构加强合作，订立适当的科学准则，建立起防止、减少和控制海洋环境污染的规则、标准和办法、程序，通过不断完善科学标准和程序来降低风险发生的可能性。对于共有海域或毗邻海域的海洋石油开发，相关国家应建立联合环境执法机制，统一执法标准，有效防范区域内环境污染的风险。对于违反环境监管法令，或者造成污染损害应当予以制裁或赔偿的，建立国际司法合作机制，相互承认司法裁判的效力，相互协助司法判决的执行。

#### 6.2.1.2 海洋石油开发环境风险评估和监控法律机制

首先，建立海洋石油开发风险识别与控制系统。通过系统的分析和研究，对海洋石油开发中可能导致漏油事故的各种风险点进行描述，这些风险点包括操作环节、技术参数、人员配备、设备选择等各方面。针对每一风险点，分别制定相应的防范措施。根据海洋石油开发环境和技术水平的变化，不断更新这一系统，以保持其与时俱进的针对性和有效性。编制海洋石油开发漏油事故案例教材，将已经发生的各种海洋石油开发中的漏油事故进行集中编辑、分析，总结出经验教训，为管理人员和操作人员提供正反两方面的权威指导。

其次，建立海洋石油开发环境污染风险评估和监测机制。海洋石油开发环境保护国际机构应建立环境污染风险评估和监测系统。

在这一系统下，各国用公认的科学方法观察、测算、估计和分析海洋环境污染的危险或影响，不断监视其所准许或从事的任何石油开发活动的影响，确定这些活动是否可能污染海洋环境。各国将所监测和评估的数据及时报由国际机构进行汇总、分析，定期发布全球海洋石油开发风险评估报告，对高风险区域予以警示。

最后，引导各国建立更为有效的政府监管机制。海洋石油开发环境保护国际机构应当紧跟科技发展的最新步伐，建立一个更加全面、系统的监管模型，供各国参考使用，以对海洋石油开发活动中的租约、法规、政策、制度等实施更为精细、有效的监督，对石油开发中的环境污染风险进行更加有效的管理。建立海洋石油开发政策审查机制，由海洋石油开发环境保护国际机构定期对成员国的海洋石油开发政策进行审查，就其是否能够充分保护海洋环境免受损害、是否能够充分保护受害人利益、是否能够对海洋石油开发实施有效的监管等进行评估，并提出完善或修改的建议。

#### 6.2.1.3 海洋石油开发环境污染应急处理机制

一是建立起覆盖全球、区域、国家、企业四个层面的全球溢油应急计划体系。各成员国内石油开发企业均应制订溢油应急计划，交由成员国政府审查备案；各成员国应制订国家溢油应急计划，交由区域性组织或国际机构审查备案；区域性组织和国际机构应分别制订区域性溢油应急计划和全球性溢油事故应急计划。对海洋石油开发溢油事故实行分级管理，一级事故启动企业应急计划，二级事故启动国家应急计划，三级事故启动区域应急计划，四级事故启动全球应急计划。根据应急计划的不同，分别配置不同的资源，采取不同的应急处理措施。

二是建立应急计划标准响应机制和国际合作机制。规定每一成员国应建立对油污事故采取迅速和有效响应行动的国家系统，完善溢油事故发生后层级报告机制，成员国政府在收到油污事故报告或其他来源提供的污染信息时，应立即对事件做出评估，以判断是否发生了油污事故，并对油污事故的性质、范围和可能的后果做出评估。成员国政府应将该报告或污染信息及时通知其利益受到或可能受到影响的所有国家，并向相应的区域性、国际性环境保护组织报告。根据油污事故的严重程度，在受到或可能受到油污事故影响的任何成员国提出请求时，其他成员国将根据其能力，为油污事故的响应工作进行合作并提供咨询服务、技术援助、人员和设备援助，提供一切可能的便利，以尽量降低或减少损害程度。

三是建立国际溢油应急处理的技术、研究和人员培训合作机制。对成员国应急反应设备、人员的配备提出最低要求，加强应急技术的研究、交流、合作，包括不断提高监视、围控、回收、消除、清除和其他减少或减轻油污影响和恢复的工艺技术。建立对清污等应急反应人员的国际培训工作机制，建立起企业、地方、国家、区域、国际应急反应专业人员常备队伍。

### 6.2.2　国际海洋石油开发环境污染损害赔偿法律体系

海洋石油开发环境污染损害赔偿法律体系，主要目的是在国际层面建立统一的赔偿法律机制，提高对受害人和自然环境的保护标准，其基本功能和内容与国际船舶油污损害法律赔偿机制相类似。

#### 6.2.2.1　国际海洋石油开发环境污染损害赔偿法律体系的实现路径

在现有国际体制下，建立统一的国际海洋石油开发环境污染损害赔偿法律机制有两大路径，各有优劣。

一是《伦敦公约》所尝试的路径，由 IMO 等国际海事立法组织重新拟定统一实体法，召开外交大会予以通过，形成国际海洋石油开发环境污染法律赔偿的专门公约。笔者认为这种方式比较有力，可以针对海洋石油开发环境污染的特点，建立起完善、系统、全面的民事赔偿法律机制，将海洋石油开发各个环节和活动，如移动式或固定式钻井平台、油井，石油开发中原油的储存、运输等，全部纳入公约调整的范畴。其缺点是需要另起炉灶，所付出的时间、国际协调成本较大。

二是对 1969 年民事责任公约及其议定书、1971 年基金公约及其议定书等现有船舶油污民事责任国际立法进行修订，通过对船舶定义的扩大适用，将移动式钻井平台纳入规范范畴。与此同时，基于海洋石油开发油污损害的灾难性后果，在强制责任保险、赔偿责任限额、基金赔偿限额等方面设置更高的要求，即在公约中建立起船舶油污与海洋石油开发油污损害赔偿的双轨制。这种方式的优点在于利用现有国际立法，只需进行技术性微调即可实现将海洋石油开发钻井平台纳入规范范畴的目的，但缺点是无法将深海油井、石油开发中原油的储存、运输等活动全面覆盖，而且囿于公约主要是调整船舶油污问题，无法针对海洋石油开发中的特殊风险建章立制。

笔者以为，虽然海洋石油开发油污问题和船舶油污问题在法律关系的表现形式上具有类似性，但两者毕竟分属完全不同的海事活动。鉴于海洋石油开发在未来各国能源政策中的重要地位，以及海洋石油开发活动的日益蓬勃，应当采取第一种立法路径，由国际社会重新制定和通过专门调整海洋石油开发环境污染民事责任的统一公约。这样虽然花费的成本更多，但在墨西哥湾漏油事故的巨大警示效应下，国际社会达成共识并非不可能。一旦这一公约制定出来，即可为海洋石油开发环境污染损害问题提供全面、系统、科学的规范和调整，更有利于实现公约的立法目的。

#### 6.2.2.2 国际海洋石油开发环境污染损害赔偿法律体系的主要内容

无论是采取何种立法路径，国际海洋石油开发环境污染损害赔偿法律体系的主要内容是一致的，即遵照损害赔偿法律机制的一般规律，对民事赔偿责任主体、民事赔偿客体、民事赔偿的归责原则、民事赔偿的范围、免责条款等制度进行详细规定，同时增加海洋石油开发环境污染损害赔偿的特殊保护机制，如民事赔偿的责任限制、强制责任保险与直接诉讼制度、油污赔偿基金制度、石油开发环境污染损害赔偿连带责任机制等内容。正如墨西哥湾漏油事故所揭示的那样，深海石油开发中的漏油事故，大多是技术漏洞、操作失误等管理上的问题导致。因而，法律制度的设计必须能够给予石油开发企业足够的动力去提高技术、完善管理，避免各种人为的失误，这应该是在构建海洋石油开发环境污染损害赔偿机制需要把握的一个核心要素。以下，结合海洋石油开发的特殊性，对这些制度设定需要注意的地方予以简单阐述。

严格责任原则与免责事由。海洋石油开发中的油污损害与船舶油污损害一样，均是高度危险的海事活动，甚至前者的潜在风险性更大、危害性更强，因而对其适用严格责任原则符合法律精神。另外，《伦敦公约》和《近海民事责任协定》均建立了严格责任原则，说明在海洋石油开发中适用严格责任原则已经得到有关国家和海洋石油开发企业的共同认可。与严格责任原则相对应的是免责条款。海洋石油开发具有高度危险性，免责条款的适当限缩有利于促使石油开发企业改进开发技术、提高管理水平、完善操作程序。笔者认为，现有国际油污损害赔偿立法中的免责范围均过于简单、宽泛，应当借鉴美国1990年油污法的规定，对免责范围建立双重限制机制。一是借鉴1969年民事责任公约，规定天灾、战争行为，第三方有意行为或不为造成的损失，完全由于政府管理疏忽或失误造成的损害，完全由于受害人的故意或过失行为引起损害四种情形属于法定免责情形。二是借鉴美国1990年油污法规定，对于上述第三种免责情形"第三方有意行为或不为造成的损失"的适用再次施加举证责任上的限制，即责任方应以占优势的证据证明：已考虑到海洋石油开发的特性和根据一切有关事实和情况，已给予了充分的注意；针对可预见的任何上述第三方的行为或不为和可预见的该类行为或不为的后果，已经采取了预防措施。这两种限制，可以确保责任方必须首先恪尽谨慎管理和预防的义务。三是针对上述四种免责情形的适用，再次施加相关的法定义务，即在以下情形下责任方将丧失援引上述免责事由的权利：①如果该责任方知道或有理由知道事件而没有或拒绝按照法律要求向有关当局报告油污事件的发生。②责任方在油污事故发生后没有或拒绝向负责官员提供关于清污活动的一切合理合作与协助。③在无充分理由的情况下，责任方没有或拒绝遵守政府依法做出的清除或减轻油污损害的各项指令。这一限制，将确保油污责任方在油污事故发生后能够及时向当局报告，以便能够抓住堵塞漏油点和清污的最佳时机，同时积极配合政府做好清污和降低损失等补救工作。

赔偿责任限制与双重赔偿机制。无论是在国际立法还是在国内立法上，不断提高海事侵权行为的赔偿责任限额是一个共同的趋势。深海石油开发油污的危害性远大于船舶油污。墨西哥湾漏油事故发生后，总统调查委员会对现有法律机制提出的一个核心建议就是大幅提高乃至取消赔偿责任限额。这一趋势应当在海洋石油开发污染损害赔偿机制的构建中得到体现，即建立远远高于 1969 年民事责任公约、1971 年基金公约及其各自议定书的赔偿责任限额，以促使石油开发企业更加积极地采用新技术，提高管理的科学化水平。与赔偿责任限制紧密相连的是强制责任保险和赔偿基金这一双重赔偿机制。要求所有从事海洋石油开发的企业必须购买责任保险，作为取得审批或租约的先决条件，同时设定比船舶油污强制责任保险更高的数额要求，为可能发生的深海石油开发污染损害赔偿提供财务保证。建立直接诉讼制度，受害人可以直接向责任方的保险人提出索赔。在强制责任保险之外，借鉴国际船舶油污损害赔偿基金的做法，建立国际海洋石油开发油污损害赔偿基金，由从事海洋石油开发的企业摊款组成，对受害人超出责任方赔偿限额的损失提供补充赔偿；同时，在必要情形下对清污费用先予支付，确保清污行动的及时高效，避免损失扩大。

污染损害赔偿连带责任机制。与船舶油污不同的是，现代海洋石油开发环节众多、程序复杂、专业性技术性强，往往由多个不同的公司共同开发。如在墨西哥湾漏油事故中，发生爆炸的马康多油井即由 BP、安纳达科和 MOEX 公司联合开发，具体作业方为 BP。“深水地平线”钻井平台系 BP 从瑞士越洋钻探公司租用，哈里伯顿是提供套管封堵服务的承包商，在平台爆炸前 20 小时，为马康多油井完成了一道水泥封堵工序；卡梅隆国际是防喷器的制造商。发生事故后，BP 与其合作伙伴及供应商之间相互指责、推诿，意图逃避或降低自己的赔偿责任。基于海洋石油开发中责任主体的这一特殊性，建议借鉴《伦敦公约》连带责任机制的规定，以更好地保护受害人的利益，即规定若油污系由一系列的事件构成，则每一事件都对其所引起的污染有责任。若某一设备有多位经营者，他们应共同承担连带责任。在石油从两个或两个以上的设备中泄漏的情况下，所有相关设备的经营者，除非基于法定免责情形，都应对所有此种损害共同承担连带责任。如果在油污事故发生期间经营者发生改变，则该设备的所有经营者，除非基于法定免责情形，均应对此损害共同承担连带责任。

# 7 我国海洋石油开发环境污染法律救济机制的构建——从渤海湾漏油事故谈起

2011年6月，在美国墨西哥湾漏油事故发生一年多后，我国渤海湾便发生了康菲漏油事故，造成了巨大的环境灾难，历史已再次向我们敲响了警钟。事故发生后，清污活动、责任追究、损害赔偿等一系列善后处理工作困难重重，凸显了我国海洋石油开发环境污染法律救济机制的乏力。本章将从这一事故中各方的应对措施谈起，从中透视我国海洋石油开发环境污染法律机制存在的问题，并提出完善的对策建议。

## 7.1 渤海湾漏油事故与我国海洋石油开发环境污染的立法现状

渤海湾漏油事故发生后，我们通过媒体每天看到的是作为责任方的美国康菲石油公司中国有限公司（以下简称“康菲中国”）多次谎称已堵塞漏油点，不断推卸责任。作为监管方的政府由于缺乏有力的法律依据，无法采取有效措施督促责任方堵塞漏油点，及时高效地清除污染，赔偿受害人。

### 7.1.1 渤海湾漏油事故的基本情况及各方的应对措施

蓬莱19-3油田位于山东半岛北部的渤海中，是继大庆油田发现之后我国发现的第二大整装油田，也是我国建成的最大海上油气田。目前已探明地质储量为10亿吨，可采储量约为6亿吨。该油田由中海油和美国康菲石油公司的全资子公司康菲中国合作开发，作业方为康菲中国，中海油和康菲各占51%和49%的权益。目前其原油年产量约为900万吨，约占整个渤海原油产量的1/3。2011年6月21日，有网友在微博上爆料，称蓬莱19-3油田发生渗漏，担心对渤海造成环境污染，引起媒体广泛关注。① 7月1日，中海油首次做出回应："据美国康菲石油中国有限公司报告，由该公司任作业者的蓬莱19-3油田于6月上旬、中旬发生渗漏，附近海面出现油膜，目前渗漏点已经得到控制。"② 7月3日，中海油称原油泄漏范围比较小，只涉及200平方米左右，已基本处理完毕。7月5日，国家海洋局正式披露溢油事故，认定康菲中国为事故责任方，决定对康菲中国罚款20万元，称事故已得到控制，溢油造成污染面积为840平方千米。7月6日，康菲中国与中海油首度召开新闻发布会，分别致歉，并称溢油已得到有效控制。7月11日，国家海洋局发布消息称，联合检查组再次登检蓬莱19-3油田溢油事故B、C平台，发现C平台仍有少量油花溢出。7月28日，国家海洋局联合检查组发现B、C平台仍有溢油出现，污染面积进一步扩大。8月16日，国家海洋局北海分局称正准备代表国家依据相关法律法规的规定，向溢油事故责任方提起海洋生态损害索赔诉讼，最终赔偿金额尚未确定。8月19日，康菲首次就持续两月之久的渤海湾漏油事故表示道歉，但未在声明中提到赔偿事宜。国家海洋局8月20日晚间再次公告称：蓬莱19-3油田C平台发现了9处新的海底油污渗漏点，康菲中国否认。8月23日，康菲中国承认，在蓬莱19-3油田C平台北侧15米范围内发现10处海底油污渗漏点。9月2日，国家海洋局下达蓬莱19-3油田全面停产通知。③ 9月7日，温家宝总理主持召开国务院常务会议，要求对渤

① 钟晶晶：《微博爆中国最大海上油气田渗漏中海油回应滞后》，载《新京报》2011年07月02日，第A27版。

② 钟晶晶：《微博爆中国最大海上油气田渗漏 中海油回应滞后》，载《新京报》2011年7月2日，第A27版。

③ 相关事件进程可参见凤凰网关于渤海湾漏油事件的专题报道：《中海油渤海湾油田发生漏油事故》，载 http://finance. ifeng. com/news/special/zhybhwly/,2011年9月16日访问。

海溢油事故进行彻查。① 时至漏油事件发生后 5 个多月的 11 月 15 日，油田 C 平台仍有溢油。② 2012 年 1 月 19 日，国家海洋局网站最后一次发布监测报告，称“现场监测显示，最近一段时期以来，该油田 C 平台附近海面油花始终维持 0 个/分钟 ~ 4 个/分钟，每日溢出量在 0.01 升 ~0.04 升。考虑到溢油量轻微，国家海洋局将不再每日公布蓬莱 19-3 油田 C 平台油花溢出动态”③。也就是说，在事故发生 7 个月后，仍有零星溢油。2011 年 11 月 11 日，联合调查组公布事故原因调查结论，称“康菲石油中国有限公司在蓬莱 19-3油田生产作业过程中违反总体开发方案，制度和管理上存在缺失，明显出现事故征兆后、没有采取必要的防范措施，由此导致一起造成重大海洋溢油污染的责任事故”④。但详细的调查报告尚未向社会公布。

首先，作为事故肇事方的康菲中国，极力掩盖事故真相，漠视环境污染和公众利益。漏油事故早在 6 月 4 日即已发生，但康菲中国一直未向公众公布漏油事件。网友爆料，引起媒体广泛关注之后，康菲中国仍然保持沉默。直至国家海洋局正式披露溢油事故，认定康菲中国为事故责任方后，康菲中国才在事故发生一个月后首度召开新闻发布会。其后，康菲中国多次声称溢油量很少，其已采取有效措施，溢油得到有效控制。事实是漏油点从 1 处扩散到 2 处，最后甚至扩散到 10 处。其采取的也多是临时的、应付式措施，

---

① 喻春来:《国务院：彻查渤海溢油事故》，载 http://finance.sina.com.cn/g/20110908/014110450572.shtml,2011 年 9 月 16 日访问。

② 国家海洋局北海分局:《11 月 15 日蓬莱 19-3 油田溢油事故海洋环境监视监测情况》,载 http://www.soa.gov.cn/soa/news/organizationnews/webinfo/2011/11/1319943410019773.htm,2011 年 11 月 16 日访问。

③ 国家海洋局北海分局:《蓬莱 19-3 油田溢油事故海洋环境监视监测情况》，载 http://www.soa.gov.cn/soa/news/specialtopic/yiyou/webinfo/2012/01/1326607669031326.htm,2012 年 3 月 13 日访问。

④ 国家海洋局:《蓬莱 19-3 油田溢油事故联合调查组公布事故原因调查结论》，载 http://www.soa.gov.cn/soa/news/importantnews/webinfo/2011/11/1320551791757083.htm,2011 年 11 月 16 日访问。

污染面积从其最初声称的不到200平方米，到最终的5500平方千米；漏油量从其声称的1500~2000桶（205~274吨）到至少5万吨左右①。要知道，在墨西哥湾漏油事故发生前，美国最大的漏油事件埃克森石油公司的“埃克森·瓦尔迪兹”号油轮1989年漏油事故也仅造成了3.4万吨原油泄漏②，并且该漏油事件的发生促使美国改革油污监管法律，出台了具有世界影响力的1990年油污法。美国针对此事件的环境影响监测，一直持续到现在。形成强烈对比的是，在墨西哥湾漏油事故发生之后的当天，BP公司在第一时间向媒体公开，动用大量资源进行堵漏，并每天在自己的网站上以文字、图片、视频等各种方式向社会公布所采取的措施以及进展情况，③ 并积极承诺和支付赔偿，设立了高达200亿美元的赔偿基金。在BP的努力下，终于在事故发生后不到3个月的时间里成功在海底1600多米处成功堵塞漏洞。而渤海湾漏油事故，发生在二三十米水深的浅海④，能够迅速控制并回收油膜，然而在事发7个月后仍有少量漏油。正是在康菲中国的傲慢和多次谎言中，一个原本只会造成极小污染的事故演变成目前规模空前的环境生态灾难。面对如此规模空前的漏油事故，康菲中国对如何承担责任、恢复环境却语焉不详。

其次，作为共同责任方，中海油力求划清界限。在墨西哥湾漏油事故中，“深水地平线”钻井平台由BP、安纳达科

---

① 宫靖:《渤海五分之一海水被污染 水体交换缓慢治理难》,载 http://finance. ifeng. com/news/special/zhybhwly/20110905/4530815. shtml, 2011年10月6日访问。

② 《“埃克森·瓦尔迪兹”号油轮漏油事件及其影响》,载 http://news. xinhuanet. com/tech/2010-05/31/c_12162247. htm,2011年9月18日访问。

③ See Response timeline, 载 http://www. bp. com/iframe. do? categoryId = 9036588&contentId = 7067573, and Response in video and pictures, 载 http://www. bp. com/sectiongenericarticle 800. do? categoryId = 9036769&contentId = 7067805, visited on 18 Sep. ,2011.

④ 余文:《康菲漏油事故后,该堵上的是什么》,载 http://news. xinhuanet. com/fortune/2011-09/19/c_122051327. htm,2011年9月18日访问。

(Anadarko) 和三井旗下的 MOEX 公司联合开发。在漏油还未成功控制时，BP 原首席执行官托尼·海沃德便表示愿意赔偿漏油造成的损失，满足所有合理索赔要求。① 与此类似，蓬莱 19-3 油田由中海油和康菲中国合作开发，中海油占 51% 的权益。按照我国合作企业经营法的规定，中外合作者依照合作企业合同的约定，分配收益或者产品，承担风险与亏损。虽然中海油与康菲的合作经营合同不为外界所知，此次漏油事件双方也并未披露合同的具体内容，但根据公司法的基本原理，股东按其出资比例分取红利、承担责任。中海油获取了蓬莱 19-3 油田带来的绝大部分收益，如果不承担任何责，无论从法律还是情理上都不合理。在事故被媒体披露的最初阶段，中海油还做出了初步回应，称“据美国康菲石油中国有限公司报告”，蓬莱 19-3 油田于 6 月上、中旬发生渗漏，但范围很小，已得到控制。其后，在 7 月 3 日和 7 月 6 日，中海油两次向公众披露漏油事故，均称漏油已得到控制。自此之后，随漏油油量的日益增大和真相的逐渐揭露，中海油彻底淡出了公众视野。中海油投资者关系部总经理蒋有智甚至表示，出于“尊重作业方”的考虑，中海油不宜自行披露信息。② 作为一个大型国有企业，中海油将“尊重”其合作方这一其认为的价值，置于中国人的公共利益之上，显然不合适。值得反思的是，2012 年 10 月，中海油在美国纽约南区法院遭遇投资者提起的集体诉讼，指控中海油在渤海湾漏油事故中涉嫌发布虚假及误导性讯息。③

最后，作为监管方的政府，督促和监管措施乏力。2011 年 6 月初，在漏油事故发生后，作为海洋环境保护的主管部门，国家海

---

① BP:“Deepwater Horizon accident ”, http://www. bp. com/sectiongenericarticle800. do? categoryId=9036575&contentId=7067541V, visited on 8 Aug. , 2011.

② 冯洁：“一月缄默背后的角力　渤海溢油环境影响待估”，http://finance. ifeng. com/news/special/zhybhwly/20110708/4241743. shtml，2011 年 10 月 6 日访问。

③ 焦立坤：“中海油漏油事故在美国遭集体诉讼”，http://finance. sina. com. cn/stock/hkstock/ggscyd/20121024/011913453998. shtml，2003 年 7 月 9 日访问。

洋局已经知悉了事故的发生，却仅在“一定范围内”进行了通报①，没有及时向公众披露。在事故被媒体披露后，国家海洋局才召开新闻发布会，但仅依据康菲中国和中海油的汇报便称事故已得到控制。其后，国家海洋局虽然多次监控出漏油仍在继续，并限令康菲中国采取措施堵塞漏油点，但康菲中国却多次否定，依然故我，拖沓至4个月后仍未堵塞漏油点。甚至在国家海洋局牵头成立联合调查组，公布漏油属于责任事故之后，康菲中国仍质疑调查结果。可见，在整个危机管理中，国家海洋局对康菲中国的怠于履行及时堵塞漏油点、避免污染扩大的义务，无法采取相应的制衡、制裁措施，权威丧失，整个社会也缺乏权威信息的引导。在事故发生近3个月后，温家宝总理在国务院常务会议上要求对渤海溢油事故进行彻查。相反，在墨西哥湾漏油发生的当天，奥巴马总统即发表声明，表示美国政府将动用一切资源，在有效应对漏油事故的同时调查清楚事故发生原因，② 即刻命令内政部长就钻井平台爆炸沉没一事展开初步调查。③ 其后，在1个月内先后4次前往墨西哥湾视察。在“深水地平线”号钻井平台发生爆炸当天，美国就启动了国家海上溢油应急反应体系，成立了以海岸警卫队为核心的地方应急指挥中心，协调沿岸各州及地方政府控制和解决潜在的环境影响。美国政府还专门建立了墨西哥湾漏油事故恢复重建工作的官方网站，及时公布事件的最新进展、政府及相关责任方采取的最新措施等信息，确保了事件的高度透明，并为受害者获取赔偿提供了便捷、充分的援助。

从上述事件各方应对来看，作为事故责任方的康菲中国傲慢而冷漠，轻忽自身责任，漠视公众利益，甚至不惜用谎言来掩盖事实

① 鲍志恒:《中海油无责溢油事发1个月国家海洋局通报溢油案》,载http://finance. ifeng. com/news/special/zhybhwly/20110706/4231248. shtml，2011年10月6日访问。

② 《奥巴马说将动用一切资源应对墨西哥湾漏油事故》,载 http://news. xinhuanet. com/world/2010-04/30/c_1264770. htm,2011年10月9日访问。

③ 管克江:《美国调查墨西哥湾钻井平台事故》,载 http://news. sohu. com/20100502/n271881261. shtml,2011年8月9日访问。

真相；作为监管方，政府反应滞后，措施乏力，缺乏透明度。“冰冻三尺非一日之寒。”此次漏油事故的发生、演变及各方的应对表现不尽人意，根源仍在于我国海上石油污染监管和法律救济机制的缺失、软弱，缺乏相应的规制和惩处机制。只有在发展深海油气勘探与开发技术的同时，未雨绸缪地健全、完善海上矿产资源开发的海洋环境保护与污染救济机制，方能在达成经济目标的同时，避免引发海洋生态环境的灾难。因而，如何借鉴现有的国际立法和美国油污法的经验，建立适合我国国情的海上油污法律救济体系，是我国当前面临的紧迫课题。

### 7.1.2 渤海湾漏油事故后所采取的法律救济措施及其评析

渤海湾漏油事故后，相关职能部门和受害人也采取了一些法律措施，寻求补偿和救济。总体上说，这些法律措施包括以下几类：行政协调、国家海洋局准备代表国家提起的生态补偿诉讼、沿岸居民提起的侵权损害赔偿诉讼等。以下分别作评析。

#### 7.1.2.1 行政协调

结合我国的实际情况，国家在对康菲漏油事故造成污染损害的处理上，确立了“两个优先”的原则，即保护渔民利益优先、行政协调优先。我们认为，这是十分合理的。保护渔民利益不仅关系到渔民的生计问题，还关系到社会稳定问题，必须予以优先考虑。另外，由于我国海洋环境污染立法的滞后，渔民通过司法途径获得赔偿面临着诉讼时间长、成本高、索赔难的问题。而通过行政协调的方式，可以在较短时间内帮助渔民获得相应损害赔偿，更加有利于维护渔民的利益。在康菲漏油事故发生后，相关职能部门一直致力于促使康菲公司承担责任，赔偿有关损失，终于在 2012 年 1 月 25 日取得了进展。在农业部的协调下，“康菲公司、中海油公司、农业部和有关省份达成总计为 13.5 亿元的协议。其中，由康菲公司出资 10 亿元，用于解决对河北省、辽宁省部分区县养殖生物和渤海天然渔业资源损害赔偿和补偿；康菲公司再与中海油分别列支 1 亿元和 2.5 亿元，用于天然渔业资源修复和养护、渔业资源环境调查监测评估和科研等工作”①。然而，对于如何确定哪些渔民有权获得赔偿、如何确定每个渔民的赔偿数额、申请赔偿的程序等具体问题尚未有明确规定。媒体普遍质疑这一协议达成的赔偿数额，认为康菲公司的赔偿数额过低，难以满足渔民损害赔偿和环境生态资源恢复的需求。与此同时，同属渤海湾沿岸省份且是污染发生地的山东省却不在行政协调赔偿的范围。2012 年 2 月 21 日，山东省烟台市的 204 户养殖户委托律师将向法院提起诉讼代为索赔，索赔金额为 6.06 亿元人民币。② 另外，由于行政调解协议主要是政府部门与污染责任方达成的，具体受到损害的渔民并未参与调解过程，因而渔民可以选择接受最终的赔偿方案，如果不满意，仍然有权向人民法院提起侵权损害赔偿诉讼。

**7.1.2.2　民事侵权损害赔偿诉讼**

2011 年 8 月 31 日，河北乐亭水产养殖户集体诉讼的代理人刘凤林带领几名养殖户代表，前往天津海事法院起诉康菲石油中国有限公司，索赔 3.3 亿元，将两份证据材料提交给了法院。一份是新华社关于河北京唐港浅水湾浴场发现油污颗粒，证实为蓬莱 19-3 油田事故漏油的报道；一份是乐亭县 126 户养殖户初步损失情况的统计表，表上有 126 户养殖户的手印。其后，法院逐个审查、确认 126 户养殖户的原告资格，于 2012 年 12 月 30 日正式受理了这一索赔案，予以立案。③ 按照行政协调优先的原则，目前法院正在等待行政协调赔偿方案落实后，确定养殖户是否仍然继续选择侵权诉讼。由于我国法院不仅承担着定纷止争、依法判决的司法功能，还在一定程度上承担着维护社会稳定的政治功能。渤海湾康菲漏油事故，不仅涉及受到损害的养殖户的赔偿问题，还涉及渔民的生计发展问题，甚至还关社会的稳定。因而，人民法院在现有相关法律机

---

① 庄庆鸿：《专家称康菲 10 亿赔偿背后存两大疑问》，载《中国青年报》2012 年 1 月 30 日第 3 版。

② 参见原金：《康菲赔偿案再添受害方 山东砣矶岛渔民索赔 6 亿》，载《中国企业报》2012 年 3 月 6 日第 22 版。

③ 参见《天津海事法院受理养殖户状告康菲案》，载 http://legal.people.com.cn/GB/188502/16765420.html，2012 年 4 月 19 日访问。

制不健全的情况下积极研究探索，做了大量的工作，力求既保护渔民的现实经济利益，又保护渔民未来的生计发展，还要维护整个社会的和谐稳定。在最终行政赔偿方案落实后，如果养殖户对赔偿数额不满意而继续起诉，仍然会面临举证不能和法律依据不足的问题。依照我国法律规定，养殖户不仅要证明自己受到了油污损害，还要证明油污损害与油污事故之间至少存在表面的因果关系。这种因果关系的证明，涉及详细的事故原因调查以及复杂的技术问题。由于国家海洋局尚未公布渤海湾康菲漏油事故的详细调查报告，养殖户很难有充分的证据证明存在这样的因果关系。另外，即便存在这种因果关系，如何确定养殖户的损失数额，仍然面临困难。我国法律对油污损害的评估规则没有任何规定，导致法院在审理此类案件时无法可依。我们认为，国家海洋局等相关政府部门以及相关公益性环保组织，可以为养殖户的因果关系证明取证提供充分的技术支持和法律援助，帮助和支持养殖户侵权损害赔偿诉讼。

#### 7.1.2.3 生态补偿诉讼

2011 年 8 月 24 日，国家海洋局表示，准备代表国家进行海洋生态索赔，且上不封顶，已经完成相关取证工作。① 但到目前为止，从各种公共媒体渠道仍然没有看到任何有关正式提起海洋生态索赔的报道。我国《海洋环境保护法》仅原则性地规定了海洋环境监督部门代表国家对责任者提出损害赔偿要求，但对于生态赔偿数额的评估规则、评估机构、归责原则、举证责任等均没有规定。法律的空白让生态索赔在实践中无法可依，困难重重。司法实践中，中国第一例海洋生态损害赔偿案马耳他籍油轮“塔斯曼海”漏油案开创了我国海洋生态损害国家索赔的先河。此案历经一审、二审前后共计 7 年时间，直到 2009 年才由天津市高级人民法院做

① 罗沙：《海洋局：渤海溢油污染索赔工作启动》，载 http://news.163.com/11/0824/23/7C8QC7M600014AEE.html，2011 年 10 月 25 日访问。

出终审判决，判令被告赔偿人民币1513.42万元。① 此后，虽然油污事件不止，但再没有生态索赔的案例。值得关注的是，根据国家海洋局委托律师透露，本次生态索赔的被告只有康菲石油中国有限公司，其母公司康菲石油以及相关保险公司均不在被告之列。② 康菲中国的注册地并非美国或中国，而是一个群岛国家，使得针对康菲中国的诉讼具有涉外性质，在案件的审理和法律适用、执行等方面均增加了不确定因素。根据《公司法》的规定，在面临巨额索赔的情况下，康菲石油可能以宣布康菲中国破产的方式“弃车保帅”，逃避责任。

#### 7.1.2.4　海洋环境公益诉讼

2011年8月中上旬，有律师向海南省高院以及天津、青岛两地海事法院提出公益诉讼请求，要求设立100亿赔偿基金。本案属于涉外案件，由于缺乏环境公益诉讼的任何法律依据，未获法院立案。③ 公益诉讼于20世纪五六十年代发端于美国，其后作为一种社会正义的实现方式在全球范围内蓬勃发展。④ 目前，美国、加拿大、德国、法国、瑞士、日本、俄罗斯、印度、印度尼西亚、南非、菲律宾等国家均建立了公益诉讼制度。海洋环境公益诉讼是典型的公益诉讼类型。我国没有建立起公益诉讼制度。按照《民事诉讼法》第119条的规定，起诉原告是与案件有直接利害关系的公民、法人和其他组织。因而，由于缺乏立法支持，渤海湾康菲漏油事件中律师基于环境权提起的公益诉讼被法院拒绝。基于公益诉

---

①　刘扬:《海域溢油生态索赔不容易 国家层面规范至今缺失》,载 http://www.chinanews.com/fz/2011/07-13/3177742.shtml,2011年10月25日访问。

②　梁嘉琳:《渤海湾溢油事故仅康菲中国子公司成被告》,载 http://finance.sina.com.cn/roll/20111012/012210602815.shtml,2011年10月25日访问。

③　钟晶晶:《个人诉讼康菲和中海油溢油海南高院拒绝立案》,载 http://finance.ifeng.com/news/special/zhybhwly/20110824/4453175.shtml, 2011年10月25日访问。

④　徐卉著:《通向社会正义之路——公益诉讼理论研究》，法律出版社2009年版，第269页。

讼对维护社会公平正义的巨大价值，2012 年新修订的《民事诉讼法》有望破冰，第 55 条增加规定了公益诉讼的内容。

其实，环境公益诉讼的司法实践早已先行。2003 年 4 月 22 日，山东省乐陵市人民检察院针对污染环境的金鑫化工厂，提起环境民事公诉，请求法院判决停止侵害、排除妨碍、消除危险，获得法院支持。2003 年 11 月，四川省阆中市人民法院依法判决该市群发骨粉厂停止对环境的侵害，并在 1 个月内改进设备，直至排出的烟尘、噪声、总悬浮颗粒物不超过法定浓度限值标准为止。2008 年 12 月 9 日，广州海事法院对广州市海珠区人民检察院提起的广东首例水资源污染公益诉讼案做出了一审判决。类似案例近年来在全国各地法院频频出现，人民法院已向社会敞开了环境保护公益诉讼之门。这些审判实践的有益探索具有重大的现实意义，为我国构建环境公益诉讼制度提供了较好的范例。①

### 7.1.3 我国海洋石油开发环境污染法律救济的现状与存在的问题

渤海湾漏油事故的发生、演变及各方的应对表现，与美国墨西哥湾漏油事故形成了强烈的对比和反差，根源仍在于我国海上石油污染监管和法律救济机制的缺失、软弱。

#### 7.1.3.1 我国海洋石油开发环境污染监管与救济的相关规定

作为我国海洋环境保护的基本大法，《海洋环境保护法》第 5 条确立了我国海洋环境监管的基本体制，即对于非军用船舶造成的环境污染，由环保部、国家海洋局、农业部渔业局、沿海县级以上地方人民政府共同治理。环保部对全国海洋环境保护工作实施指导、协调和监督，并负责全国防治陆源污染物和海岸工程建设项目对海洋污染损害的环境保护工作。国家海洋局负责海洋环境的监督管理，组织海洋环境的调查、监测、监视、评价和科学研究，负责全国防治海洋工程建设项目和海洋倾倒废弃物对海洋污染损害的环

① 参见万鄂湘：《建立环境公益诉讼制度推进生态文明建设》，载《新华文摘》2009 年第 11 期，第 12 页。

境保护工作。国家海事部门主要对所辖港区水域内非军事船舶污染进行监督管理；农业部渔业局则负责渔港水域内非军事船舶和渔港水域外渔业船舶污染海洋环境的监督管理。沿海县级以上地方人民政府行使海洋环境监督管理权的部门的职责，由省、自治区、直辖市人民政府根据本法及国务院有关规定确定。可见，对于海洋石油开发造成的海洋环境污染，主要由国家海洋局负责监管和处理，但环保部负有统筹协调、指导和监督职责；沿海县级以上政府也具有海洋环境监督管理职责。

对于海洋环境污染，我国法律及相关行政法规规定了以下救济渠道：①刑事处罚。《刑法》第338条规定："违反国家规定，排放、倾倒或者处置有放射性的废物、含传染病病原体的废物、有毒物质或者其他有害物质，严重污染环境的，处三年以下有期徒刑或者拘役，并处或者单处罚金；后果特别严重的，处三年以上七年以下有期徒刑，并处罚金。"《环境保护法》第43条规定："造成重大环境污染事故，导致公私财产重大损失或者人身伤亡的严重后果的，对直接责任人员依法追究刑事责任。"《海洋环境保护法》第91条第3款规定："对造成重大海洋环境污染事故，致使公私财产遭受重大损失或者人身伤亡严重后果的，依法追究刑事责任。"②行政处罚。《海洋环境保护法》第85条规定："违反本法规定进行海洋石油勘探开发活动，造成海洋环境污染的，由国家海洋行政主管部门予以警告，并处二万元以上二十万元以下的罚款。"第91条规定："对违反本法规定，造成海洋环境污染事故的单位，由依照本法规定行使海洋环境监督管理权的部门根据所造成的危害和损失处以罚款；负有直接责任的主管人员和其他直接责任人员属于国家工作人员的，依法给予行政处分。前款规定的罚款数额按照直接损失的百分之三十计算，但最高不得超过三十万元。"③民事赔偿。《海洋环境保护法》第90条规定："造成海洋环境污染损害的责任者，应当排除危害，并赔偿损失；完全由于第三者的故意或者过失，造成海洋环境污染损害的，由第三者排除危害，并承担赔偿责任。对破坏海洋生态、海洋水产资源、海洋保护区，给国家造成重大损失的，由依照本法规定行使海洋环境监督管理权的部门代表国家对责任者提出损害赔偿要求。”《侵权行为法》第 65 条规定：“因污染环境造成损害的，污染者应当承担侵权责任。”针对环境污染的社会危害性和专业性，该法第 66 条规定了举证责任倒置的原则，即“污染者应当就法律规定的不承担责任或者减轻责任的情形及其行为与损害之间不存在因果关系承担举证责任”。关于赔偿责任的具体范围，《海洋石油勘探开发环境保护管理条例实施办法》第 28 条进行了简单规定：由于作业者的行为造成海洋环境污染损害而引起海水水质、生物资源等损害，致使受害方为清除、治理污染所支付的费用；由于作业者的行为造成海洋环境污染损害而引起受害方经济收入的损失金额，被破坏的生产工具修复更新费用，受害方因防止污染损害所采取的相应的预防措施所支出的费用；为处理海洋石油勘探开发引起的污染损害事件所进行的调查费用。④责任保险与财务保证。《海洋环境保护法》中没有责任保险与财务保证的规定。仅《海洋石油勘探开发环境保护管理条例》第 9 条规定：“企业、事业单位和作业者应具有有关污染损害民事责任保险或其他财务保证。”

#### 7.1.3.2 我国海洋石油开发环境污染法律救济机制的局限性

第一，环境污染监管机制乏力。四个监管主体并不对等，环保部是部级单位，国家海洋局是国土资源部下属的二级管理局，国家渔业局是农业部下属的二级管理局，地方政府更有县、地、省之分，发生重大海洋环境污染之后各自的职责是什么，相互间如何协调配合，法律并没有明确规定。与此同时，对于重大环境污染事故的处理，《海洋环境保护法》第 17 条至第 19 条分别从事故责任方向对国家海洋环境主管部门的报告义务、全国海洋石油勘探开发重大海上溢油应急计划的制订、海洋环境联合执法等进行了规定。可以看出，这三个法律条文并没有对重大海洋环境污染事故发生后，各监管主体的责任、义务以及反应步骤等进行详细规定，仅是规定了国家海洋局有制订重大溢油应急计划的义务。虽然第 19 条针对多头管理的状况，规定了海上联合执法，但也缺乏具体操作规则。在渤海湾漏油事故发生后，在后续处理中并没有出现重大溢油计划这一最重要法律依据和科学指引，联合执法也形同虚设，只有国家海洋局不断简单、重复地听取报告、通报，缺乏科学、有效、系统的应对措施，凸显了我国重大溢油事故应急反应机制存在的巨大漏洞。

第二，法律救济体系不完善。由于海上溢油的巨大环境风险，美国专门制定了1990年油污法，建立起精巧、复杂的法律救济体系，其核心机制是财务保证制度、强制责任保险制度、严格责任制度、责任限制制度、油污责任信托基金制度等，对如何有效避免重大溢油事故以及事故发生后责任方的义务，如何进行有效救济，充分保护受害人的合法权益，尽快恢复海洋环境提供了系统的法律依据。① 在此基础上，建立起刑事处罚、行政处罚、民事赔偿、基金补偿、民事诉讼、公民诉讼等相结合的完善的救济体系，为公民、民间团体、政府机关运用法律武器维护经济权益、环境权益、公共利益提供了便捷、充分的法律救济渠道。海上石油泄漏事故往往会对沿岸居民、沿岸经济、税收以及自然生态环境造成巨大伤害，而且这种伤害不及时予以弥补，将会危及社会的稳定。而污染事故的调查、责任的认定以及赔偿诉讼往往需要花费很多时间，因而很多国家均建立了环境污染基金制度，美国还专门设立了石油污染基金，以便及时从基金中支付相关紧急清污费用和赔偿费用，避免污染的扩大，对受害者进行及时、充分的补偿。我国并没有制定专门的石油污染法，没有建立起针对海上石油泄漏污染的特殊法律保护机制。发生石油泄漏事故后，只能依据《民法通则》、《侵权责任法》、《海洋环境保护法》等一般法寻求法律救济，且现有法律法规仅规定了刑事处罚、行政处罚和民事赔偿，而没有建立公益基金制度、公益诉讼制度，保障机制不充分。由于海上漏油事故对沿岸居民经济权益和生态环境侵害的普遍性，大多数国家均建立起完善的公益诉讼制度，允许相应的国家机关、社会团体以及公民向法院

① See King, R. O. ,"Deepwater Horizon Oil Spill Disaster: Risk, Recovery, and Insurance Implications, Congressional Research Service", 7-5700, R41320, July 12, 2010, pp. 1-3, http://www.fas.org/sgp/crs/misc/R41320. pdf, visited on 28 Jul. ,2011.

提起公益诉讼，用于维护社会公共利益。由于我国在公益基金制度和公益诉讼制度上的空白，导致在发生重大海上石油泄漏事故时受害人和生态环境受到的巨大损失和伤害往往无法得到及时充分的赔偿，肇事者逃避责任，政府和民众为其违法行为买单。

第三，法律救济力度不够。美国《清洁水法》规定，对于石油泄漏的罚款按桶计算：每一桶的泄漏量课以1100美元的罚款；但是如果是严重疏忽导致的泄漏，这项罚款增至每桶4300美元。1990年油污法规定，发现有人未能遵守该法要求，或否认或滞留根据该法发的命令，该责任人应支付每天不超过25000美元的民事处罚。如果发现肇事企业存在重大过失、故意或欺诈，则法律规定的7500万美元的民事赔偿限额将被取消。这样，便大大增加了违法者的法律风险和成本，促使其严格依照法律履行义务。我国《海洋环境保护法》仅规定了30万元以下的处罚幅度，这相对于石油开发企业动辄每年几百亿元的利润相比①，实在是九牛一毛，难以起到任何震慑作用。这种相对固定的处罚，缺乏与污染程度、违法程度之间的正相关联系，导致污染者对事故发生后的清污和补救措施漫不经心，甚至拒不履行法定义务，违背行政主管机关指令。本次康菲石油公司在漏油事故发生后，敢于冒天下之大不韪拒绝采取有效补救措施，多次违背国家海洋局的指令，屡次欺骗监管当局和社会公众，根本原因便在于我国行政处罚的乏力。对于污染民事赔偿的范围，美国1990年油污法规定了六大类：清污费用、自然资源损害费用（指因自然资源的毁坏、破坏、损失或失去其用途而遭受的损害，包括评估损害的合理费用），不动产或个人财产损失（指因不动产或个人财产的毁坏或其破坏引起的经济损失而遭受的损害），生活用途（指因损失自然资源的生活用途而遭受的损害，收入损失（指不动产、个人财产或自然资源的毁坏、破

① 据报道，中石油、中石化、中海油2010年度净利润分别为1399亿元、707.13亿元和544.1亿元。其中中海油净利润增长最快，比上年增长84.5%，达到历史高位。参见苏稻香：《三大油企去年利润大丰收 中海油暴增84.5%》，载《南方日报》2011年3月29日刊。

坏或损失造成的税收、使用费、租金、费用或净利润份额的净损失的损害），利润和赢利能力（指不动产、个人财产或自然资源的毁坏、破坏或损失造成的利润损失或赢利能力的削弱的损害），公共服务（指清污活动期间或之后为提供排油引起的新增的或额外的公共服务的净费用损害）。我国法律并没有关于海上石油污染民事赔偿范围的规定，仅在《海洋石油勘探开发环境保护管理条例实施办法》这一部门规章中简单规定了自然资源损害、清污费用、经济收入损失、工具更新和预防措施费用、调查费用五类，不仅效力存疑，而且赔偿范围也未覆盖受害者的财产损失、利润损失、税收减少、公共服务增加等。对于责任保险与财务保证这一基本的风险防控制度，也仅在《海洋石油勘探开发环境保护管理条例》这一行政法规中进行简单规定。由于这一制度的缺失，给经营者、受害人、国家和社会都带来不利后果。我国每年由于环境污染造成的直接经济损失达1200亿元，而实际赔偿数额却少得可怜，绝大部分损失由受害人、国家和社会来承担。①

第四，法律规定过于模糊，操作性不强。法律的最终效果体现于执行。过于模糊或不切合实际的法律条文无法作用于实践，只能是空中楼阁。虽然《刑法》、《海洋环境保护法》规定对造成重大环境污染事故，致使公私财产遭受重大损失或者人身伤亡严重后果的，依法追究刑事责任。但究竟造成多大数额的损失方构成“重大损失”、石油是否属于“放射性的废物、含传染病病原体的废物、有毒物质或者其他有害物质”，法律并没有明确规定。罪刑法定是刑法的基本原则。由于犯罪构成标准的模糊，使得本罪的认定存在着先天的不足。因而，尽管近年来我国海上石油泄漏事故层出不穷，生态环境和社会公众不断遭受巨大损失，但到目前为止还没有任何人因重大石油泄漏事故而被追究刑事责任，法定的刑事制裁措施也便形同虚设。对于损害赔偿，仅有一般的法律规定，但具体到海洋石油开发油污损害赔偿的责任主体、归责原则、赔偿数额评

① 参见沈扬扬:《环境责任保险制度在中国实行的可行性分析》,载《金融经济》2008 年第 6 期,第 89 ~ 90 页。

估与确定等，没有更为具体的规定，导致司法实践中缺乏确实的法律依据。对于责任保险与财务保证，《海洋石油勘探开发环境保护管理条例》仅简单规定应具有有关污染损害民事责任保险或其他财务保证，但民事责任保险的数额、财务保证的方式、未履行此义务的制裁措施等均未明确，导致此条规定在实践中无法得到有效执行。

渤海湾漏油事故的发生，凸显了我国海洋石油开发风险防范与法律救济机制的巨大漏洞。我国目前是世界第二大石油消耗国，海洋石油开发对解决我国巨大的用油缺口，确保国家能源安全具有重大意义。目前，我国一方面不遗余力地对主权海域进行石油开发，在渤海湾、东海、南海等开展石油勘探与开发活动；另一方面，也积极参与国际海洋石油资源开发。如中海油于 2011 年 11 月 30 日，与加拿大石油公司尼克森签署协议成立合资公司，将在美国墨西哥湾进行深水油气勘探作业。① 这种海洋石油开发的蓬勃发展与监管机制和法律救济机制的落后形成了巨大反差。监管机制的乏力导致石油开发中的各种风险难以有效规避和控制，法律救济机制的不完善导致漏油事故发生后海洋生态环境和受害人无法得到充分赔偿，最终造成企业污染、政府和民众埋单的局面，社会正义难以彰显。更为严重的是，这些制度漏洞将会诱发开发企业在海洋石油开发的决策和管理中只追求经济利益，忽视社会责任的不良倾向，容易因管理和决策的失误人为增加发生漏油事故的风险。因而，建立和完善我国海洋石油开发环境风险预防和损害赔偿法律机制具有迫切而重大的意义。

## 7.2 我国海洋石油开发环境污染损害赔偿法律机制之构建

鉴于我国目前在海上石油泄漏损害赔偿领域的法律空白，建议

① 徐沛宇:《中海油牵手尼克森 四进美国墨西哥湾》，载 http://www.yicai.com/news/2011/12/1242336.html，2012 年 3 月 16 日访问。

尽快制定专门的《石油污染法》，建立起船舶油污和海洋石油开发油污损害赔偿的双轨制，全面、系统地建立起适合我国国情的污染损害民事责任法律体系。借鉴国际油污立法实践和美国1990年油污法，我们认为，这一体系至少应包括四个层面的内容，即海洋石油开发环境污染损害赔偿法律机制、强制责任保险机制、油污责任基金制度以及环境公益诉讼机制等。以下予以分述。

### 7.2.1 完善我国海洋石油开发环境侵权损害赔偿机制的对策建议

海洋石油开发环境污染损害赔偿法律机制应包括适用范围、赔偿责任主体、归责原则、赔偿范围、免责事由、赔偿责任限制等主要内容。具体如下：

#### 7.2.1.1 适用范围

《石油污染法》主要适用于因船舶和海洋石油勘探、开发设施导致的污染损害赔偿。适用的地域范围包括：领土，包括领海和内水造成的油污损害；专属经济区内造成的油污损害；为避免、减少在其他地方发生的损害而在我国采取预防措施所造成的损害。

所谓船舶，是指海商法意义上的船舶。我国《海商法》第3条规定："本法所称船舶，是指海船和其他海上移动式装置，但是用于军事的、政府公务的船舶和20总吨以下的小型船艇除外。前款所称船舶，包括船舶属具。"1992年CLC规定："'船舶'系指为运输散装油类货物而建造或改建的任何类型的海船和海上航行器。但是，能够运输油类和其他货物的船舶，仅在其实际运输散装油类货物时，以及在此种运输之后的任何航行（已证明船上没有此种散装油类运输的残余物者除外）期间，才应视作船舶。"可以看出，我国海商法对于船舶的定义与国际条约有两点不同：一是将船舶总吨数作为划分依据之一，规定20总吨以下的小型船艇不属海商法意义上的船舶。二是将20总吨以上的所有海船均纳入调整范围。国际公约则只将用于运输散装油类货物的船舶认定为公约调整的范围。基于《石油污染法》的立法目的，笔者认为应借鉴国际公约的做法，将所有用于石油货物运输（包括临时改装）的船舶以及燃油污染纳入调整范围。

所谓海洋石油开发的设施是指：①用来勘探、生产、处理、储藏、运输或重新控制来自于海底或其底土的原油的任何移动式或固定式钻井或其他设备；②用于勘探、生产或重新控制海底或其底土天然气或液态天然气的任何钻井；③用于勘探原油、天然气或液态天然气以外的其他矿产资源，且勘探活动深入穿透海底底土的任何钻井；④一般用于储藏源自海底石油的任何设备。

#### 7.2.1.2 赔偿责任主体

对于船舶油污，按照1969年民事责任公约和1971年基金公约的规定，船舶所有人及保险人为第一层赔偿责任主体，国际油污赔偿基金为第二层赔偿责任主体。按照美国1990年油污法，船舶所有人、经营人、光船租赁人和财务保证人是第一层赔偿责任主体，油污信托责任基金是第二层赔偿责任主体。两种规定各有优劣，但从更方便确定责任主体的角度来讲，1969年民事责任公约的规定显得更为简洁、清晰。笔者认为，我国船舶油污损害赔偿的第一层责任主体应包括船舶所有人及其油污责任保险人；第二层责任主体是政府油污责任基金。对于海洋石油开发油污损害赔偿，损害赔偿的第一责任主体是指石油开发设施所在区域的承租人或持照人及其油污责任保险人；第二层赔偿责任主体是政府油污责任基金。

#### 7.2.1.3 赔偿范围

不断扩大油污损害赔偿的范围和金额已经成为当前国际油污立法的重要发展趋势。我国应顺应这一趋势，借鉴相关国际立法和美国1990年油污法的规定，在法律中明确规定油污损害赔偿的范围，提高我国海洋环境油污损害的保护力度，为受害人索赔提供明确的法律依据。具体应包括以下内容：①清污费用。即为清除油污而发生的任何费用，包括调查费用、器具使用费用、工作人员工资等。②预防措施费用。即为防止或减少油污对海滨、海岸或自然资源损害而采取的任何合理预防措施的费用。③损害。主要包括6大类：自然资源损害，是指因自然资源的毁坏、破坏、损失或失去其用途而遭受的损害，包括评估损害的合理费用，应由国家海洋环境保护行政主管部门代表国家索赔和受偿；财产损失，是指自然人、法人或其他组织因油污导致的财产损失，包括海洋渔业、盐业、旅游业等因油污而导致的损失，也包括对自然人的生命、健康等因环境污染而受到损害所产生的医疗费、营养费、误工费等损失，由任何受害人索赔和受偿；生活用途丧失造成的损失，是指因损失自然资源的生活用途而遭受的损害，由使用被毁坏、破坏或损失的自然资源的索赔人受偿，不考虑资源的归属或管理；政府收入减损，是指相当于不动产、个人财产或自然资源的毁坏、破坏或损失造成的税收、使用费、租金、费用或净利润份额的净损失的损害，应由相关政府行政主管部门索赔和受偿；利润和营利能力减损，是指相当于不动产、个人财产或自然资源的毁坏、破坏或损失造成的个人、企业利润损失或营利能力的削弱的损害，应由任何索赔人受偿；公共服务减损，是指清污活动期间或之后为提供排油引起的新增的或额外的公共服务费用，应由相关政府部门受偿。

#### 7.2.1.4 归责原则和免责事由

对海洋石油污染适用严格责任原则是国际通行的做法。我国《侵权行为法》第65条规定："因污染环境造成损害的，污染者应当承担侵权责任。"第66条规定："因污染环境发生纠纷，污染者应当就法律规定的不承担责任或者减轻责任的情形及其行为与损害之间不存在因果关系承担举证责任。"从这两条规定可以看出，我国法律对环境污染侵权行为适用无过错责任（严格责任）原则，只要发生了环境污染，并且造成了损害，无论污染者是否存在主观过错，均应承担损害赔偿责任。与此同时，在证明责任上，实行举证责任倒置，污染者应承担其行为与损害之间不存在因果关系，以及存在法定的免责事由或减轻责任事由的证明责任。海洋石油污染属于环境侵权的一种，因而应当遵循《侵权行为法》确立的环境侵权一般归责原则。也就是说，对于海洋石油污染，法律明确规定适用无过错责任，即只要存在石油泄漏行为且造成了损害，无论其是否存在过错，均应承担赔偿责任；在举证责任分配上适用举证责任倒置，受害人只需要证明发生了石油污染事实，同时自己受到了损害，则除非污染者能够充分证明污染行为与损害结果之间不存在因果关系，并且存在法定的免责事由，否则即应当承担损害赔偿责任。与此同时，针对海洋石油开发油污损害的特殊性，规定若导致油污损害的事故系由一系列的事件构成，则每一事件的责任人都对其所引起的污染事故有责任。若某一设备有多位经营者，他们应共同承担连带责任。在石油从两个或两个以上的设备中泄漏的情况下，所有相关设备的经营者，除非基于法定免责情形，都应对所有此种损害共同承担连带责任。如果在油污事故发生期间经营者发生改变，则该设备的所有经营者，除非基于法定免责情形，均应对此损害共同承担连带责任。笔者认为，只有这样规定，方可达到充分保护受害人利益的立法精神。海洋石油污染与损害结果之间的因果关系证明，涉及复杂的调查、评估、论证等技术环节，需要聘请专业机构参与，成本高昂，如果将这一证明责任强加到本已因油污遭受大量损失濒临破产边缘的受害人身上，则无疑是雪上加霜，索赔将会导致更大损失的境地，这与法律的平等价值和正义价值背道而驰。

对于免责事由，笔者认为应当借鉴美国1990年油污法的规定，实行严格限制原则，即明确规定法定的免责情形包括：天灾；战争行为；第三方的行为或不为导致了油污损害的发生，责任方应以占优势的证据证明其：①已考虑到油类的特性和一切有关事实和情况，并给予了适当的注意；②针对可预见的任何上述第三方的行为或不为和可预见的该类行为或不为的后果，已经采取了预防措施；受害人对油污损害存在重大过失或者故意不当行为。与此同时，责任方在以下三种情形下将丧失援引上述免责事由进行抗辩的权利：①如果该责任方知道或有理由知道事件发生但没有按照法律规定的程序和时限向行政主管部门报告。②在油污事故发生后，责任方没有或拒绝向政府提供关于清污活动的一切合理合作与协助。③在无充分理由的情况下，没有或拒绝遵守政府依法做出的清除或减轻油污损害的各项指令。

#### 7.2.1.5 赔偿责任限制

不断提高赔偿责任限额目前是国际油污立法的一大趋势。我国法律没有对海洋石油开发损害赔偿建立责任限制制度。对于船舶油污，采用二元制。即对于有涉外因素的油污损害赔偿，适用1969

年民事责任公约及其1992年议定书规定的责任限制标准；对于没有涉外因素的船舶油污损害赔偿，则适用我国《海商法》第11章的责任限制标准。由于公约规定的责任限制标准，远远高于我国《海商法》规定的标准，造成涉外与非涉外的船舶油污损害赔偿责任限制标准相差较大的情况。笔者认为，我们暂时虽然无法如同美国那样建立远远高于国际公约的赔偿责任限额，但出于充分保护受害人的目的，应当参照1991年CLC的规定确立我国船舶油污损害赔偿责任限制标准。基于海洋石油开发油污损害更具破坏性，且从事深海石油开发的企业均为大型石油公司，拥有强大的经济实力，建议针对深海石油开发油污损害设置比船舶油污损害更高的赔偿责任限额。

除此之外，还应改进行政处罚的模式，提高处罚标准。借鉴美国立法模式，明确规定按照石油泄漏的数量进行罚款，如规定每桶油罚款1万元；如果存在重大过失或故意，或违背法定义务，则罚款数量翻倍，上不封顶；对于肇事责任方存在欺诈行为、违背法律规定义务或行政主管机关指令的，则自行为发生之日起至行为纠正之日止，按天进行罚款，如规定每天罚款2万元等。所有罚款直接进入油污责任基金。只有这样，才能增加肇事方的法律成本，凸显法律和行政主管机关的权威，促使石油企业严格依法经营，合理防范石油泄漏风险。

### 7.2.2 我国海洋环境污染强制责任保险制度之构建

强制责任保险和财务保证制度是行之有效的风险预防制度。美国、德国、瑞典、英国、法国等国均建立起不同模式的油污强制责任保险制度。对于船舶油污强制责任保险，我国《海洋环境保护法》第66条规定："国家完善并实施船舶油污损害民事赔偿责任制度；按照船舶油污损害赔偿责任由船东和货主共同承担风险的原则，建立船舶油污保险、油污损害赔偿基金制度。实施船舶油污保险、油污损害赔偿基金制度的具体办法由国务院规定。"但这一具体办法始终没有出台，导致本条规定一直未能落实。对于海洋石油开发，我国法律没有强制责任保险的规定，仅在《海洋石油勘探开发环境保护管理条例》中规定企业、事业单位和作业者应具有有关污染损害民事责任保险或其他财务保证，但对保险的数额、如何确认和监督等未作任何规定。基于这种现状，国务院2011年10月17日发布的《关于加强环境保护重点工作的意见》，明确提出："健全环境污染责任保险制度，开展环境污染强制责任保险试点。"

因此，我国应立即开展对海洋石油开发强制责任保险制度的试点工作，规定只有取得一定数额强制责任保险凭证或其他财务保证证书的船舶方可进出我国港口；只有取得一定数额强制责任保险凭证或其他财务保证证书的企业方具有海洋石油开发资质，合理防范和分担巨大的海洋环境污染风险。借鉴美国1990年油污法的模式，针对船舶油污和海洋石油开发油污，分别提出不同的财务保证要求，由于深海石油开发风险性更大，因而其财务保证数额也应更高。建立油污强制责任保险数额要求定期审查制度，规定每五年对法律规定的数额要求进行审查，根据经济社会发展的程度和油污损害的风险变化进行合理调整。与此同时，建立起直接诉讼、代位诉讼等配套制度。在法律中明确规定，发生油污事故后，受害人可以直接向保险人或财务保证人索赔，保险人或财务保证人在保险或保证范围内具有先予支付赔偿的义务。若损害完全因第三人的故意或过失行为引起，保险人或保证人支付赔偿后在其赔偿范围内取得受害人向责任方索赔的权利。

### 7.2.3 我国海洋石油污染公益基金制度之构建

建立海洋石油污染基金制度是国际立法和各国立法的普遍做法。前已述及，我国《海洋环境保护法》规定国家实施油污损害赔偿基金制度，但对于如何建立基金、基金如何运作和管理等，缺乏具体规定，导致我国一直未能成立油污损害赔偿基金。国务院《关于加强环境保护重点工作的意见》提出："积极推进环境税费改革，研究开征环境保护税。"因而，可借鉴美国的做法，在立法中明确规定分别建立船舶油污损害赔偿责任基金和海洋石油开发油污损害赔偿责任基金，对基金的管理、索赔程序、赔偿限额、索赔时效、代位权利等进行系统规定。具体来说，对于船舶油污损害赔偿责任基金而言，启动资金为财政拨款，主体基金由从事石油进出口业务的石油公司的摊款、向船舶所有人征收的环境保护税、对污染船舶的行政罚款、生态赔偿、社会捐赠、本金利息等组成。其中，石油公司的摊款和船舶所有人的环境保护税是最主要的来源。这样，可以针对船舶油污损害建立起货主和承运人共担风险的基金制度。对于海洋石油开发油污损害赔偿责任基金而言，基金的启动资金同样由财政拨款，主体基金由向石油企业征收的环境保护税、对造成溢油事故的石油开发企业的行政罚款、生态赔偿、社会捐赠、本金利息等组成。环境保护税是基金的最主要来源，主要对国内生产的石油按照一定单位征收确定金额的税收。

基金的两大主要功能：一是先予支付清污费用功能。一旦发生油污事故，基金立即启用，采取有效措施清污，有效地降低或减少油污的损害，随后才评估损害程度，追究责任方的责任。二是补充赔偿功能。对于未能从污染责任方获得赔偿的损害，可以向基金申请赔偿，起到一种最终保护的社会功能。参照国际条约和美国1990年油污法，规定基金单次事故的最大赔偿限额，超过此限额，则基金也不承担赔偿责任。

对于基金的管理和运作，建议参照国际油污损害赔偿基金的做法，成立“油污损害赔偿基金管理委员会”对基金进行日常管理。委员会是非盈利性组织，具有法人资格，设立大会、执行委员会、秘书处和工作小组。大会是基金会的最高权力机构，由加入基金的所有成员（船舶所有人、石油企业）、海事局、环保局、财政局等政府部门的代表共同组成。执行委员会由大会选举产生，主要职责是接受、审查和批准对油污基金的索赔申请，决定每年度的征收费率。设立秘书处，作为执行委员会的常设机构，负责基金的日常事务管理。根据不同的油污事故，可以分别成立专项工作小组，对特定油污事故进行跟踪、调查、评估和赔偿。

### 7.2.4 我国海洋环境公益诉讼制度之构建

我国没有建立公益诉讼制度。按照《民事诉讼法》第109条和《行政诉讼法》第2条的规定，起诉原告是与案件有直接利害关系的公民、法人和其他组织，诉讼的目的是为了维护自身的合法权益，诉讼利益归属于原告，实质上对公益诉讼持否定态度。因而，渤海湾漏油事故后一些律师基于环境权提起的公益诉讼由于缺乏法律依据而被法院拒绝立案。《海洋环境保护法》第 90 条第 2 款规定："对破坏海洋生态、海洋水产资源、海洋保护区，给国家造成重大损失的，由依照本法规定行使海洋环境监督管理权的部门代表国家对责任者提出损害赔偿要求。"这在一定程度上承认了海洋环境监督管理部门有权提起环境生态赔偿诉讼。所以，渤海湾漏油事故发生后，国家海洋局表示将代表国家提起生态损害赔偿诉讼。

当前，面临着日益严峻的环境问题，环境公益诉讼引起了立法机构、政府和学界的广泛关注。基于公益诉讼对维护社会公平正义的巨大价值，2012 年完成修订的《民事诉讼法》不负学界所望，增加了环境民事公益诉讼的规定，该法第 55 条明确规定："对污染环境、侵害众多消费者合法权益等损害社会公共利益的行为，法律规定的机关和有关组织可以向人民法院提出诉讼。"

**7.2.4.1　环境公益诉讼的起诉主体资格**

起诉主体资格是环境公益诉讼的核心问题。上述新修订的《民事诉讼法》确认了相关国家机关（可理解为环境主管部门、检察机关等）和社会团体（包括环保组织）提起公益诉讼的资格，但没有确认公民的起诉资格。这种立法倾向代表了一些学者主张限制公益诉讼主体资格的观点，认为公民个体在精力、财力及法律资源上存在局限性及可能带来的滥诉之虞，主张现阶段不宜将个人列入公益诉讼的主体。① 我们认为，这种观点混淆了诉讼主体资格与诉讼能力的界限。公益诉讼的立法目的在于动员社会力量参与环境执法，达到保护环境维护社会公益的目的。公民作为社会公共利益的权利主体，自然有权对侵害社会公共利益的行为提起诉讼。尽管

① 参见别涛：《中国的环境公益诉讼及其立法设想》，载别涛主编：《环境公益诉讼》，法律出版社 2007 年版；徐祥民、胡中华、梅宏等著：《环境公益诉讼研究——以制度建设为中心》，中国法制出版社 2009 年版，第 260 页。

其在诉讼能力上有所欠缺，但国家应通过相关的制度设计提供援助，以弥补这种能力的缺陷，而非彻底剥夺公民依法应当享有的这种权利。对于环境公益诉讼，应当顺应放宽原告诉讼资格限制的世界趋势，赋予公民、公益组织、国家机关提起公益诉讼的资格。

7.2.4.1.1 公民的环境公益诉讼主体资格

在已经建立了比较成熟环境公益诉讼制度的国家中，公民是提起环境公益诉讼的最重要的主体之一。如在公益诉讼的发源国美国，公益诉讼又被称为公民诉讼。在20世纪七八十年代的联邦环境立法浪潮中，绝大多数环境立法都包含了公民诉讼条款，如著名的《清洁空气法》、《清洁水法》、《超级基金法》等。典型的公民诉讼条款表述是：任何人（任何公民）有权代表自己对任何人（包括美国政府及其机构）提起一项民事诉讼，以实施授权该公民诉讼条款的环境法律，以及依据该成文法颁布的行政规章、许可证以及行政命令等特定的法律要求。① 此处的“任何人”、“任何公民”范围十分广泛，涵盖了美国社会公共与私人领域所有具有独立法律地位的实体，包括个人、信托基金、公司、合伙、社团、政府机构等。我国《宪法》、《环境保护法》均有公民检举、控告权的规定。如《环境保护法》第6条规定：“一切单位和个人都有保护环境的义务，并有权对污染和破坏环境单位和个人进行检举和控告。”这些条文为公民的公益诉讼资格奠定了一定的法律基础。笔者认为，可以在宪法、民法等实体法中确认“公众环境权”，赋予一切组织和个人有权针对侵害“公众环境权”的侵权人提起环境公益诉讼，为环境公益诉讼奠定坚实的实体法依据。② 然后，在《民事诉讼法》、《行政诉讼法》中分别增加民事环境公益诉讼和行政环境公益诉讼的内容，赋予公民公益诉讼起诉资格。公民既可针

---

① See William H. Timbers and David A. Writh, Private Rights of Action and Judicial Review in Federal Enviromental Law. 70 Cornell Law Review, p. 405, 1985. 转引自陈冬:《环境公益诉讼研究——以美国环境公民诉讼为中心》,中国海洋大学博士论文,2004 年。

② 参见万鄂湘:《建立环境公益诉讼制度推进生态文明建设》,载《新华文摘》2009 年第 11 期,第 12 页。

对环境违法者提起民事公益诉讼，也可以针对政府环境主管部门的行政不作为或乱作为提起行政公益诉讼，要求其履行法律规定的环境执法职能。与此同时，建立起对公民公益诉讼的法律援助制度，明确规定法律援助机构、基金等社会公益组织从资金、技术、法律等方面对公民提起公益诉讼予以支持和帮助。

7.2.4.1.2　环保组织的环境公益诉讼主体资格

在各国环境保护运动中，环境保护组织无论是在推动环境保护法律法规的制定、参与环境保护监管，还是监督环境法律的实施等方面，均发挥了极其重要的作用。环保组织作为环境社会公益的拥护者和维护者，也是提起环境公益诉讼的恰当原告。首先，从环保组织保护环境公益的宗旨来看，赋予其环境公益诉讼主体资格是适宜的。环保组织成立的目的和宗旨就是推动环境保护，这决定了其有兴趣和动力对环境污染和环境违法事件保持高度关注，并与这种行为进行斗争。赋予其环境公益诉权，无疑为其更好地实现其宗旨提供了最有力的法律支持。其次，相比公民个人，环保组织具有更为充分的资源和能力行使环境公益诉权。环保组织具有一定的资金实力，很多环保专家是其成员，在资金、技术、人力等方面具有个人无法比拟的优势，更能充分发挥环境公益诉讼的功能。最后，赋予环保组织环境公益诉权也是各国环境公益诉讼立法的普遍做法，是发挥社会组织参与社会监督管理、践行社会民主的重要途径。因而，我国也应通过环境公益诉讼条款赋予环保组织起诉主体资格。在具体实施上，拥有公益诉权的环保组织必须是经过法定登记、注册程序，并经民政部门确认的环保组织，以防止一些别有用心的人打着环保组织的名义不负责任地提起诉讼。

7.2.4.1.3　检察机关的环境公益诉讼主体资格

检察机关提起或参与民事公益诉讼是各国公益诉讼制度的一大共性，只是各国检察机关参与民事公益诉讼的方式、案件范围不尽一致。[①] 在我国，检察机关是国家法律监督机关。《人民检察院组

① 参见潘申明：《比较法视野下的民事公益诉讼——兼论我国民事公益诉讼制度的建构》，华东政法大学博士学位论文，2009年，第353页。

织法》规定："中华人民共和国人民检察院是国家的法律监督机关。"《民事诉讼法》第14条规定："人民检察院有权对民事诉讼实行法律监督。"一方面，检察机关对侦查、起诉、审判等司法活动进行监督；另一方面，检察机关代表国家对严重危害社会的违法犯罪活动提起公诉。虽然我国法律并未明确建立公益诉讼制度，但从检察机关的法律地位和职能来看，赋予检察机关提起公益诉讼的主体资格是合适的。首先，检察机关的基本职能是代表国家行使公诉权，通过对司法活动的参与和监督确保法律实施和社会公益。因而，在诸如环境等公共利益受到损害时，检察机关同样应当代表国家行使公益诉讼权，以维护和恢复公众的环境公共权益。其次，检察机关具有足够的资源负担公益诉讼。无论是法律资源、人力资源，还是其作为法律监督机关的权威性，均能确保公益诉讼的顺利推进，进而有力地维护公共利益。事实上，我国司法实践中能够成功获得支持的环境公益诉讼案件，基本上均是由检察机关提起的。如2003年11月，四川省阆中市人民法院依法对阆中检察院起诉阆中市群发骨粉厂环境污染案做出判决，判决该市群发骨粉厂停止对环境的侵害，并在1个月内改进设备，直至排出的烟尘、噪声、总悬浮颗粒物不超过法定浓度限值标准为止。2008年12月9日，广州海事法院对广州市海珠区人民检察院提起的广东首例水资源污染公益诉讼案作出了一审判决。① 2009年，广州海事法院对广州市番禺区人民检察院起诉卢平章水域污染损害赔偿纠纷案做出判决，支持了原告的诉讼请求。在该判决中，法院不仅做出了类似禁令的判决（判决被告卢平章立即停止违法排放污水等一切破坏水域环境的行为），而且判决被告对污染造成的环境经济损失进行赔偿，主要包括直接经济损失、农业生产损失、环境生态损失、间接损失、预防措施费用等，② 赔偿的范围相当广泛。

---

① 参见万鄂湘：《建立环境公益诉讼制度推进生态文明建设》，载《新华文摘》2009年第11期，第12页。

② 参见广州海事法院对广州市番禺区人民检察院与卢平章水域污染损害赔偿纠纷案的民事判决书［（2009）广海法初字第247号］，载 http：//www. gzhsfy. org/showjudgement. php？ id=4367，2012年3月15日访问。

7.2.4.1.4　国家环境行政主管部门的环境公益诉讼主体资格

国家环境行政主管部门是代表国家执行环境保护法律，对各社会主体的行为予以监督管理的部门。虽然环境执法的主要方式是行政手段，但在必要情况下也可采取司法手段。因而，赋予国家环境行政主管部门环境公益诉讼主体资格是拓展其环境保护手段，确保其环境监督管理职能履行的重要途径。前已述及，《海洋环境保护法》第90条第2款规定："对破坏海洋生态、海洋水产资源、海洋保护区，给国家造成重大损失的，由依照本法规定行使海洋环境监督管理权的部门代表国家对责任者提出损害赔偿要求。"这里的损害赔偿范围虽然并未确定，但从理论上说应该是可以包括生态损害以及自然资源恢复的费用。因而，现有法律已经为海洋环境行政主管部门提起公益诉讼提供了一定的法律依据。按照我国《环境保护法》和《海洋环境保护法》的规定，国家环保部、国家海洋局、国家海事局、国家渔业局及各地相应的部门，均在不同范围行使环境保护监督管理权。国家环保部及其下属各级环保部门是行使环境保护监督管理权的一般职能部门；渔区类船舶污染和渔区外渔业船舶造成的环境污染由渔业行政主管部门负责监督管理；港区内外的污染则由海事行政主管部门负责；国家海洋行政主管部门则对海洋环境行使一般性的监督管理，并负责全国防治海洋工程建设项目和海洋倾倒废弃物对海洋污染损害环境保护工作。因而，赋予国家环境行政主管部门环境公益诉讼主体资格后，以上各部门在各自环保职能范围之内均有权提起环境公益诉讼，其中环境部门对一切环境损害均有权提起公益诉讼；海洋环境行政主管部门则对海洋环境污染有权提起公益诉讼。

**7.2.4.2　环境公益诉讼的归责原则与举证责任分配**

环境侵权是典型的特殊侵权行为，对其实行严格责任和举证责任倒置是一般的法律原则。环境公益诉讼是基于维护社会公共利益而提起的诉讼，不仅符合环境侵权损害赔偿的一般法律特征，还具有社会公益性，对环境侵权人（被告）适用严格责任原则和举证责任倒置更具合理性。按照严格责任原则，只要原告能够证明发生了污染行为、存在污染损害事实，污染行为与损害之间具有因果关系，则除非被告能够证明存在法定的免责事由，否则均应承担责任。① 也就是说，原告还应该对污染行为与损害事实之间存在因果关系承担证明责任。然而，环境污染特别是海洋环境污染调查取证难度大，证据的技术性和专业性强，而且一般不为原告所掌握，原告很难充分证明“确实地”存在这种因果关系，进而极大地伤害提起公益诉讼的积极性。我国很多环境侵权诉讼很难进入法院实质审理，很重要的原因便是原告无法证实这种因果关系的存在。

为了解决这一问题，一些国家法律确立了法院推定因果关系存在制度。如德国1974年《联邦公害防治法》规定，如果环境污染者排放空气污染物超过排放标准，则由排放者承担举证责任，即使排放未超标但具体事实足以证明导致了损害结果，法院就推定因果关系存在，除非污染者有足够的证据证明确实不存在这种因果关系。② 笔者认为，这种立法和司法上的智慧是十分值得肯定和借鉴的。环境侵权行为具有损害行为的间接性、损害后果的巨大危害性、损害原因的复杂性、证据的流动性与专业性、损害行为与损害结果之间关系的非线性等特征，原告在客观上很难进入被告企业了解和调查污染物的产生和排放情况，也无法掌握被告是否采取了有力措施防范污染的发生，无法核实污染物和污染事故的发生是否源于设计或工艺上的缺陷所致，要求公益诉讼的原告承担损害事实与损害结果之间存在因果关系，无疑是为公益诉讼施加了一个难以逾越的“紧箍咒”，将会极大地伤害社会主体提起公益诉讼的积极性，阻碍公益诉讼功能的发挥。相反，污染企业对污染物的属性、污染物对环境可能造成的影响等具有高度技术性的详细资料，客观上具有证明污染行为与损害结果之间具有或不具有因果关系的便利条件，而且其具有相应的人力、物力、财力和技术能力来进行这种证明。法律规定有其承担不存在因果关系的证明责任，符合主客观

① 参见韩立新著:《船舶污染损害赔偿法律制度研究》,法律出版社2007年版,第126页。

② 参见汪劲著:《环境法律的理念与价值追求》,法律出版社2000年版,第107页;韩立新著《船舶污染损害赔偿法律制度研究》,法律出版社2007年版,第244页。

相统一的原则。因而，笔者认为，在环境公益诉讼的举证责任分配上，适用法院推定因果关系存在制度，即环境公益诉讼的原告只需证明存在环境污染事实和损害，除非被告能够充分证明污染事实和损害之间不存在因果关系，则法院推定存在这种因果关系，被告应当承担损害赔偿责任。

#### 7.2.4.3 环境公益诉讼的可诉范围与前置程序

可诉范围是指法律主体为了解决某种纠纷，保护某种利益而请求法院进行司法救济的法定范围，其解决的是法律主体“对什么可以提起诉讼”① 的问题。按照我国现行《行政诉讼法》和《民事诉讼法》的规定，行政诉讼的受案范围是行政机关的具体行政行为，民事诉讼的受案范围是对人身权和财产权造成损害的侵权行为和违约行为。因而，对于造成人身与财产损害的环境污染或破坏行为，可以提起民事诉讼。但如果某一环境污染或破坏行为只损害了环境，而没有带来人身和财产损失，是否可以对其提起诉讼？这正是环境公益诉讼要解决的问题。对于我国环境公益诉讼，有学者主张以“处于继续或者连续状态的环境污染或者生态破坏行为为对象”②。该主张不仅将对环境造成严重危害后果的一次性重大环境污染事故排除在外，还可能把给环境带来重大危害后果的规划项目等排除在外，可诉范围过于狭窄，难以达成环境公益诉讼的目的。笔者认为，只要被诉行为人的行为危害到或可能危害到环境公益，均可对其提起环境公益诉讼。具体来说，对于不违反我国环境法律、法规规定但却对环境造成了侵害或有确切证据证明将要造成环境损害，行为人虽然不需要承担行政责任，但应当承担民事责任，可以对其提起环境民事公益诉讼。对于违反我国环境法律、法规规定的环境违法行为提起环境民事公益诉讼，不以环境损害的实际发生为前提，但应先行请求环境行政管理部门及时采取行政措施加以制止；如果环境行政管理部门怠于履行或不履行其管理职责，

---

① 左卫民等著:《诉讼权研究》,法律出版社 2003 年版,第 53 页。

② 别涛:《中国的环境公益诉讼及其立法设想》,载别涛主编《环境公益诉讼》,法律出版社 2007 年版,第 14 页。

则原告可以选择提起环境民事公益诉讼或环境行政公益诉讼。

环境公益诉讼的主要目的是充分动员社会力量参与环境执法监督，以弥补环境行政主管部门执法资源的不足，更加充分地保护环境。因而，如何协调与平衡环境公益诉讼与行政权、司法权之间的关系是需要解决的重要问题。公益诉讼的目的在于弥补，而非取代。因而，各国公益诉讼立法一般都设置了限制性的前置程序。如果美国联邦环境法律规定，提起公民诉讼前，应提前60日将书面的“起诉意愿通知”送交被主张违法的污染者或联邦、州政府。经过60日后，如果被告知者已经改正环境违法行为或者与告知人达成和解，则无须起诉；只有被告知者继续其环境违法行为或者违反和解约定，才能正式提起公民诉讼。笔者认为，我国在进行公益诉讼立法时，应当借鉴这一规定，起诉人应在提起环境公益诉讼之前一定期限内（如60日）通知行政机关及相关当事人。对于环境违法行为，行政机关接到通知后不予处理的或对处理决定不服的，起诉人可以直接以环境侵权人为被告提起环境民事公益诉讼，也可以行政机关为被告提起环境行政公益诉讼。对于可能导致特别重大污染的紧急事件，为争取起诉时间，可以免除告知程序。

#### 7.2.4.4　环境公益诉讼的救济形式与判决效力

纵观各国立法，环境公益诉讼的救济形式主要有颁发禁令、要求履行法定职责、采取补救措施、罚金等几种形式。笔者认为，对于环境行政公益诉讼，主要救济形式是采取补救措施以及要求环境行政主管机关履行法定职责，包括撤销环保部门对第三人的许可、批准，责令环保部门不得向第三人授予开发自然资源、排污许可证，责令环保部门修改环境行政许可内容，责令环保部门对第三人环境污染破坏行为给予行政处罚，责令环保部门采取环境治理措施等形式。对于环境民事公益诉讼，主要的救济形式是排除妨害、损害赔偿、民事罚金等。排除妨害的主要形式是颁发禁令，包括禁止性禁令（禁止被告继续从事环境污染或破坏行为）、预防性禁令（阻止被告实施可能危害、污染环境的行为）、纠正性禁令（要求被告采取相应措施以清除环境危害）。民事公益诉讼中的损害赔偿一般是指自然资源损害赔偿（或称生态损害赔偿），主要是自然资源恢复、重建所需要的费用，由相应的国家行政机关代表国家提出。民事罚金一般也适用于国家机关提出的环境公益诉讼，以增加环境公益诉讼的威慑力。罚金上缴国库或用于建立环境保护基金。如美国法院在埃克森石油公司“埃克森·瓦尔迪兹”号油轮溢油案、地球之友诉兰得洛环境服务公司案中，均做出了民事罚金判决。①

环境公益诉讼的目的在于通过诉讼这一形式，调动全社会共同参与环境保护和管理，预防和制止对公共环境造成伤害的行为。在这种诉讼中，争议的事项具有公共性，当事人的主张体现的是整体性和普遍性的利益。正因如此，各国环境公益诉讼都对司法裁判的既判力进行了扩展，以达到更好地发挥环境公益诉讼的立法目的。这主要包括两层含义：一是无论判例法还是成文法国家，都将公益诉讼个案裁判的效力及于未起诉的同类案件，对某种环境侵害行为的禁止效力及于同类环境侵害行为。二是对同一类型的环境侵害行为，禁止原告再次提起环境公益诉讼，以防止滥诉，降低司法成本。② 笔者以为，我国立法应当借鉴这种方式，对于同一类型的环境侵权行为，法院做出过原告胜诉的生效判决，任何社会主体再次发现其他行为人的同类型环境侵权行为时，只需向法院申请执行判决内容，而不必再次提起环境公益诉讼。

#### 7.2.4.5 环境公益诉讼的诉讼管辖

一方面，环境公益诉讼涉及社会公众的普遍利益，受到社会的广泛关注，需要法院能够不受干扰地、独立公正地进行审理。在我国现阶段经济发展模式下，环境权的维护有时与地方经济发展目标不尽一致，环境行政公益诉讼直接针对的是当地行政机关的环境执法不作为或乱作为，如果依照一般民事或行政案件的诉讼管辖，由

---

① See Miles Toibert, the Public as Plaintiff: Pubulic Nuisance and Federal Citizen Suits in the Exxon Valdez Litigation, 14 Hav. Envtl. Law Rev, p. 521, 1990. Friends of the Earth v. Laidlaw Envtl. Servs. ,528 U. S. 167(2000).

② 参见徐祥民、胡中华、梅宏等著：《环境公益诉讼研究——以制度建设为中心》，中国法制出版社 2009 年版，第 378 ~ 379 页。

环境侵权行为地或被告所在地法院管辖，则有可能导致行政权对司法的干预或影响。另一方面，环境公益诉讼具有高度的专业性和技术性，与一般的民事侵权行为具有显著差别。基于此，对于一般环境公益诉讼案件，笔者建议在中级法院中设立专门的环保法庭，受理所在区域的一审环境公益诉讼案件。为避免地方保护主义的干扰，可明确规定由环境保护部在全国设立的环境污染监督区域办事处，在发生重大水污染事故，给国家造成重大损失时，由这些办事处代表国家对责任者提出损害赔偿要求。

对于水污染包括海洋环境污染，规定由海事法统一受理，则可充分利用现有海事法院的优势。主要原因在于：水污染有随水体、跨区域扩散的特点，往往是上游污染，下游受损，污染与损害分散在多个行政区域。我国海事法院目前只能受理通海可航水域发生的水污染案件。通航河流和湖泊的水污染案件多依靠行政途径解决，缺乏统一的流域司法管辖体制，导致大量的水污染事故实际处于无司法救济的状态。我国目前有10个海事法院，分布在沿海和长江的10个重点流域，具有按流域设置，跨行政区域管辖的特点，有利于从法律机制上防止地方和部门保护主义的干扰；海事法官具有审理海上污染案件的司法实践经验和专门的法律和技术知识，有利于保证案件质量，提高办案效率。实行水污染案件由海事法院专门管辖，还有利于统一裁判尺度，规范司法程序，实现案件的专业、规范审理。①

在环境公益诉讼中，原告主要基于对正义的追求，对和谐、健康生态环境的维护，提起诉讼，其自身要花费大量的时间、金钱、精力成本。为了鼓励原告提起环境公益诉讼，美国等西方国家建立起特殊的诉讼费负担原则和原告奖励制度。即法院可以裁决败诉方向胜诉方给付律师费用，以减轻原告的诉讼成本；被告败诉后可能被处以一定数额的罚金，法院可判决从被告的罚金中提取15% ~

---

①　参见隋笑飞、罗宇凡：《万鄂湘委员呼吁：建立环境公益诉讼制度，实行环保案件专门管辖》，载 http://news.xinhuanet.com/politics/2010-03/12/content_13157493.htm，2012年3月16日访问。

30%作为对原告进行环境公益诉讼的奖励。笔者认为，我国可以借鉴这一做法，一方面可以降低原告提起环境公益诉讼的成本，另一方面可以鼓励社会主体通过环境公益诉讼的形式保护环境。

## 7.3 我国海洋石油开发环境污染风险防范与监管机制的完善

从墨西哥湾漏油事故和渤海湾漏油事故的发生可以看出，海洋石油开发中的巨大环境污染风险主要来自于石油开发中的关键决策、风险管理、操作流程、信息沟通等方面。如总统调查委员会认为，墨西哥湾漏油事故的发生，直接原因是BP对马康多油井反向压力测试的不当操作和测试结果的误读，以及临时决定对一个关键程序的取消；根本原因在于石油开发企业管理和政府监管的双重失败。由国家海洋局等部委组成的联合调查组对渤海湾漏油事故的调查结论认为，康菲石油中国有限公司在蓬莱19-3油田生产作业过程中违反总体开发方案，在制度和管理上存在缺失，出现事故征兆后，没有采取必要的防范措施，由此导致一起重大海洋溢油污染的责任事故。由此可见，对于海洋石油开发而言，如何加强监管，督促石油开发企业提高风险管理水平，有效防范漏油风险的发生，具有特别重要的意义。美国墨西哥湾漏油事故发生后，总统委员会提出的核心建议便是如何完善政府的监管机制，提高海洋石油开发溢油事故的应急救援能力，尽可能减少漏油事故发生的可能性。因而，我们在完善海洋石油开发环境污染损害赔偿机制的同时，必须同样关注海洋石油开发溢油风险的有效预防与控制，建立科学、完善、精细的日常监管体制与机制。主要建议如下：

### 7.3.1 完善我国海洋石油开发环境污染的监管体制

按照我国法律规定，国家环保部和国家海洋局均对海洋石油开发中的环境问题负有监管职能。《海洋环境保护法》第5条第1款规定："国务院环境保护行政主管部门作为对全国环境保护工作统一监督管理的部门，对全国海洋环境保护工作实施指导、协调和监督，并负责全国防治陆源污染物和海岸工程建设项目对海洋污染损害的环境保护工作。”该条第2款规定：“国家海洋行政主管部门负责海洋环境的监督管理，组织海洋环境的调查、监测、监视、评价和科学研究，负责全国防治海洋工程建设项目和海洋倾倒废弃物对海洋污染损害的环境保护工作。”可以看出，环保部虽然对海洋环境保护实施指导、协调和监督，但其主要侧重于对“防治陆源污染物和海岸工程建设项目对海洋污染损害的环境保护工作”；国家海洋局的海洋监管职能则更为丰富，包括三个方面：一是对海洋环境进行一般意义上的监督管理；二是组织海洋环境的调查、监测、监视、评价和科学研究；三是负责全国防治海洋工程建设项目和海洋倾倒废弃物对海洋污染损害的环境保护工作。这三个职能均与海洋石油开发息息相关。因而，单纯从海洋石油开发环境污染防治而言，国家海洋局所肩负的职能无疑更加全面、重要。为履行海洋环境监管职能，国家海洋局专门成立了中国海监总队，组织协调我国管辖海域海洋执法监察工作；组织对海上重大事件的应急监视、调查取证，并依法查处。

然而，国家海洋局只是国土资源部管理的二级局，既不是国务院组成部门，也不是国务院直属机构，其权威性相对于环保部等部门来说明显不足。在发生重大溢油事故后，需要由其牵头环保部、农业部、国土资源部、交通部、国家气象局等部门来进行应急处理，其职能的重大、广泛与其地位的相对低微形成反差，导致其日常监管的权威性和重大溢油事故的动员、协调能力不足。与此同时，按照我国现有法律规定，海洋石油开发溢油事故发生后，负责油污清理的部门是国家海事局下属的搜救中心。国家海事局并不负责海洋石油开发的环境监管，难以掌握海洋石油开发溢油事故的实际情况、技术参数等，也难以与漏油企业紧密合作，导致清污的效率和有效程度值得怀疑。

从以上分析可以看出，我国海洋石油开发环境污染的监管体制职能比较混乱。首先，环保部与国家海洋局在海洋环境监管上存在职能交叉，各自职能如何协调没有规定。其次，国家海洋局承担的海洋环境监管的重大职能与其国土资源部管理的二级局的部门地位不相匹配，可能制约和影响其职能的充分发挥。最后，海洋环境日常监管和执法部门是国家海洋局，但应急处理中的清污环节却由国家海事局负责，造成监管与应急救济职能的分割，不利于整体效能的提升。

海洋是国土的一部分，随着人类对海洋资源开发步伐的加快，其战略地位日益重要。海洋环境保护和监管，具有高度的技术性和复杂性；海洋环境污染，具有巨大的危害性和不可逆转性。基于海洋环境保护的专业性与重要性，一些海洋大国如美国等，专门建立了海洋环境监管部门。我国是一个海洋大国，拥有漫长的海岸线和宽阔的大陆架。对于我国未来发展而言，海洋无论是在国家安全，还是在经济发展、能源安全等方面，均占据着十分重要的地位。基于以上原因，笔者以为，必须加大海洋环境监管的力度，强化其权威性，提升其监管效力，理顺和统一监管职能。具体建议如下：

一是将国家海洋局升格为国务院直属机构，提升机构的权威性。明确规定国家海洋局是国家海洋环境监管的主要职能部门。基于海洋环境保护的目的，国家海洋局有权组织和协调环保部、交通部、国土资源部、农业部、国家气象局以及地方政府等采取相关措施，这些部门或政府负有全力配合的法定义务。如此规定，可以凸显国家海洋局在海洋环境监管上的主要职能部门地位，增强其权威性，避免其与环保部等职能的交叉。

二是将国家渔业局在渔业污染监管、国家海事局在港口污染以及船舶污染监管方面的职能统一划归国家海洋局，实现海洋环境监管职能的统一，提升监管效能。无论是渔业污染还是港口污染、船舶污染，均属于对海洋环境的污染。国家渔业局、国家海事局并非专业的环境监管部门，各自仍然承担着更为主要的其他职能。现有的这种条块式分割管理，不仅导致海洋环境监管体制上的混乱，还削弱了监管的效能。

三是明确规定国家海洋局负责海洋环境污染事故的应急处理。无论是船舶污染，还是海洋石油开发环境污染，抑或是其他海洋环境污染事故，其应急处理机制都是一致的。在国家海洋局下成立专门的应急反应处理中心，下属油污清理救援总队，专司海洋环境污染事故发生后的应急处理和油污清理工作。国家海事局搜救中心的主要职能是对江河污染提供清污服务，但应国家海洋局油污清理救援总队的要求，在重大油污事故中负有协调配合清理油污的义务。

### 7.3.2　完善我国海洋石油开发的日常监管机制

在建立以国家海洋局为核心的海洋环境监管体制之后，必须进一步完善其日常监管职能，通过科学、有效、全面的日常监管降低石油开发中的各种风险。

一是建立完善、系统的溢油风险监管和控制模式。国土资源部应当对海洋石油开发中的法规、政策、制度等实施情况进行更加有效的监督。加强海洋石油开发租约前置条件管理，石油开发企业要获得我国领海和专属经济区的石油开发协议，必须充分证明自己：(1) 已经紧随科技发展的最新步伐，采用了最新的管理手段进行风险管理，能够有效降低和规避石油开发中的各种风险。(2) 提交对本石油开发项目的环境风险评估报告。综合考虑石油开发项目的特定地理条件、海域环境、技术特点等各方面因素，对本项目石油开发过程中环境污染的可能性及其后果进行分析评估，对可能出现的各种环境污染风险点进行一一梳理，并有针对性地制定防范措施。(3) 建立综合性的“安全预案”或“溢油应急处理计划”。在发生溢油事故的情形下，石油开发企业如何及时高效地动员一切可能的资源和力量，在最短时间内堵塞漏油点，清除污染，最大程度地减少污染损害，制定出详细的应急预案。(4) 经验、技术水准证明与财务保证。石油开发企业应当证明其具有海洋石油开发管理的充足经验、技术水平，能够胜任深海石油开发的复杂技术要求而不至于导致环境污染；必须提供充分的财务保证确保其在发生溢油事故的情形下，具有足够的财务能力赔偿所有油污受害人。以上各种前置证明材料，必须经国家海洋局审查，确保这些资料能够充分证明石油开发企业具备相应的资质和能力后，方能获得确认。石油开发企业将经国家海洋局签字、盖章确认的证明资料提交给国土资源部，方可获得相应的海洋石油开发资格。

二是着力提高国家海洋局的日常监管和执法能力。国家海洋局应在充分调研，充分吸收墨西哥湾漏油事故和渤海湾漏油事故教训的基础上，建立起完善的海洋石油开发环境风险评估和管理体系，用于指导对海洋石油开发的监管。把监管的核心从开发企业说明性的操作规则转向建立对石油开发整个过程的系统监管，对开发设计、开发设施、关键决策、操作规则、风险管理与环境保护等进行全方位的审查和监管。建立政府专家派驻海洋石油开发现场安全监管制度，指派专家对大型海洋石油开发项目实施现场监督。实施更为严格的日常报告制度，要求石油开发企业定期对石油开发的进展情况、可能面临的环境风险等提供更加详细的数据和分析报告。建立起海洋石油开发企业信息沟通和共享平台，畅通石油开发企业之间的信息沟通渠道，实现经验共享，不断提升风险管理的标准和水平。

三是加强对海洋石油开发的风险评估和管理。国家海洋局应当充分发挥其“海洋环境的调查、监测、监视、评价和科学研究”职能，对于海洋石油开发重点区域的环境污染风险进行调查、分析、监测和评价，对其中可能出现漏油事故的关键风险点加以梳理，并提出适宜的预防建议。建立一个能力足够胜任的、独立的工程技术顾问机构，审查现有的石油开发规则对于达成海洋环境保护目标是否足够、充分，是否与国际最高标准存在差距；研究和建立能够达成安全和环境保护目标的全新规则体系，确保所有石油开发活动在确保安全的标准下运行。发挥国家海洋局下属专业研究机构的优势，尽快对高风险油井的定义进行清晰界定，并研究出合理评估这些风险的方法。成立一个紧密协作、团结一致的研究团队，研究、开发出更加安全的系统和方法，有效防止石油开发过程中设计或设备上的问题。

### 7.3.3 完善我国海洋石油开发漏油事故应急反应机制

一个科学、完善的应急反应体系对于应急事故的处理起着关键性的作用。《海洋环境保护法》第 18 条第 1 款规定：“国家根据防止海洋环境污染的需要，制定国家重大海上污染事故应急计划。”第 2 款规定：“国家海洋行政主管部门负责制定全国海洋石油勘探开发重大海上溢油应急计划，报国务院环境保护行政主管部门备案。”然而，遗憾的是我国目前尚无全国统一的海洋石油勘探开发重大海上溢油应急计划。本次渤海湾漏油事故的应急处理，更是因为缺乏科学的指引而乏善可陈。因而，我们必须尽快建立起层层相扣的溢油事故应急反应和救援体系，不断提升这一体系的科学化水平，这样才能在溢油事故发生的紧急情境下有条不紊地加以应对和处置，将污染损害降到最低。

首先，尽快建立国家溢油反应计划。国家海洋局必须尽快承担法定的义务，借鉴美国应急处理机制和国际公约的相关规定，结合我国实际情况，编制我国海上溢油应急处理计划，对溢油事故发生后如何启动应急反应程序、国家海洋局的牵头指挥职能及各相关部门的义务、如何畅通应急处置与公众的信息沟通渠道、如何组织堵塞漏油点和清污行动等，进行详细的规定。与此同时，要求各沿海地方政府分级编制海上溢油应急处理计划，分级上报审查备案；要求从事海洋石油开发的企业针对各自开发项目编制溢油应急反应计划，上报地方政府和国家海洋局备案，建立起层层相扣的应急反应体系。一旦发生溢油事故后，石油开发企业、地方政府、国家海洋局立即启动应急反应计划，加以有效处理和应对。建立起应急反应计划定期修改机制，根据时代的发展、情况的变化和技术的进步，每3～5年对国家和地方政府溢油应急反应计划进行重新审查和更新，确保其始终的生命力和有效性。

其次，建立起权责明确、层次分明的国家溢油处置机制。我国目前还没有建立完整的国家溢油应急指挥体系，防止溢油污染损害应急反应的协调指挥工作基本上依托交通部海上搜救中心和各省、市的海上搜救中心。因而，在制订应急反应计划的基础上，尽快建立国家海上溢油应急反应处理机制，成立国家溢油应急处理指挥中心，规定一旦重大溢油事故发生后，国家溢油应急处理指挥中心立即启动。国家海洋局承担国家溢油应急处理指挥中心的协调、指挥职能，环保部、交通部、国土资源部、农业部、气象局、溢油所在地方政府等是指挥中心的成员单位，对于溢油应急处理负有协助的法定义务。对国家海洋局及其他成员单位的职责、反应步骤、操作规则、现场处置等进行详细规定，明确不作为的行政问责机制，确保事故处理的及时、高效。

最后，整合资源，不断提升应急处置能力。建立起国家层面和地区层面的应急反应团队，积极开展应急反应和救援专业培训，提升地方政府、机构和公众的应急反应和救援技能。拨付专项资金，采购最先进的溢油应急反应设施和清污设备，确保其足够的数量和专业的日常护理，以备不时之需。充分利用卫星遥感、航空遥感等新技术，适时掌握溢油事故发展动态，及时采取有效措施，避免事态恶化和扩大。

# 结语：蓝色海洋文明的黑色忧虑

海洋是人类生命的摇篮。随着经济全球化、科学技术的进步，人类开发和利用海洋资源的步伐越来越快，海洋日益成为人类文明发展进步的动力。然而，人类在开发和利用海洋资源的同时，也给海洋生态环境带来了巨大危害，石油污染便是其中最为重要的污染来源之一。在陆地石油资源日益枯竭的情况下，深海石油开发在现在和可预见的未来，日益重要，日益蓬勃发展。然而，美国墨西哥湾漏油事故和我国渤海湾漏油事故的先后发生，触目惊心地揭示了海洋石油开发环境污染对海洋生态环境的灾难性破坏。蓝色的海洋文明面临着可怕的黑色油污挑战。

自 20 世纪 50 年代以来，海上石油运输中的石油污染问题已引起国际社会和各国的普遍关注，国际社会逐步建立起以《1969 年国际油污损害民事责任公约》及其议定书和《1971 年设立国际油污损害赔偿基金国际公约》及其议定书为核心的污染救济法律体系。各国也都以公约为蓝本，或直接适用公约，或通过国内立法建立起类似的船舶污染国内法律救济体系。遗憾的是，对海洋石油开发中可能带来的巨大环境污染风险如何进行有效救济，国际社会并未达成共识，除了一部尚未生效的国际条约(《勘探、开发海底矿产资源油污损害民事责任公约》)和一部民间协定(《近海污染责任协定》)外，没有任何生效的政府间国际条约专门适用于海洋石油开发环境污染的损害赔偿问题。在各国立法中，只有美国 1990 年油污法将海洋石油开发中的油污问题明确纳入法律规制范围。墨西哥湾漏油事故的爆发，不仅对美国现代油污防治和法律赔偿体系提出了巨大挑战，也对国际社会在海洋石油开发环境污染法律救济机制上的法律空白提出了挑战。

作为世界上第一部也是目前为止唯一一部明确将海洋石油开发环境污染法律救济问题纳入国内立法规范的国家，美国海洋环境污染法律救济渠道主要包括油污侵权损害赔偿（包括严格责任、赔偿范围、赔偿责任限额等制度）、强制责任保险、油污责任信托基金以及环境公益诉讼等制度。墨西哥湾漏油事故的爆发，使得美国政府意识到，现有的法律救济机制在巨型油污事故面前显得十分脆弱、无力，因而致力于提高赔偿责任限额、财务保证数额以及油污责任信托基金的单次支付限额。与此同时，统一对海洋石油开发的监管体制，强化监管权威，提高监管水平，对于海洋石油开发环境污染的防范具有十分重要的意义。在对墨西哥湾漏油事故发生原因进行详尽、深入分析后，总统调查委员会得出了事故爆发的根本原因是石油开发企业风险管理和政府监管双重失败的结论。在此基础上，总统委员会提出必须完善海洋石油开发日常监管政策，充分发挥各监管部门的职能，相互协调配合，提高监管标准，完善监管流程，通过科学完善的监管机制来督促和确保石油开发企业采取有力措施，用尽一切可能的手段避免管理中的漏洞和操作中的失误，尽量将石油开发中各种风险降到最低；必须提高政府对海洋石油开发的监管能力，加强风险评估和管理，完善海洋石油开发溢油事故的应急救援体系，强化对企业溢油应急计划的审查监管，建立和完善国家溢油反应程序和救援计划，提升应急处置能力，力争在漏油事故发生后将各种损害降到最低。总统调查委员会的这些建议，对于完善国际海洋石油开发环境污染法律救济机制以及我国海洋石油开发环境污染法律救济机制具有重大启示意义。

尽管以《1969 年国际油污损害民事责任公约》及其议定书和《1971 年设立国际油污损害赔偿基金国际公约》及其议定书为核心的船舶油污损害赔偿法律体系并未将海洋石油开发中的油污问题纳入调整范围，但两者均属油污损害侵权，在法律关系和救济渠道上具有一致性。因而，要完善国际海洋石油开发油污损害赔偿机制，必须先对国际船舶油污损害赔偿法律机制的经验予以总结、吸收，对现有专门调整海洋石油开发油污损害赔偿的法律文件（《勘探、开发海底矿产资源油污损害民事责任公约》和《近海污染责任协定》）进行研究、分析，去粗取精，去伪存真，由此及彼。笔者认为，建立海洋石油开发环境污染国际统一法律救济机制，不仅是海洋石油开发这一重要能源生产方式可持续发展的需要，也是充分保护受害人和海洋生态环境的迫切需要，不仅是政府的愿望，也是国际石油开发企业的愿望，具有深厚的国际法基础。国际海洋石油开发环境污染法律救济机制的构建，应把握好三个原则，即更加注重对受害人和海洋生态环境的保护、更加注重风险预防、更加注重国际立法和国际合作。国际海洋石油开发环境污染法律救济体系从结构上说，应当分为环境污染风险预防体系和环境污染损害赔偿体系。前者致力于对海洋石油开发过程中的各种风险进行全面评估和管理，提高监管的技术水准，切实防范油污事故发生的几率，从根本上实现保护环境、保护沿岸居民利益的目的，主要包括海洋石油开发环境污染防范国际合作机制、海洋石油开发环境风险评估和监控法律机制、海洋石油开发环境污染应急处理机制等内容。后者致力于污染事故发生后，如何公平、及时、充分地对受害人进行赔偿，推动海洋生态环境的重建，主要包括油污侵权损害赔偿制度、强制责任保险与直接诉讼制度、油污赔偿基金制度、油污损害赔偿连带责任机制等内容，其构建路径有两种：一是制定国际海洋石油开发环境污染法律赔偿的专门公约；二是扩大现有国际船舶油污损害赔偿法律体系的适用范围，将移动式钻井平台纳入规范范畴。笔者认为第一种路径更加契合当前海洋石油开发环境污染法律救济的紧迫性。

我国是世界第二大经济体、第二大石油消耗国和进口国，石油作为一种战略资源对我国经济发展的重要性不言而喻。而且，我国有漫长的海岸线，广阔的大陆架蕴藏着丰富的油气资源。随着我国深海探测和勘探技术的日益成熟，海上油气资源的开发和利用对于破解我国日益严峻的能源挑战意义重大。如何在合理开发利用海洋油气资源的同时完善其监管和损害赔偿体系，避免对海洋环境造成重大损害，是我国未来能源政策和海洋环境保护政策的重心所在。渤海湾漏油事故的爆发，使我们再次看到我国海洋石油开发油污防治和损害赔偿上的巨大空白，看到海洋环境监管机制和应急处理机制的乏力。必须以此为契机，尽快制定和出台专门的《石油污染法》，建立起船舶油污和海洋石油开发油污损害赔偿的双轨制，全面、系统地建立起适合我国国情的污染损害民事责任法律体系。这一体系至少应包括四个层面的内容，即海洋石油开发环境污染损害赔偿法律机制、强制责任保险机制、油污损害责任基金制度以及公益诉讼制度等。与此同时，加大海洋环境监管的力度，将国家海洋局升格为国务院直属机构，将国家渔业局在渔业污染监管、国家海事局在港口污染以及船舶污染监管方面的职能统一划归国家海洋局，建立以国家海洋局为核心的海洋环境监管体制，理顺和统一海洋环境监管职能，强化监管权威，提升监管效能；完善海洋石油开发溢油风险预防机制，建立完善、系统的溢油风险监管和控制模式，加强对海洋石油开发的风险评估和管理，提高国家海洋局的日常监管和执法能力，通过科学、有效、系统的日常监管，降低海洋石油开发各个环节可能出现的环境污染风险；尽快建立国家溢油反应计划，建立起权责明确、层次分明的国家溢油反应机制，不断提升应急处置能力，形成环环相扣的溢油事故应急反应和救援体系，将油污事故的损害降到最低。

只有通过以上系统的建构，才能对海洋石油开发中广泛存在的系统性环境污染风险进行科学、有效的控制和管理，尽量将油污事故发生的可能性降到最低；才能建立起迅速、有效的应急处置和救援体系，在油污事故发生后能够及时、高效地加以处置，尽快堵塞漏油点，清除污染，尽量将油污事故对自然生态环境和人身、财产的损害降到最低；才能在油污事故造成损害后，确保油污事故责任方能够及时、充分地对受害人的损害予以赔偿，确保油污事故受害人拥有便捷、多元的索赔途径，获得司法、行政、民事等各方面的救济，能够尽快弥补损失，促进海洋生态环境的恢复与重建，使得蓝色的海洋不再面临黑色油污的困惑，让海更蓝天更阔。

# 主要参考文献

## 一、中文文献

### （一）著作


［1］亚历山大·基斯．国际环境法．张若思，译．北京：法律出版社，2000.

［2］［美］约翰·罗尔斯．正义论．何怀宏，何包钢，廖申白，译．北京：中国社会科学出版社，1988.

［3］王曦．国际环境法（第二版）．北京：法律出版社，2005.

［4］王明远．环境侵权救济法律制度．北京：中国法制出版社，2001.

［5］杨立新．侵权损害赔偿（第五版）．北京：法律出版社，2010.

［6］王利明．侵权法归责原则研究．北京：中国政法大学出版社，1992.

［7］王泽鉴．侵权法（第1册）．台北：台湾三民书局，1999.

［8］胡雪梅．“过错”的死亡．北京：中国政法大学出版社，2004.

［9］［德］克雷斯蒂安·冯·巴尔．欧洲比较侵权行为法．张新宝，译．北京：法律出版社，2001.

［10］杨立新．海上侵权行为法研究．北京：北京师范大学出版社，2011.

［11］高之国．联合国海洋法公约评介．北京：海洋出版社，1986.

[12] 何艳梅．跨国污染损害赔偿法律问题研究．上海：复旦大学出版社，2011.
[13] 刘惠荣．国际环境法．北京：中国法制出版社，2006.
[14] 徐卉．通向社会正义之路——公益诉讼理论研究．北京：法律出版社，2009.
[15] 周枏．罗马法原理．北京：商务印书馆，1996.
[16] 徐祥民，胡中华，梅宏等．环境公益诉讼研究——以制度建设为中心．北京：中国法制出版社，2009.
[17] 汪劲．环境法律的理念与价值追求．北京：法律出版社，2000.
[18] 王名扬．英国行政法．北京：中国政法大学出版社，1987.
[19] 王名扬．美国行政法．北京：中国法制出版社，1995.
[20] 颜运秋．公益诉讼理念研究．北京：中国检察出版社，2002.
[21] [意] 莫诺·卡佩莱蒂．福利国家与接近正义．刘俊祥等，译．北京：法律出版社，2000.
[22] [美] 博登海默．法理学——法律哲学与法律方法．邓正来，译．北京：中国政法大学出版社，1999.
[23] 周文华．论法的正义价值．北京：知识产权出版社，2008.
[24] 王军．侵权法上严格责任的原理和实践．北京：法律出版社，2006.
[25] [美] 弗龙·瓦伦丁·帕尔默．欧洲法中的纯粹经济损失．张小义，钟洪明，译．北京：法律出版社，2005.
[26] 邹海林．责任保险论．北京：法律出版社，1999.
[27] 张湘兰．海商法．武汉：武汉大学出版社，2008.
[28] [英] 帕特莎·波尼，埃伦·波义尔．国际法与环境（第二版）．那力，王彦志，王小钢，译．北京：高等教育出版社，2007.
[29] 梁西．国际法（修订第二版）．武汉：武汉大学出版社，2000.
[30] 司玉琢，李志文．中国海商法基本理论专题研究．北京：北京大学出版社，2009.

[31] 朱建庚. 风险预防原则与海洋环境保护. 北京：人民法院出版社，2006.

[32] 韩立新. 船舶污染损害赔偿法律制度研究. 北京：法律出版社，2007.

[33] 左卫民. 诉讼权研究. 北京：法律出版社，2003.

[34] 别涛. 环境公益诉讼. 北京：法律出版社，2007.

[35] 王曦. 美国环境法概论. 武汉：武汉大学出版社，1992.

[36] 蔡维力. 环境诉权初探. 北京：中国政法大学出版社，2010.

[37] 汪劲，严厚福，孙晓璞. 环境正义：丧钟为谁而鸣. 北京：北京大学出版社，2006.

[38] 司玉琢. 海商法学案例教程. 北京：知识产权出版社，2006.

[39] 朱强. 船舶污染侵权法上的严格责任研究. 北京：中国方正出版社，2008.

[40] 何丽新，谢美山. 海事赔偿责任限制研究. 厦门：厦门大学出版社，2008.

[41] 屈广清. 海事诉讼与海事仲裁法. 北京：法律出版社，2007.

[42] 刘家沂. 海洋生态损害的国家索赔法律机制与国际溢油案例研究. 北京：海洋出版社，2010.

[43] 徐祥民，胡中华，梅宏等. 环境公益诉讼研究——以制度建设为中心. 北京：中国法制出版社，2009.

[44] [英] 伊恩·布朗利著. 国际公法原理. 曾令良，余敏友等，译. 北京：法律出版社，2003.

[45] 邓一峰. 环境诉讼制度研究. 北京：中国法制出版社，2008.

[46] 张艳蕊. 民事公益诉讼制度研究——兼论民事诉讼机能的扩大. 北京：北京大学出版社，2007.


### （二）期刊论文


[1] 万鄂湘. 建立环境公益诉讼制度推进生态文明建设. 新华文摘，2009（11）.

[2] 万鄂湘. 环境保护亟待建立公益诉讼制度. 团结，2009（3）.

[3] 张湘兰，李凤宁．海上责任保险法基础理论问题研究．武大国际法评论，2006（1）．

[4] 何丽新，王功伟．移动式钻井平台油污损害赔偿责任限制问题研究——由墨西哥湾溢油事故钻井平台适用责任限制引发的思考．太平洋学报，2011（7）．

[5] 李志刚．墨西哥湾漏油事故各方赔偿责任划分分析及启示．国际石油经济，2010（8）．

[6] 刘明．墨西哥湾漏油事故及其影响．世界经济年鉴，2011（1）．

[7] 赵召．墨西哥湾漏油事故：前所未有的生态灾难．生命世界，2011（7）．

[8] 陈立宏．墨西哥湾漏油事故及其影响．环境保护与循环经济，2010（7）．

[9] 王祖纲，董华．美国墨西哥湾溢油事故应急响应、治理措施及其启示．国际石油经济，2010（6）．

[10] 曲波，喻剑利．论海洋环境保护———“对一切义务”的视角．当代法学，2008（22）．

[11] 李凤宁．海上责任保险的立法趋势与展望．保险研究，2007（4）．

[12] 别涛．中国环境公益诉讼的立法建议．中国地质大学学报（社会科学版），2006，6（6）．

[13] [日] 田中英夫，竹内昭夫．私人在法实现中的作用．李薇译，民商法论丛，1998，10.

[14] 曾令良．现代国际法的人本化发展趋势．中国社会科学，2007（1）．

[15] 沈扬扬．环境责任保险制度在中国实行的可行性分析．金融经济，2008（6）．

[16] 艾素君．船舶油污损害赔偿的国际立法及实践．武大国际法评论，2004（3）．

[17] 朱强．船舶污染侵权法的遏制效果分析．武大国际法评论，2007（7）．

[18] 张湘兰．船舶污染损害赔偿责任的理论、实践及我国船舶污染法律制度的建构．武汉理工大学学报（社会科学版），2008（1）．

[19] 陈龙杰，刘先鸣．中国油污基金制度的构建模式．中国海商法年刊，2008（18）．

[20] 刘翠，刘卫先．《国际油污损害民事责任公约》和《设立国际油污损害赔偿基金公约》体系下环境损害赔偿的局限性分析——生态保护的视角．海洋开发与管理，2010（1）．

[21] 梅宏，陈志英．船舶溢油应急反应机制的保障制度研究．太平洋学报，2010（10）．

[22] 陈赛．从国际环境法的视角看跨国界污染的国家责任．世界环境，2006（1）．

[23] 别涛．环境污染责任保险制度的中国构想．环境经济杂志，2006（11）．

[24] 李凤宁．我国海上责任保险的立法完善研究．广州大学学报（社会科学版），2007（6）．

[25] 李凤宁．责任保险第三人直接请求权的性质探析．湖北社会科，2007（7）．

[26] 郭锋，胡晓珂．强制责任保险研究．法学杂志，2009（5）．

[27] 罗辑．中国船舶污染强制责任保险相关规则的探讨．中国海商法年刊，2010，21（3）．

[28] 张丽娜．海上强制保险适用范围的合理性解析．武汉理工大学学报（社会科学版），2009（5）．

[29] 杨凯．从三起环境关联诉讼案例看环境公益诉讼之开端．法律适用，2010（2）．

[30] 庄敬华．德国环境损害赔偿法律问题初探．法学论坛，2005（5）．

[31] 幸红．公益诉讼比较研究及其对我国环境立法的启示．学术交流，2005（4）．

[32] 齐树洁，苏婷婷．公益诉讼与当事人适格之扩张．现代法学，2005（4）．

[33] 孙佑海．关于建立我国环境公益诉讼制度的几个问题．国家检察官学院学报，2010（3）．
[34] 宋晓丹．关于我国环境公益诉讼制度构建路径选择的思考．前沿，2010（13）．
[35] 潘继平，张大伟，岳来群．全球海洋油气勘探开发状况与发展趋势．国土资源情报，2006（7）．
[36] 何燕，江朔．环境公益诉讼——立法亟待与实践同步．法学杂志，2010（8）．
[37] 张敏纯，陈国芳．环境公益诉讼的原告类型探究．法学杂志，2010（8）．
[38] 刘卫先．环境公益诉讼理论与实践中“环境公益”的类型范围．中国海洋大学学报（社会科学版），2009（5）．
[39] 喻磊，郑婉婷．环境侵权损害赔偿社会化分担机制的构建．江西社会科学，2010（7）．
[40] 金瑞林．环境侵权与民事救济——兼论环境立法中存在的问题．中国环境科学，1997（3）．
[41] 白佳玉．美国自然资源损害赔偿法律制度初探——以油污治理为视角．西部法学评论，2009（5）．
[42] 韩立新，刘红．油污损害赔偿中非漏油方的责任主体地位探析．河北法学，2008（9）．
[43] 王娟．论油污损害赔偿的法律适用．中国海商法年刊，第19卷．
[44] 张慧芳．关于海上油污损害赔偿诉讼若干问题的分析．中国水运，2007（11）．
[45] 侯怀霞．国际油污损害民事责任制度评析．理论探索，2005（3）．
[46] 姜明安．行政诉讼中的检察监督与行政公益诉讼．法学杂志，2006（2）．
[47] 杨芳．从墨西哥湾漏油事件看英美特殊关系亚非纵横，2010（5）．
[48] 杨玉峰等．墨西哥湾漏油事件因果分析及对我国的启示和建

议．中国能源，2010（8）．
[49] 彭先伟．海洋石油开发与污染：兼评美国墨西哥湾溢油事故的海事赔偿责任限制问题．中国海商法年刊，2010，21（4）．
[50] 张湘兰，徐国平．试论船舶油污损害赔偿义务主体．武汉大学学报（哲学社会科学版），2004（3）．
[51] 邵琦．关于海事赔偿责任限制制度若干问题的思考——海事赔偿责任限制和海事赔偿责任限制基金．中国海商法年刊，2010（21）4.
[52] 李志刚．墨西哥湾漏油事故各方赔偿责任划分分析及启示．国际石油经济，2010（8）．
[53] 夏启明，王占东．超越“深水地平线”——墨西哥湾原油泄漏事件引发的法律思考．国际石油经济，2010（8）．
[54] 陈龙杰，刘先鸣．中国油污基金制度的构建模式．中国海商法年刊，2008（18）．
[55] 张宪初．全球视角下的企业社会责任及对中国的启示．中外法学，2008（1）．
[56] 虞磊珉，王刚．美国“超级基金”中环境法律责任分析及实践应对．环境保护，2004（7）．
[57] 竺效．论在“国际油污民事责任公约”和“际油污基金公约”框架下的生态损害赔偿．政治与法律，2006（2）．
[58] 赵海乐．论跨国公司在他国环境侵权的国际追偿——以美国《外国人侵权法》为视角．东方法学，2009（4）．
[59] 梁玉超．民事公益诉讼模式的选择．法学，2007（6）．

## （三）博士论文

[1] 徐国平．船舶油污损害赔偿法律制度研究．武汉：武汉大学，2004.
[2] 王玫黎．船舶油污损害赔偿法律制度研究．重庆：西南政法大学，2007.
[3] 陈冬．环境公益诉讼研究——以美国环境公民诉讼为中心．

青岛：中国海洋大学，2004.
[4] 李冬梅．美国《综合环境反应、赔偿和责任法》上的环境民事责任研究．长春：吉林大学，2008.
[5] 潘申明．比较法视野下的民事公益诉讼——兼论我国民事公益诉讼制度的建构．上海：华东政法大学，2009.
[6] 周志刚．风险可保性理论与巨灾风险的国家管理．上海：复旦大学，2005.
[7] 李伟芳．跨界环境损害法律责任论．上海：华东政法学院，2007.
[8] 范晓莉．海洋环境保护的法律制度与国际合作．北京：中国政法大学，2003.
[9] 高益民．海洋环境保护若干基本问题研究．青岛：中国海洋大学，2008.
[10] 卓英仁．论国际环境法发展趋向及对中国环境法影响．北京：中国政法大学，2005.
[11] 吴继刚．海洋环境污染损害赔偿法律机制研究——以船舶油污损害为中心．北京：中国政法大学，2004.
[12] 田其云．海洋生态法体系研究．青岛：中国海洋大学，2006.
[13] 陈百贤．论船舶污染损害赔偿．北京：中国政法大学，2006.
[14] 侯怀霞．私法上的环境权及其救济问题研究．青岛：中国海洋大学，2008.
[15] 艾素君．保赔保险合同法律制度研究．武汉：武汉大学，2005.
[16] 李培良．环境侵权损害赔偿社会化研究．上海：华东政法大学，2005.
[17] 陶卫东．论中国环境责任保险制度的构建．青岛：中国海洋大学，2009.
[18] 张磊．中国强制责任保险制度研究．厦门：厦门大学，2007.
[19] 张式军．环境公益诉讼原告资格研究．武汉：武汉大学，2005.
[20] 邓一峰．环境诉讼制度研究．青岛：中国海洋大学，2007.

[21] 李刚. 论海洋污染责任认定及赔偿. 北京：中国政法大学，2006.

## 二、外文文献

### （一）著作类

[1] Mark Wide. *Civil Liability for Environmental Damage*. New York: Kluwer Law International, 2002.

[2] Andree Kirchner ed. *International Marine Environmental Law*. New York: Kluwer Law International, 2003.

[3] Myron H. Nordquist, John Norton Moore. *Current Marine Environmental Issures and the International Tribunal for the Law of Sea*. London: Martinus Nijhof Publishers, 2001.

[4] International Maritime Organization. *Civil Liability for Oil Pollution damage: Texts of Conventions on Liability and Compensation for Oil Pollution Damage*, 1996.

[5] Churchill RR, Lowe AV. *The Law of the Sea*. 3rd ed. Manchester: Manchester University Press, 1999.

[6] Wu Chao. *Pollution from the Carriage of Oil by Sea: Liability and Compensation*. New York: Kluwer Law International Ltd., 1996.

[7] David W. Abecassia. *the Law and Practice Relating to Pollution from Ships*. London: Butterworth, 1978.

[8] Gotthard Gauci. *Oil Pollution at Sea: Civil Liability and Compensation for Damage*. New York: John Wiley and Sons, 1997.

[9] Andrew Burrows. *Remedies for Torts and Breach of Contract*. London: Oxford University Press, 2004.

[10] Susan Hodges. *Law of Marine Insurance*. London: Cavendish Publishing Limited, 1996.

[11] Ivamy, E. R. Hardy. *General Principle of Insurance Law*. London:

Butterworths, 1986.

[12] Elizabeth Cooks. *the Modern Law of Estoppel*. London: Oxford University Press, 2000.

[13] David C. Jackson. *Civil Jurisdiction and Judgment——Maritime Claims*, London: Lloyd's of London Press, 1987.

[14] Ian Brownlie. *Principles of Public International Law 6 th ed.* London: Oxford University Press, 2003.

[15] Robert McCorquodale. *Cases & Materials on International Law*. 4th ed. London: Oxford University Press, 2003.

[16] Malcolm N. Shaw. *International Law*. 5th ed. New York: Cambridge University Press, 2003.

[17] Elibron Classics. *The Rights of War and Peace, Hugo Grotius*. London: Adamant Media Corporation, 2003.

[18] Janis, Mark , W. St. Paul Minn. *Cases and commentary on International Law*. Minnesto: West Group, 2001.

[19] WilliamF. MeDonald. *The Proseeutor*. London: Sage Publications Beverly Hills, 1979.

[20] Frona M. Powell. *Law and the Environment*. Guelph: West Educational Publishing Co. , 1997.

[21] Susan Wolf, Anna White. *Environmental Law*. London: Cavendish Publishing Ltd. , 1995.

[22] William R. Buckley, Cathy J. Okrent. *Torts and Personal Injury Law*. 2nd ed. California: West Publishing Co. , 1997.

[23] Frona M. Powell. *Law and the Environment*. Guelph: West Educational Publishing Co. , 1997.

[24] W. P. Keeton, Dan B. Dobbs, Robert E. Keeton, David G. Owen. *Prosser and Keeton on Torts*. 15th ed. California: West Publishing Co. . 1984.

## （二）论文及电子文献类

[1] National Commission on the BP Deepwater Horizon Oil Spill and

Offshore Drilling, Report to the President: National Commission on the BP Deepwater Horizon Oil Spill and Offshore Drilling, http: //www. oilspillcommission. gov/final-report.

[2] Michael Mason, Civil liability for oil pollution damage: examining the evolving scope for environmental compensation in the international regime. *Marine Policy* 2003 (27).

[3] Dr. Kyriaki Noussia, Environmental Pollution Liability and Insurance Law Ramifications in Light of the Deepwater Horizon Oil Spill. Hamburg Studies on Martime Affairs, 2012, 23.

[4] Kotula M. , Insurance, Pollution Exclusions and the Deepwater Horizon Gulf of Mexico Oil Spill, http: //www. lexisnexis. com/Community/emergingissues/blogs/gulf_ oil_ spill. aspx

[5] Rawle. O. King, Deepwater Horizon Oil Spill Disaster: Risk, Recovery, and Insurance Implications, http: //opencrs. com//dowment/R41320/2010-7-12/.

[6] Congressional Research Service, http: //www. crs. gov.

[7] Christian Schall, Public Interest Litigation Concerning Environmental Matters before Human Rights Courts: A Promising Future Concept? http: //jel. oxfordjournals. org.

[8] Chris Tollefson, Advancing an Agenda, A Reflection on Recent Developments in Canadian Public Interest Environmental Litigation. *University of New Brunswick Law Journal*, 2002 (24) . .

[9] Dr. Parvez Hassan. Securing Environmental Rights through Public Interest Litigation in South Asia. *Virginia Environmental Law Journal*, 2004 (15) .

[10] Abizer Zanzi. the Constitutional Battle over the Public Interest Litgant Exception to RULE 82. *Alaska Law Review*, 2004 (12) .

[11] Chris Tollefson. Costs and the Public Interest Litigant: Okanagan Indian Band and Beyond. Canadian Journal of Administrative Law & Practice, 2006 (4) .

[12] Jona Razzaque. Linking Human Rights, Development and

Environment: Experiences From Litigation in South Asia. *Fordham Environmental Law Review Symposium*, 2007 (6).

[13] Patti Goldman. Public Interest Environmental Litigation in China: Lessons Learned from the U. S. Experience. *Vermont Journal of Environmental Law.*, 2008, 8 (14).

[14] Brian J Preston SC. Role of Public Interest Environmental Litigation, Presented to the Environmental Defender's Office National Conference on Public Interest Environmental Law in Australia Customs House. *NSW*, 2005, 5 (13).

[15] Michael Faure. Economic Criteria for Compulsory Insurance, http: //www. unimaas. nl/maastrichtworkingpapers.

[16] Steven Shavell. Minimum asset requirements and compulsory liability insurance as solutions to the judgment-proof problem. *RAND Journal of Economics*, 2005, 36 (12).

[17] Gulf Coast Incident Management Team Fact Sheet, "One Year Later Press Pack", http: //www. restorethegulf. gov/release/2011/04/10/one-year-later-press-pack..

[18] Gauci G., Limitation of Liability in Maritime Law: an Anachron ism? *Maritime Policy*, 1995,9(19).

[19] Defenders of Wildlife & Center for Wildlife Law. the Public in Action: Using State Citizen Suit to Protect Biodiversity, September 2000, http://www. defenders. org/states/publications/publication. pdf.

[20] Justin Blum and Jim Snyder, "BP, U. S. Agree on Establishment of $ 20 Billion Gulf of Mexico Spill Fund", http://www. bloomberg. com/news/2010-08-09/bp-20-billion-oil-spill -compensation-fund-agreement-completed-with-u-s-. html.

[21] BP, Claims and Government Payments Gulf of Mexico Oil Spill Public Report, http://www. bp. com/sectiongenericarticle800. do? categoryId=9036584&con tentId=7067605.

[22] BP, Compensating the people and communities affected, http:// www. bp. com/sectiongenericarticle800. do? categoryId = 9036584

&contentId = 7067605.

[23] John Schwartz, Transocean Report Blames BP for Gulf Spill, http://www. nytimes. com/2011/06/23/us/23gulf. html.

[24] President Obama, A Massive and Potentially Unprecedented Environmental Disaster, http://www. whitehouse. gov/blog/2010/05/02/a-massive-and-poten tially-unprecedented-environmental-disaster.

[25] Heidi Avery, "summary of the Federal Government's Role in BP's Effort to Stop the BP Oil Leak", http://www. whitehouse. gov/blog/2010/05/21/summary-federal -government -s- role-bp-s-effort-stop-bp-oil-leak.

[26] President Obama: "Statement One-Year Anniversary of the BP Deepwater Horizon Oil Spill", http://www. whitehouse. gov/the-press-office/2011/04/20/statement-president-obama-marking-one-year-anniversary-bp-deepwater-hori.

[27] Dahr Jamail, BP Oil Spill: Lawsuit Filed Against BP Compensation Czar, http://www. globalresearch. ca/index. php? context = va&aid = 23478.

[28] Bernard A. Dubais, The 1976 London Convention on Civil Liability for Oil Pollution Damage from Offshore Operations, http://heinonline. org/HOL/Page? handle = hein. journals/jmlc9&div = 10&g_sent = 1&collection = journals.

[29] Kissi Agyebeng, "Disappearing Acts - Toward a Global Civil Liability Regime for Pollution Damage Resulting from Offshore Oil and Gas Exploration", http://scholarship. law. cornell. edu/lps_papers/11

[30] Charles E. Pirtle, Military Uses of Ocean Space and the Law of the Sea in the New Millennium, http://www. tandfonline. com/doi/abs/10. 1080/009083200276058#preview.

[31] Christian Schall, Public Interest Litigation Concerning Environmental Matters before Human Rights Courts: A Promising

Future Concept? http://jel. oxford journals. org.

[32] John M. Hyson. "Fairness" and Joint and Several Liability in Government Cost Recovery Actions under CERCLA. *The Harvard Environmental Law Review*, 1997(21).

[33] Robert L. Glicksman. Pollution on the Federal Lands IV: Liability for Hazardous Waste Disposal, *UCLA Journal of Environmental Law &Policy*, 1994(12).

[34] Michael V. Hernandez. Cost Recovery or Contribution? Resolving the Controversy over CERCLA Claims Brought by Potential Responsible Parities. *The Harvard Environmental Law Review*, 1997(21).

[35] Contribution Claim, and CERCLA's Statute of Limitations: A Complete Statutory Analysis. *Temple Environmental Law & Technology Journal*, 1997(16).

[36] D. J. Lloyd Watkins, An International Regime of Compulsory Insurance for Vessels: A Case for Caution, http://heinonline. org/HOL/License.

[37] Graydon S. Staring and Gogre L. Waddell. Marine Insurance. Tulane Law Review,1999. (73).

[38] Stephen Martin, Marine Protection and Indemnity Insurance: Conduct, Intent, and Punitive Damages. *Maritime Lawyer*,, 2003,28.

[39] Amy Pilat McMorrow. an Analysis of the Small Business Liability Relief and Brownfields Revitalization Act and its Impact on State Voluntary Cleanup Programs. *Georgia State University Law Review*, 2004(20).

[40] Tamara A. Taylor. Classifying CERCLA Claims: a Critique of Pinal Creek v. Newmont Mining. *Environmental Law*, 1998(28).

[41] Joseph A. Sevack. Passing the Big Bucks: Contractual Transfers of Liability Between Potentially Responsible Parties Under CERCLA. *Minnesota Law Review*, 1991(75).

[42] Craig N. Johnston. Current Landowner Liability under CERCLA: Restoring the Need for Due Diligence. *Fordham Environmental Law Journal*, 1998(9).

[43] Khara Coleman. Disposing of Leaks and Spills: Passive Disposal of Hazardous Wastes under CERCLA. *Washington University Law Quarterly*, 2002(80).

[44] H. French Brown. IV. Rebirth of CERCLA? 107 Contribution Actions: New Life for PRPS That Conduct Voluntary Cleanups After Aviall. *Buffalo Environmental Law Journal*, 2007(14).

[45] Bradford C. Mank. Should State Corporate Law Define Successor Liability? The Demise of CERCLA'S Federal Common Law. *Cincinnati Law Review*, 2000(68).

[46] Aaron A. Garber. Comment: The PRP. the Section 106 Administrative Order, the Contribution Claim, CERCLA's Statute of Limitations: A Complete Statutory Analysis. *Temple Environmental Law &Technology Journal*, 1997(16).

[47] Martin A. McCrory. Who's on First: CERCLA Cost Recovery, Contribution, and Protection. *American Business Law Journal*, 1999(37).

[48] Robert B. McKinstry. Jr. The Role of State "Little Superfunds" In Allocation and Indemnity Actions under the Comprehensive Environmental Response, Compensation Liability Act. *Villanova Environmental Law Journal*, 1994(5).

[49] David J. Sharpe. Key Divergences in the Law of Marine Insurance between English and American Law: A Comparative Study. *Journal of Maritime Law & Commerce*, 1999(12).

## (三)英文条约类

[1] *Convention on Civil Liability for Oil Pollution Damage Resulting from Exploration and Exploitation of Seabed Mineral Resources*, http://www.dipublico.com.ar/english/convention-on-civil-liabil

ity-for-oil-pollution-damage-resulting-from-exploration-and-exploitation-of-seabed-mineral-resources/.

[2] *Offshore Pollution Liability Agreement*, http://www.opol.org.uk/downloads/opol-agreement-oct10.pdf.

[3] *Kuwait Regional Convention for Co-operation on the Protection of the Marine Environment from Pollution*, http://sedac.ciesin.org/entri/texts/kuwait.marine.pollution.1978.html.

[4] *Convention for the Protection of the Marine Environment and the Coastal Region of the Mediterranean*, http://www.unep.ch/regionalseas/main/med/medconvii.html.

[5] *The Nordic Environmental Protection Convention*, http://sedac.ciesin.org/entri/texts/acrc/Nordic.txt.html.

[6] *Regional Convention for the Conservation of the Red Sea and Gulf of Aden Environment*, http://sedac.ciesin.org/entri/texts/red.sea.gulf.of.aden.1982.html.

[7] *Convention on the Protection of the Marine Environment of the Baltic Sea*, http://europa.eu/legislation_summaries/environment/water_protection_management/l28089_en.htm.

[8] *Convention for the Protection of the Marine Environment of the Wider Caribbean Region*, http://www.cep.unep.org/cartagena-convention.

[9] *Convention for the Protection of the Marine Environment and the Coastal Area of the South-East Pacific*, http://www.cfr.org/chile/convention-protection-marine-environment-coastal-areas-south-east-pacific-lima-convention/p20595.

[10] *Convention for Cooperation in the Protection and Sustainable Development of the Marine and Coastal Environment of the Northeast Pacific*, http://www.ecolex.org/ecolex/ledge/view/RecordDetails?id=TRE-001350&index=treaties.

[11] *Convention for the Cooperation in the Protection of the Black Sea against Pollution*, http://www.blacksea-commission.org/_convention-fulltext.asp.

[12] *Agreement for Co-operation in Dealing with Pollution of the North*

*Sea by Oil and other Harmful Substances*, http://sedac.ciesin.org/entri/texts/pollution.oil.north.sea.1983.html.

[13] *Preamble of Offshore Pollution Liability Agreement*, http://www.opol.org.uk/downloads/opol-agreement-oct10.pdf.

[14] *Declaration of the Second International Conference on the Protection of the North Sea, Preamble*, http://www.google.com.hk/url?sa=t&rct=j&q=Declaration+of+the+Second+International+Conference.

[15] *Convention for the Protection of the Marine Environment of the North-East Atlantic*, http://www.ospar.org/html_documents/ospar/html/ospar_convention_e_updated_text_2007.pdf.

# 后　记

我是在2012年6月获得武汉大学国际法专业博士学位的。我的求学之路，如家乡的山路，蜿蜒崎岖。很小的时候，能够走出大山，走进美丽的大学校园，便是我唯一的梦想；大一些后，获得博士学位，成为我心底新的理想。虽然岁月变迁带着很多无奈，求学之路无法一马平川，但这个梦想却从未褪色，反而经久弥坚，魅力无限。于是，本科毕业两年后我选择回到珞珈山，攻读硕士学位；硕士毕业三年后的2009年，我再次努力进走了珞珈山，攻读博士学位。在距离本科毕业整整10年之际，能够在珞珈山这片美丽的土地上获得博士学位，是一种幸福。

我这个出身贫苦的农家子弟，能够一路顺利走来，最后摘取博士学位的桂冠，是因为一路上幸运地遇到了如此多可敬可爱的师长们。他们无私的关怀和呵护，让我能够不断前行。我的导师万鄂湘教授，在我攻读博士入校伊始便寄予厚望，谆谆教诲，让我对博士阶段的学习有了明确的方向。对于博士论文的选题、构思、写作，老师更是倾注了大量的心血，在繁忙的工作中挤出宝贵的休息时间给予了及时而悉心的指导。老师学识渊博、造诣深厚、目光深远、儒雅可亲、学以致用，将一生所学奉献于共和国的法律事业。能够有幸成为老师的弟子，是我毕业的荣幸。我的联合培养导师余敏友教授，端方雅正、学术精深、风趣幽默，每次回到珞珈山都能给我新的启迪和指导。在博士论文写作面临困惑时，余老师的及时点拨，让我走出迷茫，拨云见日。我的硕士生导师张湘兰教授，一直以来都给予了我母亲般的关怀，关心着我的学习、我的家庭、我的生活、我的成长。可以说，我所取得的每一点进步，都融入了老师们的心血和关爱。敬爱的梁西先生，在我读硕士研究生时就一直鼓励和关怀着我，不辞高龄亲自对我撰写的论文进行指导。还有曾令良教授、杨泽伟教授、易显河教授、黄德明教授、黄志雄教授、冯洁菡教授等师长，都以他们的学识和人格教育着我、激励着我，让我在珞珈山收获知识的同时，也收获人生的态度和智慧。每当想起珞珈山，我的心中便充满了温暖。无论人生如何变幻，老师们的关爱都是我心灵深处永恒的珍藏！感谢我的高中老师隐仕富、刘忠兰、邱汉东、李自斌等曾经给予那个单薄少年无微不至的关怀和帮助。

同时，还要感谢我所在单位的领导丘海书记、孙大卫副书记、陈波副书记、张辉秘书长、林苗常委、裴蕾常委，以及吴志宏、程正华、张现军、李保军、沈涤、常卫东、周益川、冯青山、产耀东、白光、王文君、甘桂平、王恒、曾敬东、林冰、金伟、赵燕等，他们的大度睿智指引着我不断前行，他们的关怀关爱让我充满勇气。特别是孙大卫副书记、陈波副书记、林苗常委、裴蕾常委和吴志宏主任，多年来给予我工作、生活各方面的悉心指导和无私帮助，让我永铭于心。感谢我的同事毛旭京、陈越波、陈邵桦、梁明利、朱正俊、张华伟、黄文雅、张松、刘三扬、乔君、陈敬、张彩虹、尹葵、张海明、靳晓露、孔颖、于漾、宁丽君、贾继立、朱昌华、黄华州、戴崇安、邹志威、杨立、郭伟、周燕等给予我的帮助。感谢我的同学刘丽博士、张善宝博士、黄赟琴博士、刘筱萌博士以及学妹李春雨等给予的宝贵帮助。感谢我的挚友曾雪花、黄常青、郝建勇、胡忠孝、余永宏、代成甫、柯仲平、宜海林、刘青、吕若思、陈家刚、张善伟、李炜、向前等一直以来的帮助与关爱，人生因为他们而更精彩、更完整。

当然，还要感谢我的母亲代道凤、妻子薛敏、弟弟高阳、女儿高欣妍、岳父薛均成、岳母张思成、四叔高维建、五叔高维山、小姑高辉、大哥薛建华等亲人的关怀和付出。我四岁丧父，母亲代道凤历经磨难、含辛茹苦地将我抚养成人，一直默默地支持着我的学业，对我付出太多太多。妻子薛敏十多年来对我不离不弃，虽然生活窘迫却毫无怨言，为家庭和我的学业默默地承担和奉献。弟弟一直都是我在困境中的最大依靠和助力，人生之路风雨同舟。女儿高欣妍刚刚三岁却已如此贴心，在爸爸每次埋首于阅读和写作中时，总是懂事地走开；在爸爸一个一个在办公室奋战的夜晚，总是打来电话用稚嫩的声音进行关心和问候，让我有了最大的动力完成博士论文的撰写。岳父、岳母帮我承担所有家务，让我能够专心地学习和工作。所以，我的这篇论文要献给他们，我的亲人！

最后，十分感谢武汉大学研究生院将本文列入武汉大学优秀博士论文文库，让其有机会公开出版。我倍感荣幸，也倍感惶恐。由于才学和其他各方面限制，书中定有很多错漏和缺憾，请各位专家学者批评指正。

珞珈山，承载了我青春的激情和梦想，记录了我求索的坚持和步伐。虽然我将再次离开她，但这里浓郁浩瀚的山水、古朴典雅的建筑群和可敬可亲的师长，都将是我心灵家园永恒的美丽和温暖。我将秉承“自强、弘毅、求是、拓新”的珞珈精神，不断学习，开拓进取，严于律己，宽以待人，走好自己的人生之路。

**高　翔**

2013 年 9 月于广东深圳

## 武汉大学优秀博士学位论文文库

已出版：

- 基于双耳线索的移动音频编码研究／陈水仙　著
- 多帧影像超分辨率复原重建关键技术研究／谢伟　著
- Copula函数理论在多变量水文分析计算中的应用研究／陈璐　著
- 大型地下洞室群地震响应与结构面控制型围岩稳定研究／张雨霆　著
- 迷走神经诱发心房颤动的电生理和离子通道基础研究／赵庆彦　著
- 心房颤动的自主神经机制研究／鲁志兵　著
- 氧化应激状态下维持黑素小体蛋白低免疫原性的分子机制研究／刘小明　著
- 实流形在复流形中的全纯不变量／尹万科　著
- MITA介导的细胞抗病毒反应信号转导及其调节机制／钟波　著
- 图书馆数字资源选择标准研究／唐琼　著
- 年龄结构变动与经济增长：理论模型与政策建议／李魁　著
- 积极一般预防理论研究／陈金林　著
- 海洋石油开发环境污染法律救济机制研究／高翔　著
  —— 以美国墨西哥湾漏油事故和我国渤海湾漏油事故为视角
- 中国共产党人政治忠诚观研究／徐霞　著
- 现代汉语属性名词语义特征研究／许艳平　著
- 论马克思的时间概念／熊进　著
- 晚明江南诗学研究／张清河　著